Was ist so unbefriedigend an aktuellen Theorien über neue Medien? »Simulation, Interface, Immaterialität, Simultaneität, Flüchtigkeit, Beschleunigung, Steigerung der Komplexität, Auflösung der räumlichen und zeitlichen Dimensionen sowie der Einheit und Kontinuität des normalen Wahrnehmungsraums«[1] – unbefriedigend an dieser Charakterisierung der Veränderungen, die die »elektronischen Medien« oder »neuen Technologien« hervorgerufen haben sollen, ist ihre Beliebigkeit, ihre Großspurigkeit. Unter »von jedem einzelnen erzeugbaren Welten« tut man es nicht. Wenn vom »Virtuellen« und von »Cyberspace« die Rede ist, dann bleibt in der Regel verdeckt, daß hier eher futurischer Charme verströmt wird; Cyberspace zum Beispiel, so oft beschworen in den letzten Jahren und von manchem mittlerweile als Grundstein seiner Medientheorie gesetzt, eignet sich allenfalls zum Bau von Luftschlössern. Cyberspace ist, trotz der vielen adventistischen Verheißungen, immer noch eher ein Bestandteil von Fantasy-Literatur als von Realität (sei sie virtuell oder real).[2]

Ein Grundproblem der Theorie (und Ästhetik) neuer Medien besteht offenbar darin, daß auch sie, in der fröhlich-apokalyptischen Manier ihres Gründungsvaters McLuhan, die Umwertung aller Werte verkünden muß; also die Attitüde, interessante Überlegungen zu desavouieren, indem man sie absurd totalisiert. Wenn das Medium die Botschaft ist, hat man die Lizenz, die Botschaften des Mediums erst gar nicht zur Kenntnis zu nehmen.

Daß viele Thesen der Neumedientheorie so steil ausfallen, hat anscheinend theoriepolitische Hintergründe, ist wissenschaftsgeschichtlich also nichts Neues und soll hier auch nur insofern angemerkt werden, als die Strategie, Metaphern erst zu totalisieren und dann zu verdinglichen, beim Marketing zwar erfolgreich sein mag, intellektuell aber nicht sehr fruchtbar ist. Die Beiträge dieses Heftes jedenfalls sind Nestroys Skeptizismus (»Überhaupt hat der Fortschritt das an sich, daß er viel größer ausschaut, als er wirklich ist«) mehr verbunden als dem Grandiosen der Perspektive Virilios oder

1 So Florian Rötzer, der eifrigste Propagandist der neuen Medien, in dem von ihm herausgegebenen Sammelband *Digitaler Schein. Ästhetik der elektronischen Medien* (Frankfurt: Suhrkamp 1991). Vgl. auch die beiden Bände der Zeitschrift *Kunstforum International* (Nr. 97, 1988 und Nr. 98, 1989) zum Thema *Ästhetik des Immateriellen? Zum Verhältnis von Kunst und Neuen Technologien.*

2 Vgl. Tom Shippeys Rezensionsessay *Inside the screen (Times Literary Supplement* vom 30. April 1993): Cyberspace (wie überhaupt »virtual reality«) »doesn't really exist«.

Kittlers. *It depends,* es kommt darauf an, ist das Motto der Beiträge von Ulf Erdmann Ziegler, Jochen Hörisch und Werner Köster, die die Ergebnisse, die Hervorbringungen der neuen Medien – seien es Kunstwerke, seien es theoretische Konstrukte – analysieren: An ihren Früchten sollt ihr sie erkennen.

Daß die Platonsche Alternative zwischen einer Ästhetik des Scheins und des Seins aufgrund der neuen Medien überholt ist (oder, »bald«, überholt sein wird), ist allgemeine Überzeugung ihrer Theoretiker, der philosophische Hammer, mit dem sie ihre Thesen und gelegentlich die Vertreter »klassischer Ästhetiken« bearbeiten. Womit zumeist nicht nur eine radikal neue Kunst und Ästhetik prätendiert wird, sondern (darunter, wie gesagt, tut man es nicht) der epochale Wandel unserer Wahrnehmungsformen: Weil es aufgrund der neuen Medien keine Differenz mehr gibt zwischen Sein und Schein; und weil alle unsere Erkenntnis sich auf Medien (Sinne, Sprache, Kamera ...) stützt, ist Erkenntnis nichts anderes als mediale Konstruktion. Dieser Schluß, das zeigt Martin Seel, ist falsch selbst dann, wenn man seine Prämissen akzeptiert. (Seels Destruktion der philosophischen Grundlage dieser Medientheorien könnte auch alle anderen strikt relativistischen Theorien in Bedrängnis bringen.)

Sieht man von Cyberspace und anderen Science-fiction-Vorstellungen ab, dann verbirgt sich hinter dem Stichwort »neue Medien« wenig mehr als Fernsehen. In technischer Hinsicht ist es nicht neu, aber in kultureller, denn erst in den letzten Jahren ist das Fernsehen zu einer globalen, kapitalistisch entfesselten Technologie geworden, die unsere Wahrnehmung nicht nur bedient, sondern immer stärker gestaltet. Kann man mit den analogen Informations- und Kommunikationstechniken – Presse, Rundfunk, Tonfilm – von einer frühindustriellen Phase sprechen, so ist mit den digitalen Techniken, kurz: den elektronischen Medien, die hochindustrielle Phase erreicht: Nunmehr wird die frei verfügbare Aufmerksamkeit des Publikums – und das ist tendenziell die Menschheit – von den Medien systematisch gesammelt und dann weiterverliehen, in der Regel zu Zwecken der Werbung: für Waren oder Politik. Der alte Ruf des Volkes nach *panem et circenses* scheint erfüllt – Spiele jedenfalls gibt es nun im Überfluß. Im Einleitungsbeitrag dieses Heftes legt Georg Franck die notwendige Basis jeder modernen Medientheorie: eine Ökonomie der Aufmerksamkeit. Was das für die Politik bedeutet – und Politik ist ja nichts anderes als ein System zur Organisation von Aufmerksamkeiten –, skizziert Thomas H. Macho: War der traditionelle Herrscher derjenige, der alles sah, ohne selbst gesehen zu werden, so ist der moderne Politiker, unter den Bedingungen des entwickelten Fernsehens, dadurch gekennzeichnet, daß er von allen gesehen wird, ohne selbst sehen zu können. Womit die Entwicklung von der Elite zur Prominenz vorgezeichnet ist.

Aus neuen Medien werden alte; und alte Medien waren einmal neu. Daß neue Medien alte nicht einfach ablösen, verdrängen, zerstören, sondern überlagern und modifizieren, läßt sich schnell erkennen, wenn man zum Beispiel an die modernen Bildmedien denkt: Weder hat die Fotografie, wie damals weithin befürchtet, Zeichnung und Malerei zum Verschwinden gebracht, noch ist die Fotografie durch das bewegte Bild des Films »obsolet geworden« (noch hat die vielbeschworene moderne »Bilderflut« die Schrift in Gestalt des Guten Buches verdrängt, im Gegenteil). Es bleibt daher einigermaßen rätselhaft, wenn auch ernstzunehmenden Intellektuellen zum TV-Medium wenig mehr als kulturkritische Banalitäten einfallen – oder sollte hier tatsächlich das schlichte Ressentiment des Schriftgläubigen, des Gutenbergianers, die Feder führen? Dem Typus des orthodoxen, das heißt fernsehfeindlichen Intellektuellen jedenfalls sind die Beiträge von Jörg Lau, Lutz Hachmeister, Michael Rutschky und Manfred Schneider gewidmet: Reflexionen und Reportagen aus dem Inneren des Fernsehmediums, die ihren Untersuchungsgegenstand ernst nehmen und, ohne schnelle Verallgemeinerung, genau analysieren. Denn Verallgemeinerungen vom Schlage einer Epochengliederung nach technischen Medien beispielsweise übersehen, daß die Differenzierung der Systeme härter ist als die der Medien. Niels Werber konstatiert in seinem Beitrag: »*In* Zeitungen, Radio, Film, Video, Computer zerfallen die Beiträge in wahre oder falsche, interessante oder langweilige, informative oder obsolete, verkaufsfördernde oder -schädigende.« Bei der Medien-Thematik drängen sich häufig zwei Konsequenzen auf: entweder eine konventionelle Kulturkritik oder eine affirmative Utopik. Beides zu vermeiden, wurde hier versucht.

K. H. B. / K. S.

Georg Franck

Ökonomie der Aufmerksamkeit

Was ist angenehmer als die wohlwollende Zuwendung anderer Menschen, was wohltuender als ihre teilnehmende Einfühlsamkeit? Was ist inspirierender, als zu entflammten Ohren zu sprechen, was fesselnder als die eigene Ausübung von Faszination? Was gibt es Aufregenderes als einen ganzen Saal gespannter Blicke, was Hinreißenderes als den Beifall, der einem entgegentost? Was schließlich kommt dem Zauber gleich, den die entzückte Zuwendung derer entfacht, von denen wir selber bezaubert sind? – Die Aufmerksamkeit anderer Menschen ist die unwiderstehlichste aller Drogen. Ihr Bezug sticht jedes andere Einkommen aus. Darum steht der Ruhm über der Macht, darum verblaßt der Reichtum neben der Prominenz.

Darum wird es in der Wohlstandsgesellschaft auch populär, das Einkommen an Aufmerksamkeit über das an Geld zu stellen. Wenn sich immer mehr Menschen die Insignien materiellen Reichtums leisten können, dann muß sich der Distinktionswille nach Attributen umsehen, die selektiver sind als hohes Geldeinkommen. Nach dem Gesetz der Sozialisierung ehemaliger Luxusgüter sind diese Attribute unter den Privilegien der gerade noch erkennbaren Eliten zu suchen. Der unstrittige Generalnenner heutiger Eliten ist die Prominenz. Und Prominenz ist eben der Status des Großverdieners an Aufmerksamkeit. Wenn materieller Reichtum inflationär wird, dann steht, nach den Wachstumsgesetzen menschlichen Wünschens und Trachtens, die Sozialisierung dieses eben noch elitären Status an.

Ich höre den Einwand, daß die Sozialisierung des Prominentseins unmöglich, nämlich in sich selber widersprüchlich ist. Prominenz ist eine wesentlich distinguierende Eigenschaft. Anders als materieller Reichtum kann Prominenz kein Massenphänomen werden. Und doch: Noch nie gab es soviel Prominenz wie heute; noch nie gab es einen solchen Rummel um die bekannten Gesichter. Prominent ist nicht mehr nur, wer unterwegs ist zur Spitze des Ruhms und der Macht. Es bedarf nicht mehr der hohen Geburt, der begnadeten Begabung oder der großen Tat. Prominent wird man heute durch standardisierte Karrieren. Am Anfang steht nicht mehr und nicht weniger, als irgendwie in die Medien zu finden. Weil es zunächst auf die Präsenz in den Medien ankommt, sollte der Auftritt am besten mit Bild und am allerbesten im Fernsehen erfolgen. Die Karriere nimmt ihre erste Hürde, wenn der Eindruck beim Publikum kommentiert, wenn der Auftritt besprochen wird. Hier beginnt der Mechanismus des Förderbands zu greifen, das den Aufstieg besorgen muß, wenn er denn klappen soll. Der Neuzugang muß sich nämlich für das Medium selber auszahlen, er muß versprechen, sich günstig auf die Auflagenhöhen beziehungsweise Einschaltquoten auszuwirken.

Auflagenhöhen und Einschaltquoten messen die Aufmerksamkeit, die das Medium als Medium einnimmt. Sie messen auch seinen finanziellen Erfolg;

und schon das finanzielle Motiv könnte hinreichen, um die Prominenz all dessen, was die Attraktivität des Mediums steigert, huckepack zu fördern. Man übersieht aber die Pointe, wenn man den Blick auf die pekuniäre Seite beschränkt. Der finanzielle Erfolg hängt seinerseits von der Verkäuflichkeit des Mediums als Werbefläche ab. Das Angebot an Werbefläche ist das Angebot, Aufmerksamkeit qua Dienstleistung anzuziehen. Es ist die Leistungsfähigkeit dieses Dienstes, die in Auflagenhöhen und Einschaltquoten gemessen wird. Deswegen kommen die Aufmerksamkeitseinkünfte auch für das Medium selber vor dem finanziellen Erfolg; deshalb wird alles, was für die aufmerksamen Einnahmen des Mediums gut ist, in ihm gefördert, herausgebracht und gepflegt. Alles, was in den Medien gefördert, herausgebracht und gepflegt wird, ist eo ipso prominent.

Und siehe da: Was ist für die aufmerksamen Einnahmen des Mediums das beste? Ganz einfach: möglichst viel Prominenz. Nichts sehen die Leute lieber als Gesichter, die im Hochglanz der Publicity strahlen. Kein Mittel ist zur Steigerung der Auflage probater als möglichst viel Klatsch aus der Welt der Stars. Nichts treibt die Einschaltquoten so in die Höhe wie der Starrummel selbst. Deshalb gehen schon Feuilletons dazu über, Klatschspalten einzuführen; deshalb ist es selbst in der Boulevardpresse eine Meldung wert, wenn meistzitierte Wissenschaftler ermittelt werden; deshalb sind aber auch die Fernsehstunden, in denen die ganze Familie guckt, mit Prominenz nur so gespickt. Deshalb müssen schließlich Primadonnen für Rolex und Fußballkaiser für Wüstenrot werben – und gelten Fernseh- und Verlagsprogramme ohne bekannte Gesichter schon wieder als elitär.

Nichts scheint die Aufmerksamkeit mehr anzuziehen als die Akkumulation aufmerksamen Einkommens, nichts die Medien mehr zu wärmen als dieses Kapital, nichts ihre Werbefläche mit höherer Attraktivität zu laden als der zur Schau gestellte Reichtum an eingenommener Aufmerksamkeit. Die Medien müßten die Prominenz erfinden, wenn es sie nicht schon gäbe; sie müßten die Kandidaten aus dem Boden stampfen, wenn sie nicht schon rekrutierbar wären. Man braucht Prominente in Massen, wenn man die Attraktion von Aufmerksamkeit als Massengeschäft betreiben will. Die Lösung des Rätsels von der wunderbaren Vermehrung der Prominenz liegt in der Kapazität der Medien, die kritischen Mengen für dieses Massengeschäft einzusammeln und abzuliefern.

Die Medien sind keineswegs nur Verschiebeplätze von Information. Sie sind Kanalsysteme, die die Erlebnissphären bei der Versorgung mit Information anzapfen, um Aufmerksamkeit aus ihnen herauszuholen. So bedeutet der Auftritt im Fernsehen sehr viel mehr, als nur Information auszustreuen. Er erlaubt, die Präsenz der eigenen Person technisch zu multiplizieren mit dem Zweck, die Reproduktion in jede Wohnstube zu schicken, um den Obolus der gespendeten Aufmerksamkeit abzuholen. Die Macht der Medien, Prominente herauszubringen, ist nur durch die Suggestivität dieses Abholdienstes beschränkt.

Diese Macht ist den Medien allmählich erst zugewachsen. Die maschinelle Reproduktion von Wort, Ton und Bild bildet bloß den technischen Ausgangspunkt. Auch hat die Nachfrage nach Information nicht als solche die Medien groß gemacht. Was sie groß gemacht hat und was ihr Wachstum weiterhin sichert, das ist die geniale Geschäftsidee, dem Publikum Information anzubieten, um an seine Aufmerksamkeit zu kommen. Ohne das aufmerksame Einkommen, das die Publikation verspricht, wäre noch nicht einmal das Verlagswesen recht in Gang gekommen. Wenn in Büchern und Zeitschriften nur erschienen wäre, was von vornherein kommerziellen Erfolg versprach, dann sähe die literarische Landschaft anders als die bestehende aus. Nur dadurch, daß die Autoren in der Währung der Aufmerksamkeit rechnen, läßt sich ihre Bereitschaft erklären, für Hungerlöhne die Anstrengung des treffenden Wortes auf sich zu nehmen. Das Geniale an der Geschäftsidee des Publikationswesens ist die Aufteilung des Erlöses nach finanzieller und aufmerksamer Währung. Die Produktionsbedingung literarischer Kultur ist, daß der Verleger das Geld und der Autor die Aufmerksamkeit kriegt. Wenn der Verleger auch noch zu Reputation und der Autor auch noch zu Reichtum kommt, dann ist das, ökonomisch gesprochen, Surplusprofit: Es wäre zur Aufrechterhaltung des Betriebs gar nicht nötig.

Eben diese Mischkalkulation steckt nun aber hinter dem Wandel vom Publikationsorgan zum Massenmedium. Ein Massenmedium darf nicht heikel in der Wahl der Mittel sein, mit denen es Aufmerksamkeit fängt. Dem Autor, der für aufmerksamen Lohn arbeitet, bleibt gar nichts anderes übrig, als hier heikel zu sein. Als persönliches Einkommen zählt nämlich nur die Aufmerksamkeit, die man für etwas einnimmt, womit man sich persönlich identifiziert. Deshalb ist das Streben nach Aufmerksamkeit so eng mit dem nach Selbstverwirklichung verquickt. Mit dem, was gut für die Selbstverwirklichung ist, bringt man nun aber selten Massen auf die Beine. Massen bringt man nur auf die Beine, wenn man sehr genau beachtet, was das breite Publikum lesen, hören, sehen will. Es muß die Sensationslust bedient, es müssen Ohrwürmer ausgesetzt, es müssen die Bilder zum Blickfang hergerichtet werden. Auch zur Produktion für diesen ermittelten Geschmack bedarf es kreativer Geister. Es bedarf aber solcher, die bereit zum Dienst an einer fremden Sache sind. Und es ist diese Bereitschaft, die mit Geld angesprochen werden muß.

Der Kompromiß verdient denn auch sein Geld. Von den Gagen der Unterhaltungsindustrie läßt sich's leben. Auch der Journalismus ernährt seine Leute. Nicht zuletzt lassen sich eben auch die aufmerksamen Einkommen im Showgeschäft und in der Publizistik sehen. Nur stehen sie in diesen Branchen in klarer Proportion zum Geldeinkommen. Und die Aufmerksamkeit, die das Auftreten in Film, Funk, Fernsehen und Presse verschafft, gilt stets auch dem Medium als Institution beziehungsweise Marke. Wie nämlich aufmerksame und finanzielle Entlohnung zusammenfinden müssen, um das Publikum in Massen vor die Blätter und Schirme zu bringen, so muß auch das Medium selber sowohl Geld wie Aufmerksamkeit verdienen, wenn es die Massen zuverlässig erreichen soll. Die Zeitung muß gelesen werden, weil es die Zeitung gibt; es muß ferngesehen werden, weil es das Fernsehen gibt. Man kann es noch schärfer formulieren: Die Blätter und die Bildschirme müssen zur eigenen, selbstverständlich wahrgenommenen Schicht sozialer Wirklichkeit werden. Sie müssen der unvermittelten Sicht der Wirklichkeit Konkurrenz machen. Sie müssen sich eine feste Haushaltsstelle in den Budgets der Aufmerksamkeit erobern. Das tun sie nur, wenn das Medium zuverlässig herausbringt, was die Leute sehen wollen.

Wenn das Angebot den Geschmack trifft, wenn genügend Geld und Aufmerksamkeit darauf verwendet werden, die Leute bei der Stange zu halten, dann wächst dem Medium eine neue Qualität auch für diejenigen zu, die in ihm auftreten. Gesicherte Auflagenhöhen und Einschaltquoten schöpfen einen Fundus an erwartbarer Aufmerksamkeit, über den die Anbieter frei verfügen. Die Kontrolle über die Kanäle schließt die Fähigkeit ein, massenhaft gespendete Aufmerksamkeit weiterzuverleihen. Die Anbieter kommen durch Vergabe von Druckseiten und Sendezeit in die Lage, in dem Sinn mit Prominenz zu adeln, wie erfolgreiche Eroberer einst durch die Überlassung von Lehen in den Adelsstand heben konnten. Sie verfügen als einzige in der Gesellschaft frei über die gesellschaftlich höchst bewertete Ressource. Und sie können wie Kaiser und Könige ihren Ruhm auch noch mehren, indem sie die belehnten Gefolgsleute auf weitere Eroberungszüge für das Medium schicken.

Die Medien haben, als kommerzielle Unternehmen, aber auch die Wahl, die Aufmerksamkeit, die sie einfangen, zu versilbern. Sie können ihr Territorium als Werbefläche vermieten. Ja sie können schließlich sogar dazu übergehen, sich durch diesen Verkauf finanziell frei vom Verkauf der Information zu machen, die sie auf Blickfang schicken. Das modernste der Medien, das private Fernsehen, finanziert sich nur noch durch den Verkauf der Dienstleistung, Aufmerksamkeit für Beliebiges einzufangen. Daß bei dieser Dienstleistung auch noch die eigens geadelte Prominenz mithilft, läßt nur von einer weiteren Seite den Glanz der Geschäftsidee erstrahlen.

*

Glänzende Geschäftsideen sind selten gleich gut für alle Seiten. Die Aufmerksamkeit, die die Medien weiterverleihen, ist einseitig vom Volk hinter den Blättern und Schirmen gespendet. Das Volk zahlt in Aufmerksamkeit dafür, daß die Anbieter herausfinden, was ihm gefällt. Das Verhältnis der Aufmerksamkeit, das die Anbieter ihrerseits aufwenden, zu derjenigen, die sie dafür einnehmen, ist streng asymmetrisch. Die Anbieter streuen Information durch technische Reproduktion, die Abnehmer entrichten für jede Kopie lebendige Aufmerksamkeit. Nur durch diese Asymmetrie kommt überhaupt die Masse der gespendeten Aufmerksamkeit zusammen, die den Reiz des Mediums für die darin Auftretenden ausmacht und die es den Medien erlaubt, in so großzügiger Weise den modernen Adel der Prominenz zu verleihen.

Eine zwangsläufige Folge dieses asymmetrischen Tauschs ist die soziale Umverteilung aufmerksamer Einkommen. Die Medien machen eine Schicht reicher und beuten eine andere aus. Nicht, daß der Tausch von Information gegen Aufmerksamkeit von vornherein unfair wäre. Wenn der Tausch aber zum großen Geschäft, wenn die Dienstleistung der Attraktion im industriellen Maßstab betrieben wird, dann verschärft sich unwillkürlich das soziale Gefälle zwischen den an Zuwendung Reichen und Armen. Von direkter Ausbeutung läßt sich reden, wenn das Fernsehen als Sucht epidemisch wird.

Der redistributive Effekt des Medienkonsums trifft nun freilich keine ursprüngliche Gleichverteilung. Er verstärkt ein vorgefundenes Gefälle. So alt wie die Menschheit, so alt - nein, viel älter - sind individuelle Unterschiede in der Begabung, fremde Aufmerksamkeit einzunehmen. Schon immer gab es die Strahlenden und Gefeierten, denen die Sinne und Herzen nur so zufliegen. Und immer schon waren da Vergessene und Übergangene, die ihre Selbstachtung preisgeben, um wenigstens einen Blick zu erhaschen. Auch waren die natürlichen Unterschiede der Begabung seit je mit sozialen Privilegien und Benachteiligungen vermischt. Um den Medien nicht zuviel zuzumuten, muß man schließlich sehen, daß es auch längst vor ihnen schon etwas wie die Kapitalisierung aufmerksamen Einkommens gab.

Natürlich kann man die Aufmerksamkeit, die man einnimmt, nicht sparen und investieren, wie man es mit eingenommenem Geld kann. Es gibt aber einen Seitenweg der Akkumulation, die dafür beim Geld nicht offensteht. Ein feiner Unterschied zwischen dem Einkommen an Geld und dem an Aufmerksamkeit ist der, daß es bei letzterem nicht gleichgültig ist, von wem es kommt. Wir bewerten die Aufmerksamkeit, die wir einnehmen, nicht nur nach der Dauer und Konzentration ihrer Zuwendung, sondern auch nach unserer Wertschätzung für die Person, von der wir sie empfangen. Die Zuwendung zählt am meisten von Menschen, die wir bewundern; sie zählt viel von solchen, die wir schätzen; sie zählt wenig von denen, die uns gleichgültig sind; und die Aufmerksamkeit kann negativen Wert annehmen, wenn sie von Menschen kommt, die wir verabscheuen oder fürchten. Und der Seitenweg ihrer Art der Akkumulation führt nun über den Sachverhalt, daß unsere Wertschätzung der anderen Person nicht unerheblich davon abhängt, wie hoch ihre aufmerksamen Einkünfte von Dritten sind. Die Abhängigkeit der persönlichen Wertschätzung vom Einkommen ist beim Geld in aller Munde. Aber auch ein hohes aufmerksames Einkommen erhöht den Reiz der Person. Wenn sie allgemein beliebt, wenn sie bekannt oder gar berühmt ist, dann muß schon etwas Besonderes an ihr sein. Was immer die Gründe für ihre Beachtung sein mögen, in der Aufmerksamkeit, die ich persönlich von ihr beziehe, ist ein Abglanz von ihrer Ausstrahlung auf all die anderen.

Die soziale Anrechnung der eingenommenen Aufmerksamkeit auf das Prestige der Person ist die ursprüngliche Akkumulation des aufmerksamen Kapitals. Sie ist die erste Form der sozialen Verstärkung der natürlich ungleich verteilten Einkommenschancen. Sie vollzieht sich in der sozialen Wahrnehmung, aber gewissermaßen noch auf der Ebene des sozialen Instinkts. Sie bedarf noch keiner institutionellen Form und kulturellen Kodierung. Wahrscheinlich fand sie schon in Wolfsrudeln und Affenhorden statt.[1]

---

[1] Siehe Stephen Walker, *Animal Thought.* London: Routledge 1983.

Doch bildet sie den Ausgangspunkt dafür, was wir an Selbstverstärkung der Prominenz in den Medien heute erleben.

Wenn die Aufmerksamkeit, die mir zukommt, nicht nur von mir selber verbucht, sondern auch von den andern registriert wird, und wenn die Aufmerksamkeit, die ich anderen zukommen lasse, gemäß der Höhe der mir zukommenden Aufmerksamkeit bewertet wird, dann kommt damit ein Rechnungswesen in Gang, das so etwas wie einen sozialen Kurswert der individuellen Aufmerksamkeit notiert. Es zählt dann nicht mehr nur, wieviel Aufmerksamkeit man von wie vielen Menschen einnimmt, sondern auch, von wem man sie einnimmt - genauer: mit wem man gesehen wird. Der Abglanz aufmerksamen Reichtums wird dann zur eigenen Verdienstquelle. Schon die Nähe zur Prominenz macht dann ein bißchen prominent.

Es ist dieser sekundäre Markt, wo der gesellschaftliche Ehrgeiz in seinem Element ist. Es ist diese Börse des aufmerksamen Kapitals, die der Rede von Märkten der Eitelkeit einen genauen Sinn gibt. Gesellschaftlichen Ehrgeiz sollte man nicht schon das Streben nach Anerkennung nennen. Und Eitelkeit ist mehr als der gesunde Appetit auf Beachtung. Ehrgeizig ist das Gerangel um die besseren Plätze. Ehrgeizig ist noch nicht einmal der Größenwahn, zu dem die Ahnung höherer Begabung verleitet. Der Ehrgeiz rafft die kleinen Chancen. Und solche bietet die Abwärme, die von den großen Kapitalen abstrahlt, zuhauf. Man bedarf, um sie auf die eigenen Mühlen zu lenken, keines eigenen Glanzes, sondern nur eines Schusses Händlermentalität. Man kann sich in der Ökonomie der Aufmerksamkeit hocharbeiten, wenn man nur hartnäckig genug den Bessergestellten auf den Fersen bleibt, wenn man sich nur ständig mit ihnen sehen läßt. Und wenn die da ganz oben auch unerreichbar sind, so gibt es außer dem Hoch- ja auch noch den Niederadel.

Der ehrgeizige Aufsteiger orientiert sich am Nächstbesten. Er nutzt die kleine Differenz im Kurswert der Aufmerksamkeit, die er von oben ergattert, um gleich die eigene Aufmerksamkeit wieder teurer an Gleich- und noch nicht Gleichgestellte zu verkaufen. Und wenn nun die Eitelkeit noch groß ist, dann werden schon Nebengewinne anfallen, die man mit etwas gutem Willen zu Windfallprofiten hochrechnen kann. Eitelkeit ist, wie gesagt, mehr als nur starker Appetit auf fremde Aufmerksamkeit. Sie schließt die Anfälligkeit für beschönigende Umrechnungen der eingenommenen Aufmerksamkeit in Selbstwertschätzung ein. Sie ist erstens nicht wählerisch im Woher und Wofür der Zuwendung, und sie ist zweitens schnell bei Abkürzungen auf dem Weg über Dritte, den die Zurechnung des Einkommens aufs Renommee eigentlich vorschreibt. Die Eitelkeit hält wenig von sozialer Kontrolle. Sie gibt sich lieber der Selbsttäuschung hin, zumal diese nicht immer von selbsterfüllender Prophetie zu trennen ist. Wenn es denn klappt, daß die eigene Überschätzung von anderen für bare Münze genommen wird, dann war sie eben keine Selbsttäuschung, sondern erfolgreiche Spekulation. Und spekulativ ist das Geschäft allemal.

In die Notierung des Kurswerts der Aufmerksamkeit geht nicht nur das aktuelle Einkommen der Person, sondern gehen auch die erwarteten künftigen Einkommen an Aufmerksamkeit ein. Der beobachtete Trend wird extrapoliert. Wer sich auf dem aufsteigenden Ast befindet, dem wird ein Bonus dazugegeben, wer absteigt, erhält einen zusätzlichen Abschlag. Es ist hier der Boden des Hochjubelns und Rufmordens, der eben auch auf keinem Markt der Eitelkeit fehlt. Die Claque hat schon so mancher Karriere auf die Sprünge geholfen; und ein Verriß in der Presse hat nicht nur Strohfeuer gelöscht. Wie unsolide das Spekulationsgeschäft nun aber im einzelnen ist, so unentrinnbar ist der Gang an die Börse für die größeren Kapitale.

Die offizielle Notierung des Kurswerts eines persönlichen Kapitals ist die Präsenz der Person in den Medien. Die Auflagenhöhen und Einschaltquoten belegen schwarz auf weiß das Einkommen der präsentierten Personen. Die mediale Präsenz der Person selber, nach Dauer und Präsentationsfläche gerechnet, mißt die Investition, die das Medium einsetzt. Der Umfang dieses Einsatzes drückt den Erwartungswert aus, den die attraktive Kraft der Persönlichkeit für das Medium hat. Das Verhältnis dieses Erwartungswerts zum Erfolg der Attraktion ist ökonomisch kein anderes als das zwischen Aktienkurs und Betriebsergebnis. Und weil es nun zunächst dieser Erwartungswert ist, der die publizierte Präsenz der Person bestimmt, sind die Medien selber nicht nur die Umschlagplätze für das Massengeschäft mit der Aufmerksamkeit, sondern zugleich die Börsen, an denen die Kapitale dieser Währung bewertet werden. Umgekehrt geht es im Gerangel um einen Platz in den Medien eben nicht nur um den erklecklichen unmittelbaren Gewinn, sondern stets auch um die Pflege des Kurswertes der eigenen Aufmerksamkeit.

Bezeichnenderweise gibt es Extremfälle in der Medienlandschaft, die zeigen, was es bedeutet, wenn nur eine der beiden Funktionen zum Zug kommt. So findet eine bloße Übertragung medial gebündelter Aufmerksamkeit statt, wenn etwa Leserbriefe abgedruckt, wenn Jubilare im Radio erwähnt, wenn Leute aus dem Publikum in Quizsendungen präsentiert werden. Hier kommt zwar jemand in den Genuß allgemeiner Aufmerksamkeit, es hat aber wenig Folgen fürs Renommee. Die gefundene Aufmerksamkeit wird im allgemeinen auch kein Startkapital für eine künftige Karriere sein. Der Auftritt vermittelt nur kurz einmal das Gefühl, wie es ist, wenn alle schauen.

Es gibt auch den anderen Extremfall, wo Kurswerte gepflegt werden, ohne daß jemand schaut. Zu ihm gehört der Gründungsboom wissenschaftlicher Journale, die den einzigen Zweck haben, für die Gründer und einen kleinen Club Verschworener ein Forum und damit Gelegenheit zu schaffen, die eigenen Publikationslisten zu füllen. Die Publikationsliste mißt die Präsenz in der wissenschaftlichen Diskussion, weshalb die eigene Kontrolle des Zugangs verlockend (und in renommierten Blättern entsprechend unterbunden) ist. Weil die Pro-domo-Gründungen nun aber derart überhandnehmen, daß das Zeug sowieso niemand mehr liest, ist es auch gang und gäbe, den gleichen Beitrag in leichter Variation unter mehrfachem Titel herauszubringen. Und da auch niemand mehr die Publikationslisten auf Substanz hin überprüft, müßte es mit dem Teufel zugehn, wenn mit solcher Hilfe nicht schon mancher Esel zu einer Professur gekommen wäre.

Die Beispiele zeigen ex negativo, wie eng die Großhandels- und die Börsenfunktion im normalen Fall zusammenhängen. Sie zeigen aber auch, daß in der aufmerksamen Ökonomie, wie in jeder wirklichen Ökonomie, Scheingeschäfte und Schwarzmärkte blühen. Das macht die Ökonomie als ganze nicht weniger real. Der Bluff hat seine Grenzen an der Funktionsfähigkeit des Ganzen. In diesem Sinne ist die Ökonomie der Aufmerksamkeit sogar eine ganz typische Ökonomie. Sie organisiert und stabilisiert sich weitgehend von selbst. Und ihre Naturwüchsigkeit geht so weit, daß noch die wenigsten von ihrer ausgebreiteten und festgefügten Existenz intellektuell Kenntnis genommen haben.

*

Diese intellektuelle Ignoranz ist insofern erstaunlich, als die Entwicklung, die die immaterielle Abteilung des Wirtschaftsprozesses genommen hat, bereits im Zenit ihrer hochindustriellen Entfaltung steht. Sie hat nicht nur eine uralte Vorgeschichte, sondern auch schon eine lange industrielle Geschichte. Die Ökonomie der Aufmerksamkeit blieb nur solange vorindustriell, wie die Publikationstechniken handwerklich blieben beziehungsweise gesamtgesellschaftlich noch nicht durchgängig wirksam waren. Die Ökonomie der Aufmerksamkeit erreichte aber bereits ihre frühindustrielle Phase, als die analogen Informations- und Kommunikationstechniken aufkamen. Die analogen Techniken der Presse, des Rundfunks und des Tonfilms brachten erstmals die kritischen Mengen anonym gespendeter Aufmerksamkeit zusammen, durch die der Starkult zum Massenphänomen wurde. Das Geschäft der Attraktion wurde damals professionalisiert, der gezielte Blickfang entwikkelte sich in der Werbung zur eigenen Industrie. Von einer hochindustriellen Phase darf seit dem Bestehen der neuen digitalen Techniken die Rede sein. Mit den elektronischen Medien beginnt die zweite, eigens zur Attraktion von Aufmerksamkeit herausgebrachte Schauseite der Wirklichkeit der ersten, unvermittelt angeschauten, Konkurrenz zu machen. Hier wird der überwiegende Teil der frei verfügbaren, das heißt konsumierenden Aufmerksamkeit durch die Medien geschleust; hier kommt es zur Popularisierung, nämlich zur eigenen Serienproduktion der Prominenz. Hier beginnt sich nun auch abzuzeichnen, daß das aufmerksame Einkommen dabei ist, dem Geldeinkommen den Rang abzulaufen.

Eben hier muß man sich nun aber wundern, wie es unser archaisches Gefühlsleben schafft, sich mit dieser industriellen Großmacht zu arrangieren. Wir lassen es uns gefallen, daß die Medien ganz selbstverständlich über den Großteil unseres wertvollsten Gutes disponieren, ja wir haben sogar unser Gefallen daran, die Aufmerksamkeit dem Spektakel hinzugeben. Endlich gibt es nicht nur Brot, sondern auch Spiele im Überfluß. Es gibt zwar die krassesten Gegensätze zwischen dem, was die da drinnen und dem, was wir hier davor an Zuwendung erhalten. Das Medium vergrößert aber nicht nur die Unterschiede, es neutralisiert sie auch. Es leitet die einwendenden und vorbehaltlichen Gefühle von den Personen auf sich, das Medium, ab. Irgendwie geschieht es, daß wir Interesse, Sympathie und Faszination den auftretenden Personen entgegenbringen, daß wir Ablehnung, Einspruch und Empörung aber gegen das Medium erheben. Anstatt uns über das Mißverhältnis zwischen der Prominenz der Person und der Substanz ihrer Präsentation zu ärgern, finden wir das Fernsehen blöde. Die Objektivität des Mediums ist von solcher Übermacht über den zwischenmenschlichen Vergleich, daß es geradezu lächerlich erschiene, mit Gefühlen wie Neid oder Eifersucht auf die ungerechtfertigte Verteilung der Aufmerksamkeit zu reagieren. Mit den Medien wird die überpersönliche Regel der Verteilung zu einem so gut wie vollkommen anonymen Mechanismus, in den alle gleichermaßen eingespannt sind und dessen Rechnungswesen stillschweigend die Effektivität eines automatisierten Zahlungssystems annimmt.

Wir haben den Kapitalismus im Geist. Wenn nicht alles täuscht, dann haben wir sogar eine geradezu perfekte Widerspiegelung der materiellen Basis im geistigen Überbau. Es ist jammerschade, daß die alte Widerspiegelungstheorie so mausetot ist, daß sie sich daran gar nicht mehr freuen kann. Doch wie würden sich die alten Kämpen die Augen reiben, wenn sie sähen, was aus dem Verhältnis von Basis und Überbau geworden ist! Nach der materialistischen Lehre ist der geistige Überbau nur ein unselbständiger Reflex der materiellen Produktionsverhältnisse. Die Lehre beanspruchte, die idealistische Weltsicht vom Kopf auf die Füße gestellt zu haben. Was machen die Verhältnisse nun aber? Sie stellen sich selber auf den Kopf. Die ideelle Ökonomie hat die Führung übernommen. Und es waren sehr wohl die Produktionsverhältnisse, die die Umkehrung besorgten. Die Medien sind keineswegs nur im Maßstab der Aufmerksamkeit, die sie umsetzen, große Industrie.

Das Angebot der Medien wächst und wächst. Was damit expandiert, ist mehr als ihr Beitrag zum Sozialprodukt und ihr Umsatz an Aufmerksamkeit. Was expandiert, ist die zur Attraktion von Aufmerksamkeit eigens herausgegebene Seite der Wirklichkeit. Es ist längst nicht mehr klar, ob die aus Blättern und Bildschirmen gezogene Wirklichkeit die unvermittelt angeschaute nicht schon dominiert. Klar ist nur, daß ein maßgeblicher Teil der sozial wahrgenommenen Wirklichkeit im höchsten Maße synthetisch, nämlich für den Einsatz im Kampf um die Aufmerksamkeit eigens hergestellt ist.

Natürlich wissen die Leute um den präformierten und fiktiv durchsetzten Teil dessen, was ihnen die Medien vorsetzen. Es ist nur naiv zu glauben, Fakt und Fiktion so einfach scheiden zu können. Wirklich ist für uns aufmerksame Wesen, was unsere Aufmerksamkeit bei sich hält. Das wiederum heißt nicht, daß wirklich für uns alles ist, was wir uns vorstellen und woran wir denken. Wir sind sehr wohl in der Lage, zwischen Wahrnehmung, Erinnerung und Vorstellung zu unterscheiden. Wir sind nur nicht so leicht in der Lage, die Erinnerung als wirkliches Geschehen und die Vorstellung als reale Macht abzustellen. Jeder Verliebte weiß um die Eigenmächtigkeit des Vorstellungsgeschehens, jeder Eifersüchtige um die Unentrinnbarkeit von Erinnerungsbildern. Es ist diese phänomenale Schicht, in der die mediale Jagd nach Aufmerksamkeit wildert.

Es gibt nichts Wirklicheres als Bilder, die nicht mehr aus dem Sinn gehen. Nichts hat größere Macht über uns als das, was aufmerksame Zuwendung erzwingt. Alles, worauf wir unwillkürlich achten, hat unwillkürlich Wirkung auf uns. Und alles, was unsere Aufmerksamkeit reizt, ist in einem höheren Grade wirklich als der Hintergrund. Wohl ist da wenig in den Medien, das nicht mehr aus dem Sinn geht. Zum Glück herrscht auch kein Zwang zur Beachtung. Es gibt aber genügend, was anzieht, was der Bequemlichkeit entgegenkommt, was nebenbei so leicht mitzunehmen ist. Und alles, in dem sich die Aufmerksamkeit verfängt, ist zunächst einmal im subjektiven Sinne wirklich.

Der Zwang, ein großes Publikum anzusprechen, ja gar ein ganzes Fernsehvolk am Schirm zu halten, prägt und formt. Alles, was in den Medien erscheint, muß durch einen hochprofessionellen Formungs- und Prüfungsprozeß hindurch. Mit diesem Prozeß entsteht eine neue Schmiede der Realität, durchaus vergleichbar derjenigen, die einst mit den Fabriken entstanden war. Gewiß produziert der neue Prozeß nur Schein. Aber Schein und Substanz trennt nicht, daß man letztere anfassen kann. Wir haben uns durch lange Gewohnheit darauf eingelassen, die haptisch feste, im allgemein wahrnehmbaren Sinn öffentliche Welt als die eigentliche Wirklichkeit anzusehen, die Welt der übertragenen Bilder und publizierten Ansichten hingegen als phantomhafte Scheinwelt. Wir übersehen oft genug, daß nicht das die unmittelbare Wirklichkeit ist, was wir als Ansammlung von faßlich festen Dingen wahrnehmen, sondern das, was die Aufmerksamkeit aus den Reizen macht, die unsere Empfindsamkeit erregen. Alles, was jenseits dieser elementaren Schicht der Merksamkeit zutage kommt, ist immer schon ausgewählt und unter Zutun geformt.

Die mediale Präsentation verlagert einen Teil dieser subjektiven Wirklichkeitskonstitution nach außen. Ihre Technik besteht im Abzug des Schemas der Reize von der kompakten Materialität. Der Abzug ist zwar nicht immateriell, aber, wenn man so will, feinstofflich. Die Linie des technischen Fortschritts der medialen Präsentation ist ganz einfach die, daß das Schema immer perfekter abgezogen und immer unabhängiger vom Original manipulierbar wird. In der Technik dieser Verselbständigung arbeiten die neuen Fabriken der Realität. Es ist nur folgerichtig, daß am Ende der Entwicklung das Verlassen des Umwegs über die materielle Wirklichkeit und die direkte Erzeugung virtueller Realität steht.

*

Zur Verteidigung des Glaubens an die Vorherrschaft des Materiellen könnte nun vorgebracht werden, der immaterielle Kapitalismus und die Ausflüge in virtuelle Welten seien nur Konsum- und Freizeiterscheinungen. Auf der Produktionsseite stehe der materielle Prozeß noch deutlich im Vordergrund. So bilden die Medien in der Wertschöpfung ja auch nur einen Ausschnitt. Und tatsächlich ist die materielle Produktion, nicht nur den Geldwert, sondern auch die Materialbilanz und die Ausbeutungsrate physischer Ressourcen betreffend, so mächtig wie noch nie. Sie ist sogar von solcher Mächtigkeit, daß sie die Regenerationskräfte der Naturhaushalte in ruinöser Weise überzieht. Dem materiellen Aspekt des Wirtschaftslebens die Vorherrschaft abzusprechen könnte bedeuten, diese katastrophale Gefahr herunterzuspielen.

Der erste Einwand ist falsch, der letztere falsch gewendet. So mächtig die Materialwirtschaft in absoluten Größen gewachsen ist, so stark ging – und zwar im Gleichschritt – der relative Anteil der körperlichen Arbeit an der Wertschöpfung zurück. Eine der ökonomisch bedeutendsten Umwälzungen in diesem Jahrhundert war, daß die dienstleistende Aufmerksamkeit alle anderen Produktionsfaktoren an wirtschaftlicher Bedeutung überrundet hat. Zugleich ist es zum obersten Grundsatz wirtschaftlicher Rationalität geworden, den Material- und Energieumsatz zu reduzieren. In der Größenordnung der stofflichen Umsätze kommt keine Überlegenheit, sondern die Unmöglichkeit zum Ausdruck, die herrschende Materialwirtschaft aufrechtzuerhalten.

Der pekuniäre Ausdruck für die Produktivität dienstleistender Aufmerksamkeit ist der Anteil geistiger Arbeit an der Wertschöpfung. In allen entwickelten Gesellschaften sticht er den der köperlichen Arbeit aus. Geistige Arbeit unterscheidet sich nun aber von körperlicher sowohl darin, daß sie aufmerksame statt physische Energie einsetzt, als auch darin, daß sie mit geistigem statt mit physischem Kapital hantiert. Geistige Arbeit setzt Bildung voraus. Bildung ist zunächst nichts anderes als Investition von Aufmerksamkeit in sich selbst. Ihr einfachster ökonomischer Ausdruck ist die in die Ausbildung investierte Zeit von Schüler und Lehrer einschließlich ihrer Verzinsung als »Humankapital«.

Ziel der Ausbildung ist die Aneignung von und der Umgang mit Wissen. Wissen ist vergegenständlichte, aus ihrer schöpferischen Lebendigkeit auskristallisierte und in diesem Sinne ebenfalls kapitalisierte Aufmerksamkeit. Wissen ist nur eben in den Teilen, in denen es allgemein zugänglich ist, öffentliches Kapital. Sein Analogon auf der materiellen Seite ist das öffentliche Kapital der Infrastruktur.

Es wäre also ganz falsch, die Kapitalisierung von Aufmerksamkeit auf das Phänomen der Prominenz beschränkt zu sehen. Die Ansicht wäre so irrig wie die, daß Aufmerksamkeit nur als empfangene Zuwendung knapp und teuer ist. Sie ist es auch und zunächst einmal als eigene, selbst aufzubringende Energie. Und sie ist auch in dieser Eigenschaft durch Investition in sich selber akkumulierbar. Das höhere Einkommen aufgrund von Bildung ist ebenfalls eine Form der Dividende. Nur steht in diesem Fall eben die Investition der eigenen Aufmerksamkeit im Vordergrund. Bildung stellt aber ebenfalls eine Art der Kapitalisierung fremder Aufmerksamkeit dar, was den Beitrag der Lehrer betrifft.

Die volkswirtschaftlich entscheidende Frage bei der Kapitalisierung der Aufmerksamkeit ist die der Aufteilung der geistigen Gesamtarbeit auf ihre direkte produktive Widmung und auf ihre Reinvestition in die Produktion und Vermittlung von Wissen. Ein Verhältnis nicht fern vom längerfristigen Optimum ist zur zentralen Bedingung dafür geworden, daß sich eine Volkswirtschaft im internationalen Vergleich ganz oben hält. Die optimale Rate der Bildung geistigen Kapitals wiegt schwerer als die Investitionsrate beim Sachkapital. Sie wiegt auch schwerer als die noch so vorzügliche Ausstattung der Volkswirtschaft mit physischen Ressourcen.

Die Tendenz zur Entmaterialisierung hat längst den Wirtschaftsprozeß als ganzen erfaßt. Die Tendenz reicht auch schon weiter in die Geschichte zurück. Ihre Anfänge liegen dort, wo sich der tertiäre Dienstleistungssektor auf Kosten der produzierenden und extraktiven Industrien breitzumachen begann. Tertiäre Dienstleistungen – wie Vermittlung, Verwaltung, Verkauf, Beratung – sind Waren in der Form gewidmeter Aufmerksamkeit. Sie galten den älteren Ökonomen als unproduktiv, weil sie nichts Materielles, nichts, wovon man satt wird, herstellen. Erst die spürbare Entlastung der körperlichen Arbeit durch Maschinen und die wachsenden Anforderungen an die Organisation der Produktion und an die Distribution der Güter machte klar, daß von der dienstleistenden Aufmerksamkeit nicht nur ein produktiver Beitrag, sondern auch die zentrale Durchsetzungsleistung ökonomischer Rationalität ausgeht.

Das Wachstum des tertiären Sektors wurde sowohl von der Mechanisierung körperlicher Arbeit als auch vom wachsenden Wohlstand her genährt. Die Mechanisierung verlagert die menschliche Arbeit auf planende, kontrollierende und solche Tätigkeiten, die den Absatz der immer größer werdenden Mindestumsätze besorgen. Der Wohlstand macht die Nachfrage nach Gütern wählerischer und koppelt sie enger an die komplementäre Nachfrage nach Präsentation und Beratung. Die wachsende Komplexität auf beiden Seiten stellt wachsende Ansprüche an die Organisation der Informations- und Entscheidungsflüsse.

Diese Organisation blieb der Mechanisierung bis zur Ankunft einer neuen Technik entzogen. Die maschinelle Entlastung und Substitution der Arbeit in diesem Bereich wurde aber um so dringlicher, je höher die Arbeitseinkommen generell und je höher im besonderen der Anteil an qualifizierter geistiger Arbeit wurde. Geistige Arbeit ist – aufgrund der Bildungsdividende – besonders teuer. Es stand deshalb die Einführung einer Technik an, die die geistige Arbeit entlastet und in ihren eher mechanischen Teilen ersetzt. Diese Technik kam mit der Informationstechnik. Computer ersetzen aufmerksame durch elektrische Energie. Sie imitieren geistige Arbeit unter anderem darin, daß sie statt schwerer Materie nur leichtstoffliche Information bewegen. Mit ihrer Einführung hat sich die Entmaterialisierung vom Gegenstand auf das Instrument der Bearbeitung übertragen. Das heißt nicht, daß der Geist oder gar die Aufmerksamkeit auf Maschinen übergesprungen wäre. Es bedeutet aber, daß ein Potential am Entstehen ist, das dazu beitragen kann, die Materialwirtschaft einmal in größerem Stile abzulösen. Information, das ist auch das für sich genommene Schema der Reize, aus dem wir wahrnehmenderweise die haptisch feste Welt aufbauen. Derartige Schemata sind unendlich viel leichter und energiesparender zu ändern, herumzuschieben, zu formen, zu kneten, zusammenzubauen und um die Welt zu schicken als das materielle Original. Die Wahrnehmung, die wir aus den manipulierten Reizen aufbauen, ist aber virtuelle Realität. Die Übertragung der informationsverarbeitenden Kapazität menschlicher Aufmerksamkeit auf Maschinen bedeutet, daß nicht nur die Entwicklung in den Medien auf die Kolonisierung virtueller Räume zutreibt. Der Drang zur Virtualisierung geht ebenso von den ökonomischen Zwängen zur Substitution der immer teurer werden Arbeitskraft wie schließlich von den ökologischen Zwängen zur Ausdünnung der Material- und Energiebilanzen aus.

Entmaterialisierung und Virtualisierung sind auch in der Produktion zu stehenden Begriffen geworden. Das Gewicht der Informationsberufe läßt von einem neuen, quaternären Wirtschaftssektor reden. Die Vorherrschaft des Materiellen beginnt jedenfalls auf der ganzen Breite des Wirtschaftsprozesses zu brechen. Nur geht die Transformation in der Gesamtheit viel weiter, als die Rede von der Informationsgesellschaft ahnen läßt. Information ist der selber noch physische Aspekt der transphysischen Ökonomie der Aufmerksamkeit. Aufmerksamkeit ist weit mehr als nur das Bereitstehen von Informationsverarbeitungskapazität. Aufmerksamsein ist der Inbegriff des bewußten Daseins im Sinn von sowohl selbstgewisser Existenz wie wacher Geistesgegenwart. Das Aufmerksamsein ist das Medium, in dem alles vorkommen muß, was für uns erlebende Wesen wirklich werden will. Aufmerksame Wesen sind Zentren einer je eigenen Welt. Diese Welt existiert so oft, wie ein aufmerksames Wesen in ihrem Zentrum »da« ist.

Das Aufmerksamsein als solches ist mehr und ontologisch höheren Ranges als alles, was (in) ihm vorkommt. Es teilt in seiner Zuwendung diese seine Dignität demjenigen mit, dem es sich widmet. Schon deshalb ist der Empfang wohlwollender Zuwendung ein höchstes Gut für selber aufmerksame Wesen. Der Empfang aufmerksamer Zuwendung bedeutet, in eine andere Welt einzugehen. Kein aufmerksames Wesen hat direkten Zugang zur Welt einer anderen Aufmerksamkeit. Durch den Empfang anderer Aufmerksamkeit findet es aber Repräsentanz in dieser anderen Welt. Und es ist nun diese Repräsentation der eigenen Person im anderen Bewußtsein, die den Wunsch nach Beachtung so unwiderstehlich macht. Nicht nur die Eitelkeit kann nicht genug davon bekommen. Uns alle hält die Frage gefangen, wie wir vor anderen dastehen. Wir halten es einfach nicht aus, keine Rolle in anderem Bewußtsein zu spielen. Die Menschenseele fängt schon an zu leiden, wenn sie keine erste Rolle in einer anderen spielt. Sie nimmt bleibenden Schaden und endet in Verbitterung, wenn sie kein reichliches Mindesteinkommen an Zuwendung bezieht. Und es ist die höchste ihrer Wonnen, in zugetaner Aufmerksamkeit zu baden. Gewiß kann der Beifall einmal von der falschen Seite kommen, und gewiß kann es einmal die falsche Seite sein, die Beachtung findet. Von Menschen aber, die wir schätzen, und für Eigenschaften, die wir uns zugute halten, kann der Zuwendung schwerlich zuviel werden.

Der moderne Kult um die Attraktivität der eigenen Person mußte also nicht erst erfunden werden. Auch die Beobachtung, daß die Menschen im materiellen Wohlstand keinem Wesen mit solcher Hingabe huldigen wie ihrem Magnetismus auf fremde Aufmerksamkeit, ist nicht verwunderlich. Neu und erstaunlich ist allein die Vehemenz, mit der sich der professionelle Geschäftssinn auf die frei gewordenen seelischen Energien stürzt. Und nur die Macht, mit der die Sphäre der medial kanalisierten Beachtung nun dasteht, kann an der Entdeckung dieser neuen Ökonomie schockieren. Dem allzu kulturkritisch eingenommenen Blick könnte nun allerdings entgehen, daß die Ablösung des Geldes als lebenspraktische Leitwährung die Chance eines möglicherweise lebensrettenden Wertewandels birgt. Wir wissen schon lange und gut genug, daß wir mit jedem Tag, den wir zögern, aus der Materialschlacht gegen die – beziehungsweise gegen unsere eigene – Natur auszusteigen, schreckliches Leid auf künftige Generationen häufen. Bestes Wissen und schlechtestes Gewissen haben bisher jedoch nur verschwindende Minderheiten zur Umkehr bewegt. Es ist wohl ganz einfach illusionär, die gebotene Umorientierung des wirtschaftlichen Strebens von massenhafter Abstinenz zu erwarten. Wenn nicht in Abstinenz, dann muß der Ausweg aus dem Materialismus aber im Hedonismus selber gesucht werden. An Auswegen innerhalb des Hedonismus sehe ich keinen, der nicht über die selbsttätige Entstofflichung des Wirtschaftsprozesses und über die immanente Umwertung der Einkommensarten führte.

Ist die Ökonomie der Aufmerksamkeit also die bereits gelebte Vorstufe zu künftigen, ökologisch verträglichen Lebensstilen? Ist die Transformation der wirtschaftlichen Konkurrenz in einen verschärften Kampf um Beachtung am Ende die rettende List der Vernunft? Sind wir – ohne es zu wissen und zu wollen – vielleicht sogar auf dem richtigen Weg? Wir sollten es uns bei der Antwort auf diese Fragen nicht zu einfach machen.

Thomas H. Macho

Von der Elite zur Prominenz

Zum Strukturwandel politischer Herrschaft

Politik ist ein System zur Organisation von Aufmerksamkeiten – ein anderer Name für die »Kunst des menschlichen Zusammenlebens in Städten von solcher Größe, daß nicht mehr jeder jeden kennt«.[1] Politik setzt Unübersichtlichkeit voraus; sie wird von jenem Augenblick an generiert, in dem soziale Zugehörigkeiten nicht länger durch Blickkontakte, sondern normativ geregelt werden müssen. Die Entwicklung politischer Strukturen versteht sich daher ebensowenig von selbst wie die Errichtung der ersten Städte. Der Mensch ist kein »zoon politikon«, und Politik ist keine »anthropologische Konstante«; die Evolutionsgeschichte politischer Kulturen hat erst nach der neolithischen Revolution begonnen.

Politik ist ein Wertsystem, mit dessen Hilfe festgelegt wird, was es in sozialer Hinsicht bedeutet, zu sehen und gesehen zu werden. »Die politischen Aufgaben« – so schrieb Aristoteles in seiner Lehre vom wohlgeordneten Stadtstaat – »verteilen sich auf Regierende und Regierte. Die Aufgabe der Regierenden ist, anzuordnen und zu entscheiden. Um aber gerecht urteilen zu können und die Ämter dem Würdigsten geben zu können, müssen die Bürger einander nach ihren Qualitäten kennen ... Es ist also klar, daß dies der beste Maßstab für einen Staat ist: die höchste Zahl der Einwohner, die noch überschaubar bleibt und ein Leben in Autarkie ermöglicht.« Die Einwohnerzahl Athens lag zu Lebzeiten des griechischen Philosophen zwischen fünfzig- und hunderttausend. Aristoteles konnte also kaum gemeint haben, daß alle Bürger – und zwar selbst nach Ausschließung der Frauen, Kinder, Barbaren und Sklaven – einander persönlich kennen müßten, um richtig regiert zu werden, sondern vielmehr: daß eine vernünftige Organisation der Stadt nur gelingt, wenn die politisch relevanten Eliten über wechselseitig angemessene Einschätzungen ihrer Stärken und Schwächen verfügen.

Knapp formuliert: Politik ist – als Ordnung der Herrschaft – auch eine Ordnung der Sichtbarkeitsverhältnisse; Politik ist – als Regulativ gesellschaftlicher Wahrnehmungen – auch ein Regulativ der Macht- und Regierungsformen. Soviel muß behauptet werden, um die Grundthese der folgenden Abschnitte einführen zu können; sie betrifft jenen Strukturwandel der politischen Kultivierung von Aufmerksamkeit, der mit dem Übergang von der agrarischen zur industriellen Geschichtsetappe eingetreten ist: die Verwandlung der Elite in die Prominenz. Zu den Herrschaftsgütern in agrarischen Gesellschaften zählte ein *aktives* Aufmerksamkeitsprivileg: alle zu sehen, ohne selbst gesehen werden zu können oder zu müssen; zu den modernen Karriereprämien zählt dagegen ein *passives* Aufmerksamkeitsprivileg: von allen gesehen zu werden, ohne selbst sehen zu können oder zu müssen.

---

[1] Julian Jaynes, *Der Ursprung des Bewußtseins durch den Zusammenbruch der bikameralen Psyche.* Reinbek: Rowohlt 1988.

Ein zeitgenössischer Harun-al-Raschid braucht sich nicht mehr zu tarnen; jeden Abend besucht er die Haushalte seines Reichs, um möglichst oft erkannt zu werden – zugleich aber jeden unmittelbaren Kontakt mit der Bevölkerung zu vermeiden.

Das Auge Gottes

Der mentale Funktionsmechanismus einer agrarischen Gesellschaft bedarf der Erfahrung und des Bewußtseins, von oberhalb gesehen zu werden. Oberhalb sitzen die Götter; sie beobachten, was die Menschen tun – aufmerksam, argwöhnisch und wachsam. »Sehen ist ein göttlicher Akt«, resümierte Ludwig Feuerbach in *Das Wesen des Christentums;* und er meinte wohl: ein Herrschaftsakt. Denn der »liebe Gott« sieht alles (mit Hilfe solcher Sprüche wurden noch vor wenigen Jahren leicht paranoisch disponierte Stimmungen ausgelöst). Gott ist allwissend, weil er vom Himmel aus alles wahrzunehmen vermag; er thront auf der Spitze einer vielfach abgestuften Pyramide. Im Widerstreit mit der johanneischen Rede vom *logos* – vom Gott als Wort – triumphiert unter agrarischen Lebensbedingungen die Vorstellung, Gott sei das Auge – das Auge schlechthin. In dieser Gestalt haben ihn nicht erst die christlichen Humanisten abgebildet, sondern bereits die ägyptische, jüdische, griechische, indische oder mittelamerikanische Hochkultur.[2] Dreiäugig sind Zeus und Schiwa; und selbst von Jahwe heißt es im Buch Hiob: »Denn seine Augen schauen auf des Menschen Wege, alle seine Schritte sieht er wohl. Kein Dunkel gibt es, keine Finsternis, wo sich die Übeltäter bergen könnten.« (Hiob 34, 21–22)

Hierarchie, »heilige Ordnung«, bedeutet vielleicht gar nichts anderes als dieses Bewußtsein von der soziogenen Kraft der Augen; das Wissen, von oberhalb gesehen zu werden, und – je nach Rang und gesellschaftlicher Position – den Blick nach unten wenden zu können. Wer Macht ausübt, nimmt eine joviale, eine olympische Perspektive ein; je höher die Stellung, desto weitere Gebiete können angeschaut und, in des Wortes doppelter Bedeutung, übersehen werden. Übersichtlichkeit ist ein Herrschaftsprivileg. Ein Privileg der Fürsten, Könige und Kaiser, ein Privileg der Feldherren auf ihrem sprichwörtlichen Hügel, ein Privileg der Oberpriester und der Richter, die sich auf das »Auge des Gesetzes« berufen. Sie alle sind Wächter einer numinosen Ordnung, die auf der sukzessiven Steigerung von Aufmerksamkeitskompetenzen beruht: Verwandte des Argus, der – nach Ovids Zeugnis – hundert Augen am Kopfe trug und erst durch einen musikalischen Anschlag Merkurs besiegt werden konnte. Daß es seither schwieriger geworden ist, die »hundert Augen« der Anführer mit einem Streich zu schließen, ist evident und läßt sich umstandslos jeder Historiographie der Geheimdienste entnehmen.

Denn »Gottes Auge« ist unsichtbar. Die Übersichtlichkeit ist ein Herrschaftsprivileg, das die Forderung nach eigener Unsichtbarkeit geradezu

---

2 Vgl. Francis Huxley, *The Eye. The Seer and the Seen.* London: Thames & Hudson 1990.

provoziert. Die gesellschaftlichen Eliten wollen zwar mindestens so viel sehen, wie ihrer hierarchischen Position auf der »Himmelsleiter« entspricht; aber sie wollen ihrerseits möglichst wenig angeschaut werden. Sehen bedeutet soziale Kontrolle; jeder Aufstieg ergibt sich daher aus einer Vermehrung der eigenen Wahrnehmungschancen bei gleichzeitiger Minderung der Möglichkeiten, selbst wahrgenommen zu werden. Je mehr einer von oberhalb zu sehen bekommt, desto weniger kann er selbst – von unten oder von einer noch höheren Warte aus – beobachtet werden. Der »liebe Gott« sieht alles, aber sein Blick ist unsichtbar. Nicht zufällig haben manche Religionen ein theologisches Bilderverbot ausgesprochen; und selbst anschauungsfreundliche Kirchen haben gelegentlich Bilderstürme entfacht. Höhe bedeutet Entrückung, Unangreifbarkeit, Ferne und Unsichtbarkeit. Der oberste Herrscher muß verschleiert bleiben; er kann nicht auf gleicher Stufe – »Auge in Auge« – angetroffen werden.

Die aktuellste Pointe der unzähligen Geschichten von Kaisern, Fürsten, Päpsten oder Kalifen, die sich manchmal – in bescheidener Gewandung – unter das Volk zu mischen pflegten, um dessen Stimmungslage zu erkunden, besteht demnach nicht nur in der positiven Bewertung solcher Kunstfertigkeit der »Spionage«, sondern auch darin, daß diese »Landesväter« offenbar niemals enttarnt wurden. Diesen Witz muß man gustieren wie einen alten, seltenen Wein: Die größten Herrscher und Monarchen der Vergangenheit wurden an ihren Wappen, Kronen, Gewändern, Sänften, Kutschen, Herolden, Trossen, Standarten oder Trompetensignalen erkannt – selten jedoch an ihrem Gesicht. Der »nackte Kaiser« trat nicht in Erscheinung. Selbst die Verwendung von Herrscherbildnissen als Machtsymbolen – etwa im römischen Kaiserkult – steigerte kaum die persönliche Kenntlichkeit der Halbgötter; denn nicht als individuelle Porträts sollten die Geldmünzen oder Statuen reüssieren. Bis heute fungiert der Personenkult lediglich als eine besonders raffinierte Technik, um die hierarchische »Unsichtbarkeit« der jeweiligen Idole zu garantieren.

Das Prinzip hoher Übersichtlichkeit bei gleichzeitig reduzierter Sichtbarkeit habe ich eingangs als das »aktive Aufmerksamkeitsprivileg« agrarischer Eliten bezeichnet. Sein Wesen läßt sich am besten durch jene Metapher charakterisieren, die häufig genug zur Beschreibung hierarchischer Strukturen verwendet worden ist: durch den Vergleich zwischen Göttern, Kaisern, Führern und der Sonne. Die Sonne sieht alles, sie macht alles sichtbar, und sie kann doch ihrerseits nicht angesehen werden; sie blendet die Augen hochmütiger Diener. Zwischen Sonne und Auge bestehen – auch ikonographisch nachweisbar – enge Beziehungen: Der aztekische Sonnengott wurde meist als vieläugiges Wesen gemalt, und der griechische Helios trug den Beinamen Panóptes – »der alles Sehende«. In Ägypten galten Sonne und Mond als Augen des Himmelsgottes Horus; und die Uräusschlange wurde als das feuerspeiende Auge des Sonnengottes interpretiert. Kein Wunder, daß sich die Herrscher verschiedenster Epochen – von den römischen Kaisern bis zu Ludwig XIV. – mit dem Wesen der Sonne identifizierten: Die Sonne verkörperte das aktive Aufmerksamkeitsprivileg in einer hierarchisch differenzierten Gesellschaft. Aber just diese Sonne ist mit dem Anbruch der Moderne untergegangen.

Anonymität des Publikums

Vor wenig mehr als zwei Jahrhunderten hat die industrielle Epoche der menschlichen Gattungsgeschichte begonnen: als ein Zeitalter der permanenten urbanen Revolution und der prinzipiellen Aufhebung agrarischer Differenzierungen, als ein Zeitalter der ökonomischen, technischen und ideologischen Integration des Planeten, als eine kopernikanische Wende der sozialen Beziehungen: die *Harmonia Mundi* der astralen Zyklen, die gewissermaßen jeder Existenz ihre Herkunftssphäre und ihren genealogischen Status zuweisen konnten, ist hinter chaotischem Sternengestöber verschwunden. Niemand soll mehr durch sein Geburtsticket, durch seine kosmische Eintrittskarte festgelegt werden; es gehört zum Pathos der industriellen Epoche, die prinzipielle Gleichrangigkeit aller Menschen und Geschlechter, aller Länder, Berufe, Sprachen, Hautfarben oder Religionen zu postulieren. An die Stelle von Traditionen treten Funktionen; die hierarchische Pyramide wird von horizontalen Netzwerken abgelöst. Seßhaftigkeit verliert ihre Bedeutung zugunsten einer neuartigen Mobilität; diachronische Orientierungen und genealogische Prinzipien werden von synchronen Perspektiven relativiert und zurückgedrängt. Die agrarische Logik der Differenzierungen unterliegt einer beispiellosen Serie von Homogenisierungsschüben: einer Serie von ökonomischen, politischen, pädagogischen, aber auch mikrobischen und ernährungstechnischen Vereinigungsprozessen.

Unzweifelhaft haben sich mit der Durchsetzung des »Projekts der Moderne« die Bedingungen für politischen und kulturellen Aufstieg radikal verändert. Zumindest tendenziell kann nun jeder Mensch dem Gravitationsfeld seiner Herkunft entfliehen: Fürstensprößlinge können neuerdings auch als TV-Entertainer reüssieren, Kinder von Handwerkern als Sportler oder Chemielehrer ihren Lebensunterhalt verdienen, und die Söhne von Bauern als »Landschaftspfleger« oder Schriftsteller überleben. Der unverwüstliche Mythos vom Tellerwäscher/Millionär bestärkt den Glauben an die grenzenlosen Entfaltungsmöglichkeiten jedes menschlichen Individuums. Keine Geburtsurkunde diskreditiert ihre Besitzer; und selbst die Chance auf politische Karriere wird einer viel größeren Anzahl von Menschen eröffnet als im agrarischen Zeitalter. Aber durch diesen Egalitarismus ändern sich auch die Wahrnehmungsanforderungen, denen jene Menschen unterworfen werden, die sich irgendwie profilieren und möglichst sichtbar von ihren Nachbarn abheben wollen. Sie können auf keine gott- oder naturgegebenen Differenzen zurückgreifen, sondern sie müssen die relevanten »sozialen Unterschiede« selbst produzieren. Wer herauszutreten plant, wer aus der Masse hervorragen und zur Prominenz aufsteigen will, muß dafür sorgen, daß seinen Ambitionen und Handlungen ein Maximum an Aufmerksamkeit geschenkt wird. Zu den Prämien einer erfolgreichen Karriere, zum Bonus einer mühsam erwirtschafteten Prominenz zählt das passive Aufmerksamkeitsprivileg zeitgenössischer Eliten: eine Art von imaginärem Konto, auf dem die »Seitenblicke«

akkumuliert werden können, die zur Wertsteigerung der eigenen Persönlichkeit beitragen.

Allerdings verdankt sich der heiß ersehnte Lorbeer der Berühmtheit nur ausnahmsweise einer singulären, unvergleichlichen Leistung. »Geld stinkt nicht«; und ob jemand ein prominenter Zuhälter ist oder ein prominenter Künstler, macht weder auf dem Bankkonto noch im Fernsehstudio irgendeinen Unterschied. »In den Genuß der Prominenz«, bemerkt Adolf Holl, »kommt man häufig durch Zufall. Da langweilt sich zum Beispiel ein Fernsehintendant im Urlaub und verplaudert einen Abend mit dem Kapellmeister einer ländlichen Blasmusik. Der Mann kann gut Witze erzählen. Schon ist er mit seiner Mannschaft im Fernsehen und darf zwischendurch blödeln. Er bleibt so lange prominent, bis ihm keine neuen Witze mehr einfallen. Weitaus anstrengender ist es, als Bergsteiger prominent zu werden und auch zu bleiben, wie das Beispiel von Reinhold Messner zeigt. Im Vergleich zu ihm haben Schriftsteller, Künstler und Psychotherapeuten ein leichtes Leben. Sie plaudern sich durch etliche Talk-Shows, und schon sind sie prominent. Am härtesten tobt der Kampf um die Prominenz in der Politik. Ronald Reagan wäre noch immer Präsident der Vereinigten Staaten, wenn ihn nicht die Verfassung und sein Alter daran gehindert hätten. Mit seinem Schauspielerlächeln war er unbesiegbar. Er hat die Maßstäbe gesetzt.«[3]

Tatsächlich bewähren sich im politischen Konkurrenzkampf fast keine Programme mehr, sondern nur noch Gesichter. Wichtiger als selbst die denkbar höchste Kompetenz ist der Bekanntheitsgrad; und schlimmer als jede Kritik wäre der Umfragevermerk: nicht bekannt. Vor jeder Wahl werden zahlreiche Statistiken veröffentlicht und mehrere TV-Diskussionen zwischen den Spitzenkandidaten durchgeführt; eine rabiat hohe Anzahl von Inseraten, Plakaten und Fernsehspots soll die Mienen der Politiker in die Gehirne der Bevölkerung zwingen. Politischer Erfolg wird an eine Akkumulation von Wahrnehmungen gebunden, an die gelingende Kapitalisierung kollektiver Aufmerksamkeit. Im Chaos der verschiedenen Botschaften, Nachrichten und verbalen Gefechte setzt sich durch, wessen Stimme die meisten Ohren erreicht, wessen Augen die meisten Kontakte verbuchen können und welche Hände die meisten Begrüßungen absolviert haben. Jeder Wahlkampf wird als eine Wette auf die eigene Prominenz bestritten; pedantisch werden die Menschenzahlen und Stunden errechnet, die von der eigenen Propaganda erreicht werden konnten.

Der Imperativ des Erfolgs im industriellen Zeitalter lautet schlicht und einfach: ein Maximum an Aufmerksamkeit zu erzielen. Dieser Imperativ läßt sich auf jede Tätigkeit und auf jedes Produkt anwenden; »Design« und »Marketing« heißen die Schlüsselbegriffe aller strategischen Anstrengungen, gleichgültig ob es sich um politische Parteiprogramme oder um einen neuen Konsumartikel handelt. Dabei bleibt das Publikum dieser Anstrengungen und Werbekampagnen seltsam ungreifbar, anonym. Jene Menschen,

---

3 Adolf Holl, *Nur wer im Fernsehen ist, der existiert wirklich.* In: *Wiener Journal* vom Dezember 1992/Jänner 1993.

die einem prominenten Zeitgenossen oder einem beliebten Produkt zu seinem Ansehen verhelfen, stehen im Schatten – sie werden nicht erkannt. Das passive Aufmerksamkeitsprivileg der jüngsten Moderne basiert auf einer merkwürdigen Ungewißheit, die mit den Schlagworten vom »Wechselwähler« oder vom »Konsumverhalten« lediglich kaschiert wird. Keiner weiß, wem er die Aufmerksamkeit verdankt; und also läßt sich auch nicht herausfinden, wie die akquirierten Aufmerksamkeiten zurückerobert werden könnten, wenn sie plötzlich verlorengehen sollten, sobald (was Gott verhüten möge!) das Publikumsinteresse erlischt. Keine Lobbies, keine politischen Freundschaften, keine Beziehungen zur Presse oder zur Wissenschaft können den Markteinbruch, den Absturz der Einschaltquoten, den erdrutschartigen Wahlverlust vorhersehen oder gar verhindern. Auf einmal ist es vorbei. Adolf Holl: »Es gibt keine Statistiken über die Selbstmordhäufigkeit unter gescheiterten Dichtern, Rocksängerinnen, Rennfahrern, deren Stern nur ganz kurz aufleuchtete, gerade so lang, um sie auf den Geschmack zu bringen.«

Böswilliges Verlassen

Welche Konsequenzen ergeben sich aus der geschilderten Metamorphose? Aus dieser Mutation der Elite zur Prominenz? Aus der Verschiebung eines *aktiven,* hierarchiebewußten Aufmerksamkeitsprivilegs – alle zu sehen, ohne selbst gesehen werden zu können – in ein *passives,* medienbewußtes Aufmerksamkeitsprivileg – von allen gesehen zu werden, ohne selbst sehen zu können? Zahlreiche Antworten sind möglich; ich will mich vorwiegend auf drei Gesichtspunkte konzentrieren: und zwar erstens auf die neue soziale Funktion eines Massenpublikums, das immer mehr Urteile fällt, ohne selbst beurteilt werden zu können; zweitens auf die immanente Begünstigung mafioser, geheimer Politik, die nicht mehr in öffentlich zugänglichen Räumen, sondern zwischen konkurrierenden Lobbies, hinter verschlossenen Türen ausgefochten wird; und drittens auf die strukturelle Kommunikationskrise zwischen Politikern und Wählern, die – wie ich fürchte – ihren Gipfel noch längst nicht erreicht hat.

Zwischen aktiven und passiven Aufmerksamkeitsprivilegien läßt sich eine Isomorphie konstruieren, deren Bedeutung halbwegs ungeklärt bleibt. Sie betrifft die Position dessen, der ausnahmslos alles sieht, ohne selbst jemals gesehen werden zu können. Unter agrarischen Voraussetzungen wird diese Position vom »lieben Gott« eingenommen; unter industriellen Lebensbedingungen vom »Staat« (aber wer ist der Staat?), von der »Nation« (aber wer ist die Nation?) und schließlich von einem anonymen Massenpublikum, das die TV-Kanäle nutzt und regelmäßig irgendwelche Stimmzettel mit einem Kreuzchen versieht, bevor sie in eine ominöse Urne gesteckt werden. Ein Beerdigungsritual? Ohne Zustimmung dieses Publikums lassen sich keine politischen Grundsatzentscheidungen treffen: weder über den Vertrag von Maastricht noch über eine Verfassungsänderung. Man müßte mit den Leuten ungeschminkt reden können! Aber sie lassen sich an keinem Ort besuchen, obwohl ihre »gottähnliche« Allgegenwart die meisten politischen

Diskurse prägt.[4] Stets wird der »kleine Mann« berücksichtigt; stets sind es die neuesten Statistiken und Umfragedaten, die in politische Auseinandersetzungen einfließen. Aber just die politische Synthesis der »kleinen Leute« droht permanent zu scheitern, so daß sich die Ängste vor einem »demokratisch« abgestimmten, neuen Faschismus mehren.

Wer freilich bloß die Furcht vor einer solchen »Machtergreifung« schürt, neigt auf der anderen Seite dazu, die aktuellen Techniken zur Depersonalisierung von Herrschaft zu ignorieren. Hinter den prominenten Gesichtern, die in Wahlzeiten von den Plakatwänden herablachen, verbergen sich nämlich nicht selten Lobbies, Interessenverbände oder dubiose Eliten, die ihre Gesichtslosigkeit aggressiv zu wahren gelernt haben. Der Zwang zur Prominenz – als »Container der Aufmerksamkeit«[5] – begünstigt neuerdings die Flucht ins Hinterzimmer der geheimen Absprachen, der Clubs und der Logen. Dort wird Politik ritualisiert und in alte, hierarchische Organisationsmuster eingebaut: nach dem Vorbild der Cosa Nostra, die gerade aus der Ungleichzeitigkeit von Modernisierungsprozessen und archaischer Clanpolitik ihre profitablen Gewinne zieht. Freilich muß einschränkend vermerkt werden, daß die Chancen auf dauerhaft erfolgreiche Imitationen solcher Geheimbünde unaufhaltsam sinken. Das Prestige der Medien- und Informationsgesellschaft verdankt sich in erster Linie dem Pathos der Enttarnung und Aufdeckung; dem Versuch, nicht nur mit Adresse und Telefonnummer des »Bösen« zu dienen, sondern gleich mit der Veröffentlichung seines Gesichts. Die Tendenz zur Dechiffrierung aller Geheimcodes und zur blitzlichthaften Erhellung aller dunklen Koalitionsvereinbarungen läßt sich zwar mitunter umgehen, aber sie kann nicht effektiv gebrochen werden: auch das ist eine Konsequenz des Übergangs von der Elite zur Prominenz.

Von selbst versteht sich indes, daß weder Mafiaprozesse noch Watergate-Affären zur Bildung politischer Vertrauensstrukturen taugen. Zum Ende will ich daher eine dritte Konsequenz des mehrfach zitierten Strukturwandels politischer Herrschaft qualifizieren: das »Unbehagen an der Politik«. Dieses Unbehagen entspringt einer optischen Täuschung, die durch den Erzeugungsmodus von Prominenz, durch die Beanspruchung und Lizitation passiver Aufmerksamkeitsprivilegien, ausgelöst wird. Plötzlich steht jemand im Rampenlicht; er hat es geschafft, in einer repräsentativ hohen Anzahl von Gesichtern den Funken persönlicher Bekanntschaft zu entzünden. Er tritt mit seiner Frau oder seiner Familie vor die Fernsehkamera, beglückt das Publikum mit seiner Souveränität, seinem Wissen und seinen Fähigkeiten, und er lernt – perfekter noch als seine Konkurrenten – Zuversicht und Kompetenz auszustrahlen. Prominenz heißt, erreicht zu haben, daß einem

---

4 Seit Durkheim wissen wir natürlich, daß die Isomorphie zwischen Gott und der *société anonyme* auch religionssoziologisch begriffen werden kann. Vgl. Emile Durkheim, *Die elementaren Formen des religiösen Lebens.* Frankfurt: Suhrkamp 1981.

5 Vgl. Thomas H. Macho, *Container der Aufmerksamkeit. Reflexionen über die Aufrichtigkeit in der Politik.* In: Peter Kemper (Hrsg.), *Opfer der Macht. Müssen Politiker ehrlich sein?* Frankfurt: Insel 1993.

alle Blicke folgen und folgen wollen. Der Wille zur Prominenz schließt also die konstitutive Zustimmung ein, sich verfolgen zu lassen, das Einverständnis mit einem paranoiden Schema: einer Montage göttlich unsichtbarer Augen auf die Stative der Kameras. Und auch diese Augen sehen alles.

Unverhofft wird unser Held, sagen wir, beim Besuch eines Bordells ertappt. Die Leute sehen zu, wie er seine Putzfrau bezahlt, wie er einen Kellner betrügt, wie er sein Gesicht in der Kirche verzieht. Sie zeigen mit dem Finger auf ihn; er verstrickt sich in Ausreden und Lügen, die natürlich allesamt durchschaut werden; womöglich stolpert er bei dieser Gelegenheit gleich über andere Affären; und zuletzt tritt er resigniert zurück. Was übrigbleibt: Scham, Blamage und eine Serie von Symposien über die Moral in der Politik. Beklagt und diskutiert wird allerdings eine optische Täuschung. Prominenz besteht darin, jeden Anschein des Privatlebens so aufzugeben, daß sich der Eindruck verfestigen kann, den Prominenten persönlich, gewissermaßen von Du zu Du, zu kennen. Anders gesagt: Der Prominente ist ein Schauspieler, dessen Rolle darin besteht, vertraut - eben nicht wie ein Schauspieler - auszusehen. In einem kürzlich gesendeten TV-Interview sagte *Dynasty*-Star Linda Evans, auf der ganzen Welt werde sie von Menschen gegrüßt und angesprochen, »die mich für einen Teil ihrer Familie halten«.

Auch der erfolgreiche Politiker muß versuchen, ein Teil aller Familien, gewissermaßen ein »Bruttonationalvater« zu werden. Aber er fällt aus dieser Rolle, sobald er sich beim Bordellbesuch fotografieren und anschließend moralisch desavouieren läßt. Ab diesem Moment gleicht er nicht mehr dem Nachbarn, der vielleicht auch seine Ehefrau betrügt oder böswillig verläßt. Ab diesem Moment ist uns der Prominente unheimlich fremd. Verläßlich meldet sich nun ein exemplarisches Unbehagen. Wir haben keine Ahnung, um wen es sich handelt, wer da tatsächlich in »unserer Familie« sitzt: als wären wir mit einem »guten Onkel« ausgegangen, der uns Süßigkeiten versprochen hat, und plötzlich schreit jemand: »Ein Fremder!« Alles Vertrauen schwindet, geradezu als hätten wir Papa beim Diebstahl überrascht. Unvorhersehbar schnell kippt die politische Synthesis der Prominenz. Der Prominente wird in einen »ehemals Prominenten« verwandelt, - in einen »Deminenten«, wie Adolf Holl trocken formuliert. Es gibt keine erbärmlicheren Gestalten als diese deminenten Persönlichkeiten, denen sich haargenau ansehen läßt, wie oft sie früher einmal angesehen wurden. Sie gleichen den Ärzten, die kein Messer mehr halten können, den spitzbäuchigen Leistungssportlern vergangener Jahrzehnte, den verarmten Adeligen mit ihren exzellenten Manieren. Gestürzte Politiker betreten die Gasthäuser durch die Hintertür; und bei der Gerichtsverhandlung halten sie ihren Aktenkoffer vor das Gesicht. Vor ein Gesicht, in das sich viel zu viele Blicke eingegraben haben; vor ein Gesicht, das vom Schicksal der jahrzehntelang konsumierten, unverdient hohen Aufmerksamkeitstantiemen hart gezeichnet wurde. Sekundenlang regt sich kollektives Mitleid. Danach werden die Politiker ausgetauscht und vom Bildschirm gelöscht. Und das moderne Spiel der Verführung zur Sichtbarkeit, zur Konkurrenz um passive Aufmerksamkeitsprivilegien, kann erneut aufgeführt werden.

Martin Seel

Vor dem Schein kommt das Erscheinen

Bemerkungen zu einer Ästhetik der Medien

I

Seit Platons Kritik an Malerei und Dichtung wird das Nachdenken über die Kunst von der Alternative zwischen einer Ästhetik des Seins und einer Ästhetik des Scheins beherrscht. Platon hielt diesen Künsten vor, Erscheinendes bloß nachzubilden, anstatt es in seiner Wahrheit zu erfassen; alles, was ein Dichter oder Maler erzeugen könne, sei ein Schein des Erscheinenden, nicht aber das Erscheinende oder das Wesen des Erscheinenden selbst. Damit legte er die Freunde der Kunst auf zwei Möglichkeiten fest. Sie konnten zum einen versuchen, das vernichtende Urteil über die Kunst in eine Auszeichnung zu verwandeln und den ästhetischen Schein zu bejahen – so geschehen bei Kant und erst recht bei Nietzsche. Oder sie konnten versuchen, die ganze Analyse zu revidieren und gegen Platon zu zeigen, daß auch (und vielleicht gerade) die Kunst einen privilegierten Zugang zum Sein und zur Wahrheit unterhält – so geschehen bei Schopenhauer oder Heidegger. Auch wenn sich die Wahrheitsästhetik – etwa bei Hegel und Adorno – selbst der Schein-Terminologie bediente, so konnte diese Kombination dem überlieferten Schema nicht wirklich entkommen; die Rede vom Schein trat in den Dienst einer Ästhetik der Offenbarung des Seins. Die von Platon geprägte Alternative blieb intakt. Die Ästhetik, so scheint es, muß entweder den Begriff des Seins oder den des Scheins zum Grundbegriff wählen.

Es ist dieses Szenario, das in der gegenwärtigen Diskussion zur Ästhetik der neuen Medien in Zweifel gezogen wird. Hierin liegt ihre philosophische Bedeutung. Fast alle nämlich, die sich an dieser Diskussion beteiligen, stimmen darin überein, daß die Alternative zwischen Sein und Schein im Feld der Ästhetik obsolet geworden sei. Wer Ästhetik der elektronischen Medien betreibe, müsse sich der klassischen Wahl zwischen einer Ästhetik des Seins und einer Ästhetik des Scheins entziehen. Spätestens die Realität der neuen Medien zwinge zu einem Verlassen der platonischen Stellung.

Jedoch wird diese folgenreiche Einsicht in der aktuellen Debatte von einem nicht minder folgenreichen Irrtum begleitet. Es herrscht die Meinung vor, die alte Denkordnung sei *deswegen* verkehrt, weil sich die *Opposition* zwischen Sein und Schein als hinfällig erwiesen habe. Die neuen Medien sollen die Haltlosigkeit jedes grundlegenden Unterschieds zwischen Sein und Schein sei es an den Tag gebracht, sei es hervorgebracht haben. Von diesen Gedanken läßt sich die Avantgarde der Medienästhetik derart hypnotisieren, daß sie sich willenlos in eben jene Schematisierungen zurücksinken läßt, die sie überwinden wollte. Auch die *Leugnung* der Differenz zwischen Sein und Schein nämlich bleibt dem klassischen Dualismus verhaftet – nicht zuletzt deshalb, weil sie sich gar nicht sinnvoll leugnen läßt. Nur solange man in der hergebrachten Ordnung des Denkens verweilt, erscheint die Sprengung seiner tragenden Opposition als der einzig mögliche Ausweg.

Dabei liegt ein anderer Ausweg ganz nahe. Man muß nur sehen, daß die Wahl zwischen den Begriffen des Seins und des Scheins nicht eine Unterscheidung zuviel, sondern eine zuwenig bereitstellt. Es gibt nämlich einen dritten Begriff, der in Sachen Ästhetik grundlegender ist als die beiden anderen: den des *Erscheinens.* Bevor das Kunstwerk als Anwalt des Seins oder des Scheins begriffen werden kann, bevor ihm überhaupt ein Sinn oder eine Funktion zugeschrieben werden kann, muß es im Modus seines Erscheinens wahrgenommen werden. Dieses Erscheinen liegt vor jeder Relation auf etwas, das sich in ihm zeigen oder verbergen könnte; es liegt vor den Funktionen der Eröffnung des Seins oder der Evokation eines Scheins. Die einzige Relation, in die Kunstwerke mit Notwendigkeit eintreten, ist die, Objekte einer besonderen Art der Wahrnehmung zu sein. Sie sind Objekte eines besonderen - vollzugsorientierten, sinnengeleiteten und selbstbezüglichen - Wahrgenommenwerdens. Sie sind zu nichts anderem da, als in ihrem komplexen Erscheinen wahrgenommen zu werden.

Es ist entscheidend, dieses Erscheinen des Kunstwerks nicht als ein Erscheinen *von etwas,* sondern als ein Erscheinen *seiner selbst* zu verstehen. Das Erscheinen des Kunstwerks meint hier nicht das Aufscheinen einer übergeordneten Wahrheit, sondern zunächst allein die Art, in der das Kunstwerk sich dem Wahrnehmungsvermögen seiner Betrachter präsentiert. Nicht im Erscheinen eines Wesens oder eines Scheins liegt sein Wesen. Es liegt im Erscheinen für eine Wahrnehmung, die sich in besonderer Weise zu ihm als Erscheinendem verhält. Das Sein des Kunstwerks ist sein Erscheinen.

Solange wir es jedenfalls als Kunstwerk behandeln, werden wir ihm in diesem Zustand begegnen. Wir werden es nicht auf Eigenschaften festlegen, die wir ihm ohne einen Bezug auf die Situation seiner vollzugsorientierten Wahrnehmung zuschreiben können. So gibt die bloße Angabe des Gewichts einer Plastik keinerlei Auskunft über ihre ästhetische Verfassung. Ein ästhetisches Gewicht erhält diese Angabe erst, wenn mit ihr auf den Vorgang der Wahrnehmung dieser Plastik Bezug genommen wird, darauf etwa, ob diese Schwere spürbar ist oder nicht. Und so für jede andere Eigenschaft, die den Kunstcharakter von Kunstwerken ausmacht. Aussagen über die künstlerische Beschaffenheit schließen mit Notwendigkeit Annahmen über ein Wie des Erscheinens dieser Beschaffenheit mit ein. Alle relevanten Qualitäten eines Kunstwerks sind Qualitäten seines Erscheinens für eine Wahrnehmung, der es gleichermaßen um den Akt und das Objekt dieser Wahrnehmung geht.

Dieser Status des Kunstwerks - in seinem Erscheinen für eine auf dieses Erscheinen konzentrierte Wahrnehmung dazusein - ist grundlegender als alle Nähe zum Sein oder zum Schein. Denn dieses Erscheinen kann *entweder* als eine Offenbarung des Seins *oder* als eine Inszenierung von Schein aufgefaßt werden. Nicht selten aber ist es *mehr oder weniger* oder *zugleich* das eine oder das andere. Schließlich kann es auch *keines von beiden* sein (sondern nur ein bloßes Spiel von Erscheinungen). Einer Ästhetik des Erscheinens stehen damit alle die Optionen offen, die von den Ästhetiken des Seins oder des Scheins einander entgegengestellt werden müssen, und weitere dazu. Eine Ästhetik des Erscheinens kann außerdem die Beschränkung auf eine Theorie der Kunst viel leichter überschreiten als die klassische Ästhetik; sie kann ästhetische Aufmerksamkeit generell als vollzugsorientierte Aufmerksamkeit für das Erscheinen des Erscheinenden bestimmen. Von den Objekten dieser Aufmerksamkeit gilt: Vor der Alternative zwischen Sein oder Schein liegt die Insistenz ihres Erscheinens.

II

Das mag plausibel sein oder auch nicht. Ob es plausibel ist, soll hier an einigen Überlegungen zur Ästhetik der elektronischen Medien geprüft werden. Dabei ist es gut, sich daran zu erinnern, daß die Ästhetik der Kunst spätestens seit Hegel immer auch Medienästhetik war. Wo immer sie sich auf die Besonderheit einzelner Künste einließ, mußte sie sich auf die Besonderheit des Mediums (oder der Medien) dieser Kunstformen einlassen. Sie mußte verdeutlichen, wie Stein, Klang, Farbe, Wort, leibliche Bewegung usw. in der Konstellation eines Kunstwerkes *als* Stein, Klang, Farbe usw. hervortreten. Was wir heute abkürzend Medienästhetik nennen, ist also lediglich die Ästhetik einer *besonderen Art* künstlerisch eingesetzter Medien – eben der elektronischen. Der Unterschied zu den traditionellen Künsten aber liegt auf der Hand. Während die einen mit Medien arbeiten, die zugleich sinnliches Material sind oder wenigstens eindeutig auf ein solches Material zugeschnitten sind (wie bei der Notation von Musik), sind Medium und Material in den neuen Kunstformen prinzipiell trennbar. Das erste Medium der neuen Medien ist die Möglichkeit digitaler Speicherung, ihr »immaterieller« Code, der selbst nicht wahrnehmbar ist, vielmehr in unterschiedliche Formen wahrnehmbarer Effekte umgesetzt werden kann.

Während ein traditionelles Bild unverrückbar an dem Bild-Objekt haftet, an dem es sichtbar ist, bleibt das digitale Bild unabhängig von einem bestimmten Bildschirm, auf dem es erscheint. Daher ist jenes auch in einem ganz anderen Sinn »fertig« als dieses. Denn das digitale Bild kann nicht nur (durch neue Eingaben) jederzeit spurlos verändert werden, es kann auch in seinem Erscheinen – etwa durch Veränderung der Farbwerte – jederzeit manipuliert werden und auch zu dieser Manipulation ausdrücklich freigegeben sein. Während das traditionelle Kunstwerk es stets mit sinnlichen Materialien zu tun hat, die Medien seiner Gestaltung sind, steht mit der digitalen Kodierung ein nichtsinnliches Medium zur Verfügung, das keinem bestimmten – sinnlich kenntlichen – Material eingeschrieben ist. Dieselbe Software kann mit unterschiedlicher Hardware realisiert werden; Bilder oder Texte können im Prinzip als Klänge reproduziert werden und umgekehrt; ein und dieselbe Datenkonfiguration läßt phänomenal sehr unterschiedliche Realisierungen zu. Zwar kennen wir das auch von Musik- oder Theaterstükken; aber hier legt erstens die Art der Notierung wenigstens das »Material« der Realisierung fest und zweitens ist die Aufführung eines solches Werks dem Zugriff auf dieses Werk selbst grundsätzlich entzogen. Das Medium eines digital kodierten Werks dagegen ist nicht länger an die sinnliche Präsenz eines bestimmten Materials gebunden und kann (im Prinzip wenigstens) mit jeder Realisierung selbst eine Veränderung erfahren.

Digitale Kodierung allein macht freilich noch keine Medienkunst. Auch der Text des *Faust* läßt sich digital speichern. Mit Medienkunst im engeren Sinn haben wir es erst zu tun, wo die betreffenden Werke (teilweise oder im ganzen) *nicht anders* aufbewahrt werden können. Erst sie haben eine gleichsam digitale Natur. Doch gerade von diesen Objekten gilt, daß die Ablösung ihres Mediums von jedem bestimmten Material niemals vollständig sein kann – jedenfalls solange wir von *ästhetischen* Erzeugnissen reden. Das nicht (wie traditionelle Bilder und Skulpturen) aus der Sphäre des menschlichen Leibes stammende und in seiner Kodierung für die menschlichen Sinne nicht wahrnehmbare Werk muß gleichwohl in die Sphäre des Leibes hineinreichen können. Denn nur dort sind ästhetische Phänomene gegeben. Das Erscheinen in der Sphäre sinnlicher Vernehmbarkeit – als Schrift, Klang, Bild, Bildfolge oder Bildraum – ist die unhintergehbare Voraussetzung dafür, daß etwas überhaupt als ästhetische Konstruktion verstanden werden kann. Auch das digitale Werk bleibt als Kunstwerk auf ein solches Erscheinen bezogen; sein Schicksal entscheidet sich an der »Schnittstelle« zwischen Mensch und Apparatur. Auch diejenigen Datenmengen, mit anderen Worten, die als solche nichts Ästhetisches an sich haben, müssen für bestimmte Arten des Erscheinens wenn nicht entworfen, so doch geeignet sein, wollen sie den Status künstlerischer Erfindungen gewinnen.

Wenn das richtig ist, ist die Medienkunst wie jede andere Kunst nicht primär eine Kunst des Seins oder Scheins, sondern eine Kunst des Erscheinens. Die Besonderheit dieser Kunst muß sich wie bei jeder anderen Kunst am Wie ihres Erscheinens zeigen. Ontologische Überlegungen zur veränderten Identität dieser Werke sind daher letztlich untrennbar von phänomenologischen Betrachtungen zur veränderten Präsenz ihrer Realisation. Ein essentiell digital kodiertes Werk, so ist zu vermuten, hat eine phänomenal andere Verfassung als ein konventionelles Werk. Mit gutem Grund hat Walter Benjamin den Auraverlust am Thema der Reproduzierbarkeit des Kunstwerks diskutiert; denn jeder Umbruch im Sein der Kunst kann sich nur als Revolution ihres Erscheinens vollziehen.

Eine dieser Neuerungen liegt im Gebrauch »interaktiver« Techniken. Der Amerikaner Gary Hill hat auf der letzten Documenta einen Projektionsraum gestaltet, der diese Möglichkeit auf eine zwar technisch eher bescheidene, aber doch schlüssige Weise nutzt. In einem langgestreckten, sehr dunklen und geräuschlosen Raum sind mit schwachem Licht männliche und weibliche Personen (auch Kinder) in unterschiedlicher Größe auf die Wand projiziert. Sie erheben sich aus einer kauernden Stellung, sobald sich ein Betrachter auf sie zubewegt. Sie bewegen sich dann ihrerseits auf den Betrachter zu, machen einige Gesten in seine Richtung (oder in die eines unsichtbaren Gegenübers »hinter« dem Betrachter) und wenden sich nach einer Weile wieder ab. Das Ganze wirkt wie ein nachgestellter Hades – ein lautloses Reich der Schatten, in dem es zu einer Begegnung mit Wesen kommt, mit denen eine wirkliche Begegnung nicht möglich ist, die das lebendige Gegenüber gleichwohl in verschiedene Formen der interpersonalen Begegnung verstrikken. Zum Beispiel verspüren wir diesen Schattenwesen gegenüber eine Scheu, die unbegründet wäre, würde sie uns nicht an eine soziale Scheu erinnern; zugleich aber können wir uns diesen Scheinsubjekten gegenüber einem Voyeurismus der Betrachtung hingeben, der jedem wirklichen Menschen gegenüber vollkommen schamlos wäre. Auch finden wir uns in dem Animismus irritiert, mit dem wir figuralen Darstellungen in der Kunst, insbesondere Skulpturen, häufig begegnen. In einer irregulären Situation personaler Begegnung nehmen wir Möglichkeiten und Unmöglichkeiten zugleich unserer sozialen und ästhetischen Wahrnehmung wahr.

Für die Ästhetiken des Seins und des Scheins sieht das wie ein gefundenes Fressen aus. Denn haben wir es hier nicht mit einem Schein personaler Begegnung zu tun, dem wir uns entweder als einem Schein überlassen können oder den wir als Vergegenwärtigung unseres interpersonalen Seins auffassen müssen? Schon möglich. Die Frage ist nur, was diese Deutungsmöglichkeiten über die Konstitution des Werks sagen. Denn was ist die Basis des (transparenten oder intransparenten) Scheins, auf den sich beide Parteien berufen? Doch jene Situation inmitten der projizierten Gestalten, von denen die Betrachtenden jederzeit wissen, daß es Projektionen sind. Diesen *scheinen* sie nicht gegenüber zu stehen, ihnen *stehen* sie gegenüber. Der Schein kann sich nur auf den Status der projizierten Figuren als eines *Gegenübers* beziehen – daher Reaktionen wie Scheu oder Scham, die jedoch von einem unbefangenen Blick stets wieder abgelöst werden. Hill inszeniert eine Situation, die diesen Schein entstehen und vergehen läßt. Wenn die Betrachter bemerken, daß sie selbst es sind, die durch das Betreten der Kontaktzone die auf sie zukommende Bewegung der Figuren abrufen, treten sie – inmitten der Situation des Werks – aus der Illusion heraus. Die technisch induzierte Interaktion mit dem künstlerischen Objekt erhält Vorrang vor dem Schein einer personalen Interaktion. Die Betrachter reagieren auf die unter dem Einfluß ihres Verhaltens entstehende Präsenz des Werks. Mit einem Wort: Es ist das *mediale Erscheinen* des Werks, das alle Phänomene des (transparenten oder intransparenten) Scheins hervorruft.

Ohne allen Rest-Illusionismus kommt die Installation *Anthro-Socio* von Bruce Nauman aus, die ebenfalls auf der neunten Documenta zu sehen war und die heute in einer anderen Version im Besitz der Hamburger Kunsthalle ist (auf die ich mich im folgenden beziehe). Lange bevor man etwas von der Sache sieht, ist eine Art geordneten Geschreis zu hören, ohne daß die Ordnung darin zu entschlüsseln wäre. Erst wer sich in das Zentrum des Lärms begibt und sein Ohr direkt vor die Lautsprecher jedes einzelnen der vier Fernsehmonitore hält, die in der Mitte des Arrangements stehen, kann hören, was von den durcheinandergehenden Stimmen in endloser Wiederholung ausgerufen wird. Jedoch ist es jeweils dieselbe Stimme, die in einem rhythmischen Sprechgesang verschiedene Kurztexte vorträgt. Da diese Stimme mehrmals zugleich erklingt, wirkt sie ent-individualisiert, von keinem greifbaren Sprecher-Körper getragen. Die drei Texte, die vorgetragen werden, lauten: *Help me / Hurt me / Sociology; Feed me / Eat me / Anthropology; Feed me / Help me / Eat me / Hurt me.* Die ersten beiden Strophen werden aus je einem, die letzte wird aus zwei Lautsprechern übertragen. Der Vortrag der einzelnen Texte ist sehr artikuliert, vor allem das Wort »anthropology« wird geradezu zelebrierend vorgetragen, so daß in dem Lautgemisch immer wieder Momente einer Koloratur zu vernehmen sind; man kann es als ein aus den Fugen geratenes Oratorium hören. Durch die Lautstärke und die scharfe Aussprache der kurzen Imperative haben die Wortfolgen zugleich etwas sehr Expressives, wodurch das Klangfeld andererseits wie aus Schreien der Verzweiflung zusammengesetzt erscheint. Die Akustik des Werks ist somit von außerordentlicher Kreatürlichkeit und Künstlichkeit, Körperlichkeit und Abstraktheit in einem. Der Klangzustand der Installation kann nicht synthetisiert werden; er ist in einem Zug Gesang und Geschrei, ohne etwas Drittes zu sein.

Diese Nicht-Vereinbarkeit des Gleichzeitigen kennzeichnet die Installation im ganzen. Wie es keinen Hörpunkt gibt, von dem aus alles gehört werden könnte, so gibt es keinen Blickpunkt, von dem aus das Werk überschaut werden könnte. In einem größeren, leicht dämmrigen Raum sind vier Farbmonitore – teils zur Wand, teils zum Innenraum hin – so aufgestellt, daß nie alle Bildschirme zugleich wahrgenommen werden können. Alle zeigen den Kopf eines Mannes mit kahlrasiertem Schädel in einer um die vertikale Achse kreisenden Bewegung; ernst, kraftvoll, konzentriert, mit ansonsten starrem und gleichförmigem Ausdruck deklamiert er jeweils einen der Texte. Drei zusätzliche Projektoren werfen das Bild des sich drehenden Kopfes in mehrfach vergrößertem Format auf die weißen Wände des leicht abgedunkelten Raums. Die Mitte des Raums ist frei; in der Mitte stehend, ist nicht mehr, eher weniger zu sehen als von einer Position am Rand. Während auf den Videos eine extrem zentrierte Bewegung zu sehen ist, gibt es für den Betrachter kein Zentrum der Betrachtung. Doch auch das siebenmalige Bild des kreisenden Kopfes – das diesen drei Mal nach unten gerichtet zeigt – ist eigentlich ohne Zentrum. In seiner Bewegung ist der Kopf losgelöst von dem ihn tragenden Körper. Man sieht den Leib nicht, dem sich der Lärm der Stimmlaute entringt; so ist der exklamierende Kopf Zeichen einer extremen Leiblichkeit und Leiblosigkeit zugleich. Die in der Differenz von Geschrei und Gesang liegende Ambiguität wiederholt sich im Geschehen der Bilder. Der sichtbare Kopf zeigt einerseits das Gesicht eines der Aufgabe der Deklamation nahezu lustvoll hingegebenen Menschen; andererseits ein anonymes und verletzliches Haupt in einer zwanghaften und ortlosen Bewegung – ein durchaus auch komischer Kontrast.

Geschrei versus Gesang, Kopf versus Körper, Künstlichkeit versus Naturhaftigkeit – solche Polaritäten machen den Grundcharakter dieses Werks aus. Naumans Verfahren ist das einer paradoxen Reduktion des Menschen auf Kreatürlichkeit und Künstlichkeit zugleich. Er spielt die kontrastiven Grundtatsachen seiner Natur (Fressen und Gefressenwerden) und seiner Kultur (Helfen und Verletzen) ineinander. Er stellt am Künstlichen das Naturhafte und am Naturhaften das Künstliche aus. Der Bild- und Klangraum, der so entsteht, ist der einer höchst künstlichen Wiedergabe des Kreatürlichen, die in ihrer Gewaltsamkeit und Unübersichtlichkeit selbst Züge eines Naturzustands hat.

Von Schein keine Spur. Gewiß könnte man Naumans Werk inhaltlich so verstehen, hier werde eine Irrealisierung zugleich des Natürlichen und des Künstlichen betrieben, was sich dann auch auf den Begriff eines doppelten Scheins bringen ließe, in dem sich das Werk halte. Auch könnte man sagen, hier werde die Natur eines Gesellschaftszustandes offengelegt, der am toten Punkt seiner Naturbeherrschung angelangt sei. Aber diese Deutungen, wie sie von seiten einer Ästhetik des Scheins oder des Seins naheliegen mögen, greifen erneut zu kurz. Denn beide Deutungen müssen von der ästhetischen Polarität des Werks ihren Ausgang nehmen, die selbst vor der Differenz von Sein und Schein liegt, nämlich in ihrem artifiziellen und chaotischen, kalkulierten und aggressiven, leibhaften und leibfernen *Erscheinen.* Dabei trägt die phänomenale Präsenz des Werks die auf Sein oder Schein bezogenen Deutungen nicht in der trivialen Bedeutung, daß etwas Wahrnehmbares da sein muß, damit dieses als Kunst wahrgenommen werden kann. Sie ermöglicht sie vielmehr in der kategorialen Bedeutung, daß aller Sinn des Werks und seiner Wahrnehmung durchweg in der buchstäblichen situativen Erscheinung seiner Materialität verankert ist. Das technische Bild eines Kopfs ohne sichtbaren Leib, der technische Klang einer vervielfachten Stimme zwischen Geschrei und Gesang, das spatiale Arrangement der verstreut aufgestellten und offen verkabelten Monitore, Projektoren und Prozessoren, die mal eben auf den Kartons der Hersteller abgestellt sind: die Gegenwart dieser aus Geräten zusammengestellten, elektrisch betriebenen und elektronisch gesteuerten Anlage setzt erst das frei, was wir diesem Kunstobjekt an seinsbezüglicher und scheinversessener Geste und Leistung zuschreiben können. Vor Sein und Schein kommt das Erscheinen.

III

Ich meine, daß es sich generell so verhält – gerade auch dort, wo wir es mit künstlerischen Verwendungen der neuen Medien zu tun haben. Natürlich können dies zwei Beispiele von Installationen, die mit Video arbeiten, allein nicht belegen. Deswegen seien ein paar Bemerkungen angeschlossen zu jener Kunst, die es heute noch gar nicht gibt, die aber in der Theorie oft so behandelt wird, als gäbe es sie schon – derjenigen, die auf den Möglichkeiten des Cyberspace aufbauen könnte. Cyberspace hat nun gewiß etwas mit Schein zu tun – zumal dann, wenn wir uns diesen Raum als einen in der virtuellen Situation begehbaren Raum denken. Wir bewegen uns dann an Orten, an denen wir uns körperlich nicht befinden. Unsere Wahrnehmung ist auf das Geschehen eines Ortes zentriert, der nicht der Ort unseres leiblichen Aufenthalts ist. Wenn man an Romanelesen oder Kinogehen denkt, klingt das nicht unbedingt neu, doch ist die Lage eine andere. Denn hier befinden wir uns nicht *metaphorisch* in einem imaginären Raum (wie das im Kino oft der Fall ist), sondern *tatsächlich:* Wir befinden uns in einem Raum, dessen Ansicht sich im Zuge unserer körperlichen Bewegung verändert; die Erfahrung des imaginären Raums ist hier an die reale Bewegung unseres Körpers gebunden, welche reale Veränderungen unseres Wahrnehmungsfeldes bewirkt (durch Bewegungen der Hand im Datenhandschuh oder Bewegungen des Cockpits, in dem wir Zugang zum virtuellen Raum haben, oder Bewegungen in dieser Wahrnehmungsstation). Dennoch muß man sagen: Wir nehmen unsere Bewegungen im realen Raum so wahr, *als wären es* Bewegungen in jenem imaginären Raum; was uns aber dort begegnet, ist uns kraft des apparativen Arrangements tatsächlich gegeben und nicht etwa nur ein Produkt unserer Imagination. Wir imaginieren keinen Raum, wir *befinden* uns in einem Raum, der gleichwohl kein realer, sondern ein simulierter Raum ist.

Das mag der Raum einer virtuellen Stadt oder der eines virtuellen Archivgebäudes sein. Das mag aber auch der Raum einer virtuellen Teilnahme an einem aktuellen Geschehen sein, wenn etwa ein real stattfindendes Fußballspiel so übertragen wird, daß wir auf dem virtuell reproduzierten Schauplatz dieses Geschehens herumspazieren können (ohne freilich in die reale Handlung eingreifen zu können – *das* können wir nur imaginieren). In diesem Modus könnten auch Theaterstücke oder Filme rezipiert oder gleich produziert werden. In Situationen dieser Art befänden wir uns – kühne Weiterführung primitiven Hillschen Projektionsraums – mitten unter Personen und mitten in Handlungszusammenhängen, die lediglich ein simuliertes Gegenüber und eine simulierte Aktionsmöglichkeit darstellen würden. Mit Benjamins Ausdruck stünde uns ein »Bildraum« offen, der allerdings, anders als es sich Benjamin in seinem Aufsatz über den *Sürrealismus* dachte, *nicht* mit dem realen Raum identisch wäre und mit ihm auch nicht identisch werden könnte. Denn sich in einem virtuellen Raum zu befinden bedeutet, in einem realen Raum zu sein, der durch seine Apparate Zugang zu einem virtuellen Raum eröffnet. Der für Cyberspace konstitutive Schein läge somit darin, sich in *einem* Raum zu befinden, obwohl man sich (in *einer* Zeitspanne[1]) in *zwei* Räumen befindet: einem realen und einem virtuellen.

Nun dürfen wir nicht vergessen, daß uns eine tragfähige Phänomenologie des virtuellen Raums – das heißt des Sichbefindens in solchen Räumen – noch gänzlich fehlt, weil wir bis jetzt nur Schwundstufen kennen. Es fehlt damit auch jede Möglichkeit, fundiert einzuschätzen, wie reizvoll es jenseits praktischer Zwecke (virtuell begehbarer Datenbanken oder Forschungsstationen) tatsächlich wäre, sich in solchen Räumen aufzuhalten. Wenn wir jedoch von der möglichen Ästhetik solcher Räume sprechen wollen, müssen wir das *bloße* Sichbefinden in ihnen – zu Zwecken der Archivierung oder For-

---

1 Da es eine virtuelle Zeit nicht gibt, ist die Rede von virtueller Realität genaugenommen unzulässig; Virtualität ist ein Phänomen eines Raumbewußtseins, nicht eines Raumzeitbewußtseins eigener Art. Daß der virtuelle Raum eine Realität eigener Art sei, ist eben der Schein. – Zu einigen der Paradoxien, die sich aus der Differenz von realem und imaginärem Raum ergeben, siehe Florian Rötzer, *Ästhetische Herausforderungen von Cyberspace.* In: Jörg Huber / Alois Martin Müller (Hrsg.), *Raum und Verfahren. Interventionen 2.* Basel / Frankfurt: Stroemfeld / Roter Stern 1993.

schung – von seiner *ästhetischen* Wahrnehmung unterscheiden können. Die mögliche *Zugänglichkeit* virtueller Räume und die mögliche künstlerische *Verwendung* dieser Welten ist zweierlei. Wegen der Neuheit virtueller Räume neigen viele Kommentatoren dazu, diesen Unterschied einfach zu übersehen. Nur solange aber die Zugänglichkeit von Cyberspace etwas Neues ist, ist der Aufenthalt in diesem Raum für die meisten Betrachter gleichbedeutend mit seiner selbstzweckhaften Erkundung. So würde es nicht bleiben. Falls Cyberspace zu einer gewöhnlichen Möglichkeit menschlicher Praxis würde (zu einem Nebenraum unserer Büros und Laboratorien), müßte sich zwangsläufig jene Differenz ausbilden, die auch für alle bisherige Wahrnehmung gilt: zwischen einer *pragmatischen* Wahrnehmung, der es primär um die Objekte von Handlung und Erkenntnis geht, und einer *ästhetischen* Wahrnehmung, der es primär um den Zeit-Raum ihres Wahrnehmens selbst geht. Die Technik des Cyberspace ist als solche keine künstlerische Technik. Einen dezidiert ästhetischen und erst recht einen Kunstcharakter könnte der virtuelle Bildraum erst erhalten, wenn sich in ihm eine doppelte Differenz markieren ließe: zum vertrauten Aufenthalt sowohl im realen wie im imaginären Raum. Erst dadurch würde aus dem Aufenthalt in einem imaginären Raum der Aufenthalt in einem *Raum der Imagination:* in einem Raum, der die Möglichkeiten realer und virtueller Existenz so durcheinander spielte, daß Bedingungen der Möglichkeit und Wirklichkeit *beider* Räume zur Anschauung kämen.

Hier könnte dann auch der Gewißheit der *Grenze* zwischen primärer und sekundärer Welt mitgespielt werden. Die Lockerung dieser Gewißheit aber kann nicht am Anfang des Eintritts in virtuelle Räume stehen – sonst wäre sie nichts als eine Welt des Schreckens; sie könnte sich erst im Zuge der Eroberung alternativer Räume ereignen: in der künstlerischen Thematisierung des Wohnens im Realen und Virtuellen zugleich. Gegenstand dieser Kunst wäre die Einheit des realen und des virtuellen Raums. Sie würde den virtuellen Raum im realen und den realen im imaginären zur Erscheinung bringen. Damit stünde sie allemal *diesseits des Scheins,* gerade auch desjenigen, der konstitutiv für den »normalen« Aufenthalt in virtuellen Sphären ist. Denn diese Kunst würde nicht beim Realitätsschein des virtuellen Raums einsetzen, genausowenig aber bei der Gewißheit eines scheinlosen primären Seins, sondern exakt *dazwischen:* bei dem *Erscheinen* des virtuellen Raums für eine sinnliche Orientierung, die sich *zugleich* in einer realen und einer virtuellen Situation erfährt. Sie würde das Erscheinen virtueller Räume zum Gegenstand einer Erfahrung werden lassen, für die die gängige Abgrenzung zwischen primärer und sekundärer Erfahrung bedeutungslos würde. Auch im Reich einer kybernetischen Kunst müßte daher gelten, daß vor Sein und Schein das Erscheinen kommt.

IV

Das mag rein spekulativ erscheinen oder auch nicht. Jedenfalls war bisher nicht von jenem Umsturz des Weltbildes, jener geradezu seinsgeschichtlichen Wende die Rede, die in vielen Beiträgen zu den neuen Medien beschworen wird. Entsprechend wird »Medienästhetik« von den Anführern dieser Disziplin nur am Rande als eine Theorie der Kunst verstanden. Sie erhebt den Anspruch einer Theorie epochaler Wahrnehmungsformen, die sich durch den Einfluß der Medien grundlegend geändert hätten. Entsprechend ist die »Ästhetik«, die die Freunde der neuen Medien im Auge haben, nicht länger die Analyse einer besonderen, von theoretischen oder praktischen Wahrnehmungsleistungen abgehobenen Form der Wahrnehmung, sondern Analyse des für das postmoderne Zeitalter angeblich basalen Typus der Wahrnehmung. Diese Ästhetik tritt nicht selten unter dem stolzen Namen einer »Aisthetik« auf, mit dem Anspruch, als neue Erste Philosophie - oder wenigstens als neue »Leitwissenschaft« - die alte Erkenntnistheorie zu ersetzen. Es könnte also von völliger Blindheit zeugen, die Sache einer Medienästhetik an Beispielen aus dem schmalen Segment der Kunst zu betreiben.

Deshalb möchte ich meine bisherigen Betrachtungen einer Prüfung unterziehen, die man den *Rötzer-Test* nennen könnte. Florian Rötzer hat das Verdienst, in einer Reihe von Publikationen die Diskussion um die neuen Medien einer breiteren Öffentlichkeit vorgestellt zu haben. Ich greife auf die vielleicht bekannteste dieser Publikationen zurück, um zu prüfen, wie falsch es war, Medienästhetik als eine Sache der Ästhetik im tradierten Sinn des Wortes - im Sinn einer Analyse *einer unter anderen* Formen der Wahrnehmung - zu verstehen.[2]

Einige der von Rötzer versammelten Autoren immerhin sehen durch die neuen Medien spezifisch kunsttheoretische Probleme gestellt. So behauptet Peter Weibel, daß angesichts der Techno-Kunst, wie er es nennt, das traditionelle Begriffsgerüst der Ästhetik hinfällig geworden ist. Seine Schlußfolgerung lautet: »Die Transformation der Kunst durch die technischen Medien setzt genau bei den Schlüsselbegriffen dieser Ästhetiken an: Original, Werk, Autor, Schöpfer, Wahrheit, Ding, allgemein, Sein etc. Jeder dieser Begriffe wird in der technischen Medienkunst aufgehoben, negiert und durch einen anderen ersetzt: statt Statik Dynamik, statt Sein Prozeß, statt absolut relativ und statt allgemein partikulär. Statt Original technische Reproduzierbarkeit, Appropriation und Simulation, statt Autor Kollektiv, Maschine, Text, statt Wahrheit Veridiktion und Virtualität, statt Ding Medium, statt Material Immaterialität, statt Realität Fiktion. Statt Sein und Realität nur Zeichen, Fiktion, Simulation.«

In Anlehnung an Foucault verfolgt Weibel das Programm einer ironischen Kunst, die sich enthüllend auf die wirklichkeitsbildenden Machtverhältnisse bezieht, an denen sie selbst partizipiert. »Anstelle einer ontologischen Begründung der Kunst, welche die Machtfrage verbirgt, setzen wir auf eine semiotische Begründung der Kunst, weil sie die Machtfrage stellt.« Weibel sieht die mit neuen technischen Mitteln arbeitende Kunst als eine Instanz, die die Fiktionalität aller Wirklichkeit beharrlich aufdeckt, ohne selbst etwas anderes als fingierte Welten zu bieten. Denn Wirklichkeit sei nun ein-

---

2 Florian Rötzer (Hrsg.), *Digitaler Schein. Ästhetik der elektronischen Medien.* Frankfurt: Suhrkamp 1991.

mal nichts anderes als ein von kontingenten Macht- und Zeichensystemen bewirkter Effekt. Dies ständig – im Widerstand gegen versteinerte und versteinernde Machtformen – bewußt zu halten, ist eine durchaus ideologiekritische Funktion, die Weibel einem dynamisierten, von metaphysischen und geschichtsphilosophischen Lasten befreiten Kunst-Prozeß zuschreibt.

Freilich ist es kunsttheoretisch ziemlich egal, ob man eine Ontologie des Seins oder der Macht vertritt. Die Rolle der Kunst bleibt formal die gleiche: das Aufdecken von etwas, das sich hinter den Erscheinungen verbirgt und vollzieht. Ob dieses Etwas auf den Namen des Seins oder der Macht hört, macht da wenig Unterschied. Weibels semiotische Ästhetik der Macht ist selbst eine Version der Ästhetik des Seins, gegen die sie sich mit subversiver Geste richtet. Noch jede einigermaßen mächtige Begriffsordnung hat ihre bloße Umkehrung mit Glanz überlebt.

Origineller ist das Argument, mit dem Paul Virilio die hergebrachte Ästhetik aus den Angeln heben möchte. Zum Stichwort einer *Ästhetik des Verschwindens* führt er aus: »Bis zur Erfindung der fotografischen Platte durch Niepce gab es für uns eine Ästhetik des Erscheinens. Die Dinge kamen aus dem Sein, sie kamen aus dem Stein der Skulptur, aus der Leinwand der Malerei, aus der architektonischen Konstruktion. Ihr Verschwinden bedeutet ihren Verfall. Bis zur Erfindung der Fotografie hat der Mensch seit Tausenden von Jahren, seit den Höhlenmalereien, sich darum bemüht, Formen erscheinen zu lassen, die Realität auftauchen zu lassen. Und plötzlich kehrt sich alles um: Die Dinge existieren nur durch die Eigenschaft des Verschwindens; nicht durch ihren langsamen Verfall wie bislang, sondern durch ihr unmittelbares Verschwinden, durch ihr einfaches und reines Verschwinden. Die Präsenz in 24 Bildern pro Sekunde vergegenwärtigt uns die Realität viel mehr als die Ästhetik des Erscheinens, als die des Moses von Michelangelo, die sich Stück für Stück in der Materie des Marmors verkörpert. In der Ästhetik des Verschwindens sind die Dinge desto präsenter, je mehr sie uns entgleiten.«

Wieder soll sich plötzlich alles umgekehrt haben. Daß die schon etwas ältere Zeitkunst der Musik nicht ganz in diese Diagnose paßt, sei dem Autor geschenkt. Auch wäre es kleinlich, darauf herumzureiten, daß selbst im Falle »reinen« Verschwindens zunächst etwas da sein oder erscheinen muß, damit es dann (rein oder nicht) verschwinden kann. Auch daß »die« Dinge verschwinden, kann nicht ernst gemeint sein. *Einige* Dinge (projizierte Bilder zum Beispiel) verschwinden, *andere* (Monitor oder Leinwand zum Beispiel) bleiben da. Gäbe es keine vergleichsweise konstanten Erscheinungen, gäbe es auch keine vergleichsweise flüchtigen. Auch eine Ästhetik des Verschwindens, mit anderen Worten, ist immer eine Ästhetik des Erscheinens.

Die Frage ist nur, wie dieses Erscheinen zu verstehen ist. Virilio macht deutlich, wie er es *nicht* verstanden wissen will. Er möchte es nicht im Sinn *jenes* Erscheinens verstanden wissen, das lediglich das Aufscheinen eines unabhängig von diesem Erscheinen Gegebenen wäre. Er möchte den Kontext einer Ästhetik des Seins und *ihrer* Rede von Scheinen und Erscheinen verlassen. Dabei übersieht er den Umstand, daß Erscheinen in ästhetischem Zusammenhang überhaupt nicht als Erscheinen von etwas anderem aufgefaßt werden muß. Es kann in der oben beschriebenen Weise als autonomes Erscheinen wahrgenommen werden. Das ist dann freilich nichts so aufregend Neues. Denn auch Michelangelos Skulptur läßt sich als Objekt eines selbstbezüglichen Erscheinens verstehen, obwohl sie in ihren Erscheinungen erheblich konstanter ist als die Bilder eines Videoclips. (Als ein verletzliches Original ist die Skulptur übrigens auch wieder hinfälliger als diese.) Wenn aber auch die traditionellen Kunstformen bereits dieses nichtmetaphysische Erscheinen zeigen, ist der Schritt zum Film und seinen Folgen nicht länger so furchtbar radikal, wie Virilio es gerne hätte. Dieser Schritt verändert unsere Wirklichkeit in wichtigen Zügen, aber er kehrt nicht auf einmal alles um.

Das aber war die Behauptung. In einer wahrlich harten Konkurrenz kann Vilém Flusser für sich in Anspruch nehmen, diese Behauptung zum Extrem ihrer Kenntlichkeit geführt zu haben. Wenn durch die neuen Medien wirklich alles anders geworden ist, so die unsentimentale Folgerung Flussers in seinem Beitrag zum Sammelband *Digitaler Schein,* müssen wir uns fragen, »ob nicht überhaupt alles, einschließlich uns selbst, als digitaler Schein verstanden werden müßte«. Es muß. »Wir ... müssen jetzt die Gegenstände um uns herum, aber auch unser eigenes Selbst, das früher Geist, Seele oder einfach Identität genannt wurde, als Punktkomputationen durchschauen. Wir können keine Subjekte mehr sein, weil es keine Objekte mehr gibt, deren Subjekte wir sein könnten, und keinen harten Kern, der Subjekt irgendeines Objektes sein könnte. Die subjektive Einstellung und dadurch auch jede subjektive Erkenntnis sind unhaltbar geworden ... Das Abenteuer der Menschwerdung ist mit uns in eine neue Phase getreten. Das zeigt sich am deutlichsten daran, daß wir keinen Unterschied mehr zwischen Wahrheit und Schein oder zwischen Wissenschaft und Kunst machen können.« Das hat zur Folge, »daß wir von jetzt an die Schönheit als das einzig annehmbare Wahrheitskriterium begreifen müssen ... Je schöner der digitale Schein ist, desto wirklicher und wahrer sind die projizierten alternativen Welten. Der Mensch als Projekt, dieser formal denkende Systemanalytiker und -synthetiker, ist ein Künstler.«

Wieder einmal hat der Fortschritt es an sich, größer auszuschauen, als er ist. Daß der Mensch als Künstler Schöpfer seiner Wirklichkeit sei – in Flussers Version klingt dieser neuzeitliche Ohrwurm so: »Insoweit die alternativen Welten als schön empfunden werden, insoweit sind sie auch Realitäten, innerhalb derer wir leben. Der ›digitale Schein‹ ist das Licht, das für uns die Nacht der gähnenden Leere um uns herum und in uns erleuchtet. Wir selbst sind dann die Scheinwerfer, die die alternativen Welten gegen das Nichts und in das Nichts hinein entwerfen.«

Wir sind keine Subjekte mehr, aber doch »Scheinwerfer«, die ins Nichts hinein entwerfen wie nur je ein weltenbildendes Subjekt. Wir können keinen Unterschied zwischen Wahrheit und Schein mehr machen, aber doch weiterhin die Behauptung treffen, es sei nun alles, was uns wirklich scheine, als Komputation zu durchschauen. Wir stehen im kosmischen Nichts, dürfen aber weiter in der Sprache teleologischen Denkens vom »Abenteuer der

Menschwerdung« faseln. Wir können ein Flussersches Elaborat nicht länger von einem Kunstwerk unterscheiden, da sich der Unterschied zwischen Wissenschaft und Kunst aufgelöst hat. Das aber macht weiter nichts, denn über Wirklichkeit entscheidet jetzt ohnehin die Schönheit (wer dabei über Schönheit entscheidet, wird uns leider nicht gesagt). Dürfen wir daraus schließen, was nicht einmal Hegel zu schließen sich traute: daß die Wirklichkeit schön sei? Oder müssen wir folgern, es sei alle Wahrheit in Wahrheit Kitsch?

Ich wäre bereit, dieses fürwahr ästhetische Denken als wissenschaftlichen Humor abzubuchen – wäre dieser höhere Blödsinn nicht längst zur harten Währung eines ganzen Diskurses geworden. Daß die Differenz zwischen Sein und Schein heutzutage hinfällig geworden sei, ist die Losung, auf die die Propheten des Medienzeitalters eingeschworen sind. Florian Rötzer spricht sie in *Digitaler Schein* mit der ihm eigenen Vorsicht aus: »Der Unterschied zwischen Wahrnehmung und Imagination wird weiter eingezogen, die Wahrnehmung irrealisiert, die Imagination realisiert.« Dietmar Kamper merkt im Vorbeigehen an, »daß aber der Unterschied von Realität und Fiktion selbst ein fiktionaler ist« und diagnostiziert folgerichtig einen »Ausfall herkömmlicher Differenzen«. Peter Zec weiß, daß »die Illusion sich nicht mehr von dem, was wirklich ist, unterscheiden läßt«. Holger van den Boom betitelt seinen Aufsatz gleich so: *Digitaler Schein – oder: Der Wirklichkeitsverlust ist kein wirklicher Verlust* und weiß, daß »die Furcht vor dem Schein entsteht, indem die Leute sehen, daß sich vor ihren staunenden Augen mehr und mehr Bestandteile der Wirklichkeit in Software auflösen«. Norbert Bolz schließlich faßt das Credo vom digitalen Schein in den Schlußsätzen seiner *Kurzen Geschichte des Scheins* zusammen: »So führt uns die digitale Ästhetik am Ariadnefaden des Möglichkeitssinns in ein Jenseits von Zeichenbedeutung, Sinn und *sujet.* Doch dieser Ariadnefaden führt uns nicht aus dem Labyrinth des Möglichen heraus, sondern immer tiefer in die Welt des Kombinatorischen, Multiplen und der permutationellen Ereignisse hinein. Kunst unter Computerbedingungen konstruiert ›ästhetische Labyrinthe‹, in denen wir uns spielerisch einüben in die Wirklichkeit des Scheins.«[3]

Sehen wir lieber über den volkspädagogischen Kunstbegriff hinweg, bei dem dieses kühne Denken landet. Schauen wir statt dessen auf den Schluß, der überall am Werk ist, wo die Differenz zwischen Sein und Schein zum Verschwinden gebracht werden soll. Dieser Schluß – wir können ihn den einfachen Nietzsche nennen – lautet: Weil sich alle unsere Erkenntnis auf einen konstruktiven Gebrauch von Erkenntnismedien (Sinne, Sprache, Kamera, Computer etc.) stützt, ist alle Erkenntnis nichts anderes als mediale Konstruktion und folglich alle Wahrheit eigentlich Erfindung und alle Wirklichkeit eigentlich Schein.

Dieser Schluß ist auch dann falsch, wenn man die Prämisse der Konstruktivität und Medialität allen Erkennens akzeptiert. Die Annahme, alles Erkennen habe konstruktive Züge, bietet nämlich keinerlei Basis für die viel stärkere Behauptung, alles Erkennen *sei nichts anderes* als freie Konstruktion.

---

3 Norbert Bolz, *Eine kurze Geschichte des Scheins.* München: Fink 1991.

Daraus, daß Wahrheit eine Eigenschaft unserer Sätze ist (und nicht »da draußen« schon geschrieben steht), folgt mitnichten, alle Wahrheit sei im Grunde Schein, Fiktion oder eine Sache des Geschmacks. Es folgt nur, daß uns Wahrheit nicht anders denn über die Stellungnahme zur Wahrheit von Sätzen zugänglich ist. Es folgt außerdem die Nötigung, eine Explikation von Wahrheit und Wahrheitsbezug zu entwickeln, die abbildtheoretische Annahmen vermeidet. Von dieser Aufgabe aber wollen die aisthetischen Erkenntnistheoretiker nichts wissen. Sie behaupten einfach, die Verabschiedung eines metaphysischen Realismus zwinge zur Annahme der Fiktionalität des Wirklichen. Darin liegt ein negativer Fundamentalismus; denn diesem Zwang kann nur verfallen, wer stillschweigend annimmt, ein metaphysischer Realismus sei die einzige Möglichkeit, sich diesseits des erkenntnistheoretischen Ästhetizismus zu halten. Ein kurzer Blick in die begrifflich und nicht poetisch arbeitende Gegenwartsphilosophie könnte eines Besseren belehren.

Wenn besagter Schluß falsch ist, sind auch die großartigen medientheoretischen Folgerungen verkehrt, die aus ihm herausgepreßt werden. Die Prozesse der Digitalisierung verändern das Verfahren unseres Erkennens und schaffen neue Möglichkeiten der Wahrnehmung, die zu signifikanten Veränderungen in der menschlichen Lebenswelt führen, aber sie stellen nicht die *Begriffe* der Wahrheit und der Wirklichkeit insgesamt auf den Kopf. Natürlich sind einschneidende historische Veränderungen seit jeher ein Anlaß, die tragenden Begriffe des Verständnisses unserer selbst und der Welt neu zu bedenken. Genau das aber ist die Aufgabe, der sich eine wildgewordene Medienästhetik mit großem Aufwand entzieht. Denn hier müßten alle die *Unterscheidungen* neu bedacht werden, die es braucht, um die neuen Wirklichkeiten angemessen zu beschreiben – zwischen Sein und Schein, Wahrheit und Lüge, Fiktion und Nicht-Fiktion, zwischen ästhetischen und erkenntnistheoretischen Kategorien, ästhetischen und nichtästhetischen Dingen, zwischen den Arten der Prozessualität alter und neuer Kunstwerke, zwischen digital und material kodierten Werken – und vielem anderem mehr. Ohne solche Unterscheidungen läßt sich der Zusammenhang von realem und virtuellem Raum sowenig verstehen wie die Verfassung einer Lebenswirklichkeit, die zu ihnen *beiden* einen selbstverständlichen Zugang hätte. Ohne solche Unterscheidungen ließe sich die komplexe Struktur von Werken wie denjenigen Hills oder Naumans weder erkennen noch beschreiben – von den Produkten einer kybernetischen Kunst ganz zu schweigen.

Es besteht damit aller Grund, jenes Kriterium zu verwerfen, dem sich die Mehrheit des Rötzer-Kollegs unterworfen hat: Ästhetik der neuen Medien dürfe nur betreiben, wer die Differenz von Sein und Schein – und mit ihr eine ganze Reihe traditioneller erkenntnis- und kunsttheoretischer Unterscheidungen – entschlossen hinter sich lasse. Manche Tests besteht man besser nicht. Eine Ästhetik des totalen Scheins ist die falsche Antwort auf die Ästhetik des Seins.[4]

---

4 Für hilfreiche Diskussionen möchte ich Stephan Selle danken.

Jochen Hörisch

Non plus ultra

Paul Virilios rasende Thesen vom rasenden Stillstand

Virilio mit Goethe

»Alles ... ist jetzt ultra«, schrieb nicht etwa ein postmoderner Denk-Desperado graffitiselig an die Ruinenwand einer exzentrischen Metropole, sondern kein anderer als Goethe am 6. Juni 1825 in einem Brief an seinen musischen Freund Zelter. »Alles transzendiert unaufhaltsam, im Denken wie im Tun. Niemand kennt sich mehr, niemand begreift das Element worin er schwebt und wirkt ... Junge Leute werden viel zu früh aufgeregt und dann im Zeitstrudel fortgerissen; Reichtum und Schnelligkeit ist was die Welt bewundert und wornach jeder strebt; Eisenbahnen, Schnellposten, Dampfschiffe und alle mögliche Fazilitäten der Kommunikation sind es worauf die gebildete Welt ausgeht, sich zu überbilden«.

Allen damaligen »Schnelligkeiten«, »Schnellposten« und »Fazilitäten der Kommunikation« zum Trotz dürfte der Transport des klassischen Briefes von Weimar nach Berlin drei Tage in Anspruch genommen haben. Viel schneller ist der Briefverkehr zwischen Weimar und Berlin auch heute nicht. Doch immerhin gibt es jetzt zum Briefverkehr Alternativen wie Telefon und Telefax. Einer Telefonleitung und nicht der Postkutsche anvertraut (doch dann wäre sie kaum so klassisch ausgefallen: am Telefon wäre wohl auch der alte Goethe so tiefsinnig nicht), wäre die klassische Diagnose uns kaum überliefert worden, sondern mit anderem Schall und Rauch in Äonen untergegangen.

Und dann könnte kaum auffallen, daß Goethe zu Beginn der durchstartenden und rasant sich beschleunigenden Moderne eine Diagnose stellt, die an ihrem Ende in den Thesen des 1932 geborenen Pariser Architekten, Ingenieurs und Essayisten Paul Virilio[1] wiederkehrt, der seine genuine Disziplin gerne mit dem Neologismus »Dromologie« bezeichnet (von griechisch *dromos:* Lauf, Wettrennen; Dromologie wäre also die Logik der Geschwindigkeiten und des Wettlaufs, des Wettlaufs zwischen Informationen und Menschen, den die letzteren verloren haben) – die Diagnose nämlich, daß sich die Verkehrszeit (von Nachrichten, Menschen, Waren) in demselben Maße beschleunigt, wie die Geschichtszeit[2] nicht etwa zum Stillstand, sondern zum flackernden Oszillieren um einen Nullpunkt kommt. Den Weimarer Beob-

---

1 Die wichtigsten Essays von Paul Virilio sind in diesem Zusammenhang *Krieg und Kino. Logistik der Wahrnehmung* (1986), *Der negative Horizont. Bewegung – Geschwindigkeit – Beschleunigung* (1989), *Rasender Stillstand* (1992) und *Krieg und Fernsehen* (1993), alle bei Hanser in München erschienen.

2 Die Unterscheidung von Verkehrs- und Geschichtszeit folgt der aufschlußreichen Studie von Wolfgang Kaempfer, *Die Zeit und die Uhren.* Frankfurt: Insel 1991.

achtungen von 1825 und den Pariser Feststellungen von 1984–93 zufolge gilt: in ständiger Selbstüberbietung kennt und begreift sich niemand mehr; »junge Leute« – und wohl nicht nur sie – werden in einem »Zeitstrudel fortgerissen«, der alle Formen tradierten Sehens und Hörens vergehen läßt und kein Telos mehr kennt; denn alles ist »ultra«; alles ist über die Grenzen von hier und jetzt immer schon hinaus; sogar »die Elementarbegriffe von Raum und Zeit« sind, wie Heinrich Heine etwa zwanzig Jahre nach Goethes Feststellungen schreibt, durch die Fazilitäten der Kommunikation »schwankend geworden. Durch die Eisenbahnen wird der Raum getötet, und es bleibt nur noch die Zeit übrig.«

Wer Virilios Thesen für modisches, neufranzösisches und gegenaufklärerisches Gefasel hält[3], wird sich auch mit Goethes später Geschichts- und Kommunikationsdiagnostik (und mit Heine sowieso) anlegen müssen. Nun sind freilich Zitate von Autoritäten (und hießen sie Goethe) nicht mit sachlichen Argumenten zu verwechseln. Sie sind jedoch – um eine Wendung Walter Benjamins zu variieren – immerhin geeignet, dem Wegelagerer im Abseits des Denkens und der Großtheorien als Waffe zu dienen, mit der er dem Herdentier des wissenschaftlichen Mainstream die gängigen Münzen der festen Überzeugung rauben kann; sie sind geeignet, Denkhemmungen und Tabuisierungsstrategien zu verflüssigen und Etikettenschwindel aufzudecken (wie etwa den: hier, diesseits des Rheins, ist die humanistisch-aufgeklärte, dort, jenseits des Rheins, ist die de(kon)struktive, zynisch postmoderne Tradition der Dunkelmänner am Werk). Skandalös an Virilios Beobachtungen, Thesen und Assoziationen (von einer systematischen und konsistenten Theorie Frankfurter Obödienz wird man nicht ernsthaft sprechen können) sind nicht etwa ihre neumodischen und postmodernen, sondern ihre altmodischen und prämodernen Qualitäten und Optionen.

Zu diesen Qualitäten zählt eine phänomennahe (und theorieferne!) Aufmerksamkeit und eine große assoziative Kraft. Unterhalb der Schwelle eingespielter Wahrnehmungen und Analysen spüren Assoziationen Zusammengehöriges auf – und zwar gerade die (peinlichen) Zusammenhänge, die von den Pseudosynthesen systematisierender Reflexion eher verdrängt werden. Virilios Essays animieren dazu, ohne Furcht vor Kategorienfehlern die naiven und verbotenen Kinderfragen zu stellen, die die Großtheorien das Fürchten lehren können. Etwa die, ob die Theorie der kommunikativen Kompetenz auch für diejenigen gilt, die kaum je den Walkman ablegen, oder für die, die ihre Autos in rasende 200-Watt-Quadrophonieanlagen verwandeln (um vom Fluglotsen und vom U-Boot-Kommandanten zu schweigen)? Oder ob die Elementarbegriffe von Raum und Zeit wirklich elementar sind, ob sie wirklich apriorische Formen unserer Anschauung bezeichnen? Haben nicht vielmehr Eisenbahnen, Autos, Flugzeuge, andere Drogen, Telefone, Fernsehgeräte und Faxleitungen dafür gesorgt, daß selbst die letzten

[3] Vgl. beispielsweise die Polemiken von Klaus Laermann aus den letzten Jahren in *Zeit, Kursbuch, Merkur* (Nr. 433, März 1985) und die Replik von Jochen Hörisch in *Nürnberger Blätter*, Nr. 5, März–Mai 1987.

Aprioris sich historisch verflüssigen und man allenfalls noch auf Philosophiekongressen plausibel als Kantianer seine Vorstellung haben kann?

Weil er zu solchen Dreinreden ermuntert (und weil er häufig genug Standards des Argumentierens und Belegens zugunsten eines geradezu enthemmten Assoziationsflusses ausblendet), ist Virilio ein Enfant terrible der postmodernen Theorieszene. Zu den Pein bereitenden Zusammenhängen, die seine Assoziationen erschließen, zählt (in vorderster, umkämpfter, zerstrittenster Linie) die schwerlich zu leugnende genealogische Allianz von »Krieg und Kino«, genauer: von Kriegs- und Medien- beziehungsweise Unterhaltungstechniken. Sie steht im schwarzen, im apokalyptischen Zentrum von Virilios mediengnostischer Essayistik. Daß auf den Monitoren der kindlich-kindischen Computerspiele massenweise gemordet, abgeschossen und in die Luft gejagt wird, daß beim Reality-TV die Videokamera die Bilderserie schießt, die sendefähig wurde, weil zuvor ein Amokläufer mit einer Maschinenpistole um sich geschossen hat (und daß umgekehrt die Enttäuschung der mit Videokameras Bewaffneten groß ist, wenn – wie nach dem weisen Geschworenenurteil von Los Angeles – die *riots* ausbleiben, die dem Reality-TV den Explosivstoff liefern), daß in fast jedem der zahlreichen TV-Programme alltäglich eine serielle Leichenproduktion inszeniert wird und daß im Golfkrieg der Dauernachrichtensender CNN die Kriegslogistik unmittelbar beeinflußte, ist demnach kein perverser Mißbrauch von an sich psychopathologisch neutraler Technik, sondern verweist auf die militärische Qualität der Medien und auf die mediale Qualität des (post)modernen Krieges. Neue Medien lassen das Hier und Jetzt mittels einer »Ästhetik des Verschwindens« untergehen; der Krieg läßt dieser Ästhetik eine industrielle Großtechnik des realen Verschwindens vorausgehen und folgen.

»We all live in a yellow submarine ...«

... sangen die Beatles wirkungsmächtig, und fast allen verging über den rhythmisch-melodischen Wonnen dieser Musik das Hören und Sehen der Zusammenhänge, die Thema des Textes sind. Dabei lohnt sich genaues Hinhören. Wird doch in diesem Song behauptet, daß die souveräne Hi-Fi-Stereophonie, wie die Beatles sie erschallen ließen, ein Abfallprodukt der U-Boot-Ortungslogistik ist: ein technikgeschichtlich zutreffender Hinweis. Wir alle, die wir unser Alltagsleben ohne Hi-Fi-Stereo kaum mehr erfahren können, leben in einem U-Boot, das zu seiner Orientierung auf Medientechnik angewiesen ist. Das, was man einmal als physiologisch verläßliche Sinneswahrnehmung charakterisieren zu können glaubte, reicht heute gewiß nicht mehr aus, um im Alltagsleben ans Ziel zu kommen, im Berufsleben Treffer zu erzielen oder im Ausnahmezustand zu siegen.

Unser Wirklichkeitsverhältnis scheint von dem einer U-Boot-Mannschaft noch weit entfernt – wirklich?[4] Wirklich weiter entfernt als von der Lebens-

---

[4] Vgl. zu diesem Vergleich auch Gerhard Schulze, *Die Erlebnisgesellschaft. Kultursoziologie der Gegenwart.* Frankfurt: Campus 1992, S. 364.

welt der frühen Goethezeit vor allen Eisenbahnen, Telegraphen, Telephonen, Grammophonen, Autos, Radiogeräten, Flugzeugen, Fernsehern und Computern? Virilio hat, wie bei Apokalyptikern üblich, bemerkenswert wenig Scheu vor Übertreibungen. Wenn sich schon Traditionsparteien als schwer manövrierbare Tanker verstehen, so sind spätmoderne komplexe Gesellschaften als U-Boote angemessen beschrieben. Daß Nordamerika und Westeuropa ohne fortgeschrittenste Medientechnik schlicht kollabieren würden, weil sie (ökonomisch, administrativ, energielogistisch, militärstrategisch etc.) gänzlich unsteuerbar wären, ist ja keine exzentrische Pariser These, sondern auf eine fast schon banale Weise evident. Und daß – um eine beliebte Frankfurter Unterscheidung aufzunehmen – nicht nur die Systeme, sondern auch die Lebenswelten auf Tauchstation gehen und sich nicht länger an sinnlichen Gewißheiten und tradierten Sinnhorizonten, sondern im Berufs- wie im Privatleben an Monitoren, TV-Bildschirmen, PC-Spielen und Telefonen orientieren, wird durch jede empirische Untersuchung von individuellen Zeitbudgets bestätigt. Was man naiv »unmittelbare« (nämlich nicht über technische Medien vermittelte) Wirklichkeitserfahrung nennen könnte – essen, trinken, spazierengehen, mit den jeweils körperlich Nächsten sprechen –, ist rein zeitlich zur eher marginalen Aktivität geworden.

Virilio hat diese zunehmenden Phänomene der medialen Distanzierung auf einen trefflichen (und erschreckenden) Begriff gebracht: negativer Horizont. Sein Paradigma sind die Distanzwaffen. Der Begriff des Horizonts, der in Husserls Phänomenologie und Gadamers Hermeneutik eine so menschenfreundliche Rolle einnahm, präsentiert sich für die »endzeitlichen Höhlenbewohner« und U-Boot-Insassen in eigentümlicher Verkehrung. Erfuhr vordem ein zentrisches Subjekt in »seinem« Horizont die fließenden Grenzen seines Da- und Hierseins, die sich mit den kulturellen und zeitlichen Horizonten anderer verständiger Subjekte verschmelzen mochten, so zerschmilzt unter den Wahrnehmungen, Schickungen und Sendungen exzentrischer medialer Apparate nunmehr das Subjekt, das sich als Zentrum eines Horizonts erfuhr.

Sehen hieß einmal, sich mit dem Horizont zu bescheiden, den das Hier- und Dasein (ge)bietet. Und hören hieß, zu vernehmen, was sich im Umkreis einer Stimme und eines Ohrs kundtut. Sehen und Hören konfigurierten zu dem, was Hegel noch »sinnliche Gewißheit« nennen konnte. Wer in oralen Kulturen den für jeden, der sich im Hier und Jetzt sprechen hört, sinnlich gewissen Satz »Ich bin jetzt hier« der Ungültigkeit überführen wollte, mußte sich schon sehr sophistisch anstrengen. Hier und doch nicht hier zu sein, jetzt und doch nicht jetzt zu (er)leben, ist hingegen in der Epoche von Rund-Funk und Fern-Sehen zur völlig selbstverständlichen Alltagsübung geworden. Ich kann jetzt oder doch so, als wäre es jetzt, hören und sehen, was jetzt oder zuvor fern von hier, so, als wäre es hier oder doch ganz nahe, geschieht oder geschehen ist. Denn Medien überbrücken souverän die zeitlichen und räumlichen Distanzen, die einen Menschenkörper ans Hier und Jetzt binden. Medien befreien vom Pflock des Augen-Blicks. Wie sollten sie da nicht das Faszinosum schlechthin sein? In den (neuen) Medien ist die Meta-Physik, die

die kritische Philosophie mit Kant überwand und hinter sich ließ, machbar, schaltbar, erfahrbar geworden. In den neuen Medien ist das alte Versprechen der Metaphysik endlich technisch konkret erfüllt worden. Es ist schon sinnvoll, daß das neue Technikwort »Medium« seine alte spiritistische Vorgeschichte hat.[5] Bezeichnet der Begriff Meta-Physik nicht jenes Reich, das jenseits der erfahrbaren Physis liegt, das man also nur erreicht, wenn man die Grenzen der Physis überschritten hat und einem das konventionelle Hören und Sehen vergangen ist? Neue Medien leisten diese Überschreitung. Jetzt ist wirklich alles ultra ...

Nicht mehr im Hier und Jetzt sind die Toten. Sie sind aus der Ordnung des Sehens, des Hörens und des Kommunizierens herausgefallen; sie sind die schlechthin Kommunikationsunfähigen. Doch auch die, die sich an moderne Medientechnik anschließen, sind aus der tradierten Ordnung von Hören und Sehen, von Hier und Jetzt herausgefallen. Aber sie kommunizieren anders als die Toten nicht etwa nicht, sie kommunizieren vielmehr exzessiv unter weitgehendem Verzicht auf das Hier und Jetzt. Sie hören die ferne Stimme am Telefon, sie vernehmen den Rundfunk, sie lesen am Faxgerät den Brief, der soeben erst auf der anderen Seite des Atlantiks geschrieben wurde, und sie sehen fern – jenseits der sinnlichen Gewißheit.

Bereits Hegels heute so harmlos erscheinende De(kon)struktion der sinnlichen Gewißheit war ja auf eine medientechnische Manipulation angewiesen. Genauer: auf jenes kaum schon technisch zu nennende Medium, das zur Zeit der Niederschrift der *Phänomenologie des Geistes* allein zur Verfügung stand – die Schrift. Die sinnliche Gewißheit, daß jetzt jetzt und hier hier und dieses dieses ist, ist in Hegels kleinem Gedankenexperiment erschüttert: »selbst zu fragen: *Was ist das Diese?* Nehmen wir es in der gedoppelten Gestalt seines Seins, als das *Jetzt* und als das *Hier,* so wird die Dialektik, die es an ihm hat, eine so verständliche Form erhalten, als es selbst ist. Auf die Frage: *was ist das Jetzt?* antworten wir also zum Beispiel: *das Jetzt ist die Nacht.* Um die Wahrheit dieser sinnlichen Gewißheit zu prüfen, ist ein einfacher Versuch hinreichend. Wir schreiben diese Wahrheit auf; eine Wahrheit kann durch Aufschreiben nicht verlieren; ebensowenig dadurch, daß wir sie aufbewahren. Sehen wir *jetzt, diesen Mittag,* die aufgeschriebene Wahrheit wieder an, so werden wir sagen müssen, daß sie schal geworden ist.«

»Schal geworden« ist nach Virilio unter dem Beschuß der neuen elektronischen Medien nichts Geringeres als die Wahrheit und Wirklichkeit selbst. Gerade dann, wenn man mit modernen analytischen Wahrheitstheorien davon ausgeht, daß Wahrheit nicht ontologisch oder metaphysisch zu bestimmen, sondern daß sie eine Eigenschaft von Sätzen sei, ist die äußerste Aufmerksamkeit auf die Eigenschaften von Sätzen gefordert, die die analytische Philosophie so hartnäckig verweigert: sind sie gesprochen oder geschrieben, auf Platten oder CDs analog oder digital eingeritzt, mit Handschrift auf Briefpapier oder mit Tastenanschlag auf Festplatten gebracht? Medien

[5] Vgl. Jochen Hörisch, *Brot und Wein. Die Poesie des Abendmahls.* Frankfurt: Suhrkamp 1992, Kapitel 14.

sprengen die sinnliche Gewißheit des Hier und Jetzt, sie mortifizieren die Realität, sie derealisieren, sie entwirklichen in durchaus unmetaphorischer Weise. Denn die Unterhaltungsfunktion der neuen Medien ist nur das, was die Militärtechnologien zwischen den Kriegen aussondern. In den Worten Friedrich Kittlers, die Impulse Virilios noch radikalisierend: »Die Leute werden an einem Nachrichtenkanal hängen, der für beliebige Medien gut ist – zum erstenmal in der Geschichte oder als ihr Ende ... Das Pentagon plant weitsichtig: Erst die Ablösung von Metallkabeln durch Glasfasern macht die immensen Bitraten und Bitmengen möglich, die der elektronische Krieg voraussetzt, ausgibt und feiert. Dann hängen alle Frühwarnsysteme, Radaranlagen, Raketenbasen und Armeestäbe der Gegenküste Europa endlich an Computern ..., die auch im Ernstfall funktionstüchtig sind. Und für eine Zwischenzeit fällt sogar noch Lust ab: Die Leute können zwischen beliebigen Unterhaltungsmedien umschalten.«[6] Sgt. Pepper unterhält, wenn er mit seinen Geräten eine Zeitlang nichts Besseres zu tun hat, die einsamen Herzen.

Militärisch/zivil: Blei, Nitrocellulose, Strahlen

Als Hans Bredow gegen Ende des Ersten Weltkriegs mit einem primitiven Röhrensender experimentierte und die Oberste Heeresleitung davon erfuhr, wollte man ihm diesen »Mißbrauch von Heeresgerät« schlicht verbieten. Militärischer Funk zwischen einer Kommandoebene und einem Befehlsempfänger durfte eben nicht zu dem Rund-Funk werden, der alle (Feinde) mithören ließ. »Interzeptionsprobleme« nennt das die Militärsprache. Dieser Einzelfall ist kein Kuriosum. Vielmehr wirft er ein Licht auf die durchgängige Allianz zwischen Medien- und Kriegsgeschichte. Sie ist Virilios obsessives Thema.

Der Essay *Krieg und Kino,* der ihn berühmt machte, kreist um diesen Zusammenhang, der sich geradezu überwältigend illustrieren läßt. Fotos werden geschossen; sie dienen schon vor dem Ersten Weltkrieg der Feindaufklärung. Cockpitfenster und Sichtröhren aus Tanks und Panzern ähneln immer mehr den Suchern von Kameras. Wer durch solche Sucher späht, ist nicht länger zum Sehen geboren und zum Schauen der Welt bestellt, die ihm gefällt, sondern auf Abschüsse erpicht. Mit den militärischen und medialen Innvovationen ändert sich die elementare Logistik der Wahrnehmung. »Aus der drahtlosen Telegraphie entwickelte sich der Rundfunk.« Am ingeniösen Transportmechanismus des Maschinengewehrs und des Trommelrevolvers hat der Transportmechanismus der photographischen Flinte von Jules Marey sein erklärtes Vorbild. »Die Nitrocellulose, aus der man Rohfilm herstellte,

---

6 Friedrich A. Kittler, *Grammophon – Film – Typewriter.* Berlin: Brinkmann & Bose 1986. – Den Zusammenhang zwischen Kriegstechnik und den literarischen und filmischen Reaktionen darauf haben drei bei Fink in München erschienene Sammelbände zum Gegenstand: Friedrich A. Kittler / Georg Christoph Tholen (Hrsg.), *Arsenale der Seele. Literatur- und Medienanalyse seit 1870* (1989); Jochen Hörisch / Michael Wetzel (Hrsg.), *Armaturen der Sinne. Literarische und technische Medien 1870 bis 1920* (1990); Martin Stingelin / Wolfgang Scherer (Hrsg.), *HardWar / SoftWar. Krieg und Medien 1914 bis 1945* (1991).

diente ebenfalls zur Herstellung von Explosivstoff.« Ohne Ludendorff gäbe es nicht die Ufa; ohne Radartechnik gäbe es kein Fernsehen; ohne die gewaltigen Probleme der Dechiffrierung chiffrierter Kriegsbotschaften gäbe es kaum den PC, der auf MS-DOS-»Befehle« verläßlich reagiert und »unter« verschiedenen Programmen arbeitet. Kurzum: Der Krieg ist der Vater aller Mediendinge.

Aller Dinge – also auch Vater des ersten industriellen Großmediums Buch- und Pressedruck? Gilt Virilios These »nur« für die sogenannten neuen Medien oder aber eben auch für das eine alte Medium Buchdruck? Die Frage ist von einiger Bedeutung, weil sie ein Argumentationsschema beeinflußt, das gerade im bildungsbürgerlichen Deutschland fest etabliert ist und dem Virilio (um von Neil Postman zu schweigen) nicht allzu fernsteht. Es verweist auf den vermeintlichen Humanismus der Buchkultur und auf die barbarischen Wirkungen der neuen Medien, die so oder so, durch militärischen oder amüsanten Gebrauch, zum Tode dessen führen, was einmal emphatisch »Der Mensch« genannt wurde. Gegen dieses simple Oppositionsschema von human(istisch)em Buch und inhumanen Medien spricht vieles und nicht nur der schlichte Umstand, daß man dieselben Buchstaben so kombinieren kann, daß sie entweder zu *Mein Kampf* oder aber zu *Im Westen nichts Neues* konfigurieren. Gegen die vielbehauptete Allianz von Humanismus und Buchkultur spricht auch ein genaues und bemerkenswertes Gedicht Ferdinand Freiligraths aus dem Jahr 1846. Es trägt den Titel *Freie Presse.*

Festen Tons zu seinen Leuten spricht der Herr der Druckerei:
»Morgen, wißt ihr, soll es losgehn, und zum Schießen braucht man Blei!
Wohl, wir haben unsre Schriften: – morgen in die Reihn getreten!
heute Munition gegossen aus metallnen Alphabeten!« ...
Spricht's, und wirft die ersten Lettern in den Tiegel frischer Hand.
Von der Hitze bald geschmolzen brodeln Perl' und Diamant;
Brodeln Kolonel und Korpus; hier Antiqua, dort Fraktur
Werfen radikale Blasen, dreist umgehend die Zensur ...
Wohl soll der Gedanke siegen – nicht des Stoffes rohe Kraft!
Doch man band ihn, man zertrat ihn, doch man warf ihn schnöd in Haft!
Sei es denn! In die Muskete mit dem Ladstock laßt euch rammen!
Auch in solchem Winkelhaken steht als Kämpfer treu beisammen! ...
Für die rechte freie Presse kehrt ihr heim aus diesem Strauß:
Bald aus Leichen und aus Trümmern graben wir euch wieder aus!
Gießen euch aus stumpfen Kugeln wieder um in scharfe Lettern -
Horch! ein Pochen an der Haustür! und Trompeten hör' ich schmettern!

Buchstäbliche Transsubstantiationen zwischen Militärtechnik und Unterhaltungsmedien sind offenbar nicht erst den Beatles und Virilio aufgefallen. Und sie gelten, wenn man die Zeilen Freiligraths nicht als Ausdruck einer Idée fixe abtun möchte, nicht erst im Zeitalter der neuen Medien, sondern auch schon in der Gutenberg-Galaxis. Medial und militärisch mobilgemacht hat eben nicht erst das späte 19. Jahrhundert; die Initialzündung der allgemeinen Mobilmachung ereignet sich vielmehr in der frühen Neuzeit. Aus

Blei sind Kugeln wie Buchstaben gegossen; die Waffen der Kritik können nach dem Chiasmus von Marx die Kritik der Waffen nicht ersetzen. So ließen sich auch jene Zeilen aus der Mitte des 19. Jahrhunderts als Hinweis auf den Wahrheitsgehalt der These Virilios von der militärischen Genese der Medien buchen.

Doch die revolutionären Zeilen machen zugleich klar, daß die Genealogie der Medien nicht immer schon über ihre Funktion entschieden hat. Freiligraths Bleikugeln können ja wieder in Buchstabenblei zurückverwandelt werden, das dann Presseerzeugnisse produziert, die freier sind als die vor der Revolution. Mit der Emser Depesche und Pressekampagnen konnte Bismarck einen Krieg herbeidepeschieren. Das rote Telefon in Washington und Moskau aber mag tatsächlich, auch wenn es nie seine eigentliche Bestimmung erfüllte, durch seine schiere Existenz militärische Eskalationen vor der Non-plus-ultra-Linie gestoppt haben. Vielleicht ist der Kalte Krieg nur deshalb nicht zu einem heißen geworden, weil gegen die mediale Überlegenheit des Westens überdimensionale mittelalterliche Stadtmauern wenig ausrichteten.[7] Künstlich konservierte Buch- und Lesekulturen, die zusammen mit anderen Anachronismen den kargen Restbestand an diskretem Charme in der Sowjetunion und in der DDR ausmachten, konnten ebensowenig wie steinerne Mauern Radio- und TV-Strahlen stoppen. »Der Marxismus wurde das Sühneopfer der Hochtechnologien« *(Krieg und Fernsehen).* Gewiß hat der Sieg im kalten Medienkrieg dazu beigetragen, den heißen Atomkrieg zu verhindern. Die Formel »Krieg und Kino« beziehungsweise Militär- und Medientechnik ist eben genealogisch plausibel, aber funktional nicht zwingend: »Krieg oder Kino« beziehungsweise Medien- statt Militärtechnik mag die postmoderne Parole sein, die, weil es allerletzte Worte nicht gibt, auch nicht das letzte Wort haben muß.

Es lohnt sich bei der Rekonstruktion von Thesen und Theorien häufig, danach zu fragen, welche Äußerungen, die im Kontext eigentlich fällig wären, nicht fallen. So auch bei Virilio: er, der fleißig Bücher produzierende Medienessayist, verschwendet keinen Gedanken an die Gutenberg-Galaxis, an deren schwarze Löcher und an die Ästhetik des Verschwindens, die ihr eigen ist. Die Vor-Welt des Buches ist (zusammen mit der Frage, ob die militärische Genese der Medien nicht auch darin sich bewähren kann, daß Medienkriege an die Stelle »realer« Kriege treten) der blinde Fleck in Virilios Medientheorie. Das rächt sich nicht zuletzt stilistisch: Virilios Texte lesen sich wie Skripte für TV-Essays, sie unterbieten in buchenswerter Weise die Standards der Buchkultur – so als wolle er im Selbstversuch vorführen, welche intellektuellen Verwahrlosungserscheinungen die neuen Medien mit sich bringen können. Virilios Prosa ist in produktiver, aber eben auch in skandalöser Weise

7 So wie gegen die »Immaterialität des neuen kriegerischen Umfeldes« schon im Zweiten Weltkrieg »die Kohäsion des Materials« kaum etwas ausrichten konnte – die Kohäsion des Betons nämlich, aus dem die Nazi-Bunker an der französischen Atlantikküste gegossen waren. Virilio hat ihnen einen bemerkenswerten Foto-Essay gewidmet: *Bunker-Archäologie.* München: Hanser 1992.

assoziativ. Im Vergleich zu ihr nimmt sich ein Videoclip fast schon wie ein Muster an konsistenter Darstellung aus.

»Paul Virilios Programm wird wirklich immer schlechter«, stellte Thomas Steinfelds *FAZ*-Rezension (22. April 1993) von *Krieg und Fernsehen* schon in der Überschrift fest. Und natürlich hat er einfach recht: Mancher Einfall erweist sich als purer Unfug, und manche scheinbar phänomennahe Beobachtung entpuppt sich als phänomenale Projektion. »Wer außer Paul Virilio hätte zum Beispiel während des Golfkriegs ›bereits frühmorgens die langen Schlangen vor den Läden‹ gesehen, ›die auf den Verkauf von Kriegsspielen spezialisiert sind‹?« Wo steht bei Goethe geschrieben, daß »alles Sichtbare nur ein Gleichnis« ist? Und was bitte ist, ebenfalls in *Rasender Stillstand,* »noch genauer« formuliert in grammatisch verkommenen Sätzen wie diesem: »Die Zeit der photographischen Entwicklung von Niepce, die Zeit der kinematographischen Auflösung der Bewegung der Brüder Lumière, vor allem aber die Zeit der hohen videocomputergraphischen Auflösung einer Darstellung der Erscheinungen in ›Realzeit‹, die sogar die Brauchbarkeit der passiven Optik (der geometrischen Optik) zugunsten einer aktiven Optik zerstört, die die Möglichkeit besitzt, den Untergang der direkten Transparenz der Materie zum übermäßigen Vorteil einer indirekten (elektro-optischen) Transparenz des Lichts hervorzurufen, oder noch genauer: des Lichts der Lichtgeschwindigkeit.« Nicht nur die übermäßige Ankoppelung an neue Medien, auch die Lektüre von Virilios Prosa kann einen schwindeln machen. Um es versöhnlich auszudrücken: Es ist schon ein Wunder und also bewundernswert, wie häufig Virilio ins Blaue hinein assoziiert und dabei ins Schwarze trifft.

Ästhetik des Verschwindens: Kracauer versus Virilio

Tiefschwarz ist Virilios apokalyptische Medientheorie: Medien sind militärischen Ursprungs, aber nicht etwa militärischen Zwecken entsprungen. Sie sorgen dafür, daß uns Hören und Sehen vergehen. Sie üben das Verschwinden medienästhetisch ein, dem das Schwinden des Realen folgt. Die universal präsenten und alles enthüllenden Medien sind die Präludien zu der Kriegsapokalypse. Denn die neuen Medien sind so seins- beziehungsweise daseinsvergessen wie scheinversessen; sie koppeln die Menschen dromologisch von den Nachrichten ab, die sie losschicken, die dann über ihr Los entscheiden und nach denen sie sich zu richten haben.[8] Auch hier trifft Virilios assoziative Kraft ins Schwarze. Der eigentliche Unterschied zwischen dem alten Medium Buch und den neuen Medien ist in der Tat ein dromologischer: Seit der Erfindung des elektrischen Telegraphen und des Telephons sind Nachrichten ungleich schneller als die (seitdem) anachronistischen Menschenleiber, die Schriften mit sich führten und von einem Ort zum anderen brachten. Läufer,

---

8 Vgl. Friedrich A. Kittler, *Geschichte der Kommunikationsmedien.* In: Jörg Huber / Alois Martin Müller (Hrsg.), *Raum und Verfahren. Interventionen 2.* Basel / Frankfurt: Stroemfeld / Roter Stern 1993.

Reiter und Postkutschenlenker haben, auch wenn sie nach einem Marathonlauf tot umfielen, die Nachrichten so schnell transportiert wie ihre eigenen Körper. Der Concorde-Pilot aber kann mit keinem transatlantischen Fax, der Astronaut mit keiner seiner Sendungen mithalten. Informationen haben ihre Absender dromologisch besiegt. Das Wettrennen ist für Menschen verloren. Sie stecken im Stau, aus dem ihnen kein Autotelefon heraushilft. Allenfalls die Informationen können noch entkommen: rasender Stillstand.

Kurzum: Seit der Erfindung der neuen Medien sind Menschen so antiquiert wie Bücher. Antiquiert aber ist auch das vormediale Sein, das mit dem medialen Schein nicht mehr mithalten kann. Nicht von ungefähr dürfte (wie *Eurotaoismus,* Peter Sloterdijks Radikalisierung von Virilios Medienessayistik herausstellt) der heiße Kern neuer Medientechnik darauf zielen, defizientes Sein (oder um antiquiert buchmetaphorisch zu reden: das Buch der Natur) aufzurüsten. Und das heißt konkret: die Struktur des Atomkerns und der genetischen Informationen so registrierbar und lesbar zu machen, daß sie auch in neuer Weise schreibbar werden. Sein wird medientechnisch überschrieben, Sein wird an Medientechnik überschrieben, Sein bekommt über Medientechnik einen neuen Autor.

Daß dank der neuen Medien endlich gelingt, was die Buchkultur nur fahrlässig versprach: nämlich wirklich und unmetaphorisch im Buch der Natur zu lesen, war der emphatische Kern von Siegfried Kracauers 1960 erschienener *Theorie des Films.* Virilio hat sie leider nie ausdrücklich im Visier. Dabei lohnte die explizite Diskussion. Ist die *Theorie des Films* doch die denkbar radikalste gnoseologische Antithese zu Virilios gnostischer Medientheorie. Und sie markiert geradezu überdeutlich, welch depressive Wende viele der neueren Medientheorien in den drei letzten Jahrzehnten genommen haben. Jubelnder könnte nämlich ein Abschied nicht sein als der, den Kracauer von der Gutenberg-Galaxis nimmt. Denn nicht der Schrift, wohl aber dem Film – so betont es schon der Untertitel seines Hauptwerks – traut Kracauer »die Errettung der äußeren Wirklichkeit« zu.

Das ist eine immerhin verblüffende These. Und sie wird noch irritierender, wenn man die Laxheit der deutschen Übersetzung bedenkt, die offenbar vor der theologischen Radikalität der amerikanischen Originalformulierung zurückscheut: *The Redemption of Physical Reality.* Der Film kämpft um die »Erlösung« der Physis, ja um die Verklärung und Himmelfahrt der endlichen Leiber, die in den Geistesmühlen der Gutenberg-Galaxis verraten wurden. Schrift schleust alle Informationen durch das Gitter einiger schwarzer Lettern, die von dem, was sie da wiederzugeben, was sie zurückzugeben vorgeben, schlechthin keinen Schimmer haben können. Das Programm einer *apokatastasis panton,* wie der schriftselige Origines es einst entwarf, ist hingegen in den neuen Medien machbar geworden: Sie bringen tatsächlich alle Dinge und Ereignisse in den Stand der Erlösung vom vergänglichen Hier und Jetzt ein. Ton- und Lichtaufzeichnungen ermöglichen es erstmals, das Reale selbst zu registrieren. Kracauer, der Cineast, Kracauer, der illuminierte Materialist, Kracauer, der ebenso gebildete wie notorische Feind des preußischen Gymnasiums und der alteuropäischen Bildung, ist der antignostische

Antipode des Mediengnostikers Virilio, der gerne zu erkennen gibt, daß er ein praktizierender Katholik ist und Gottes Schöpfung durch den medialen Demiurgen bedroht sieht.

So zeichnet sich eine manichäisch dimensionierte Antithese ab: Kriegerische Mediendemiurgen zerstören Sein und Zeit (Virilio) *versus* Medien erlösen die Physis (Kracauer); Medien derealisieren *versus* Medien lassen uns der Erde treu bleiben; Medien sind technische Fehlformen der Metaphysik *versus* Medien verwinden tatsächlich die Metaphysik; Medien führen zum rasenden Stillstand *versus* Medien retten die Echtzeit. Auf einer fundamentalen Ebene aber wären sich die Antipoden Kracauer und Virilio, wenn sie denn noch miteinander sprechen könnten, sicher alsbald einig: Medientheorie ist nur als Revenant der Theologie möglich. Kracauer sieht die Welt des Buches, Virilio aber die der Monitore als eine Welt der Gespenster an. Natürlich liegt es nahe, solch überdimensionierte Antithesen wie die soeben angeführten in kleinere Münze zu konvertieren und erst einmal die empirische Medienforschung voranzutreiben. Zur Bescheidenheit aber haben Medientheorie und Medienanalyse heute wenig Anlaß. Denn Medientheorie ist die Theologie *maudite* – und Theologie die Medientheorie *avant les médias*? Nicht von ungefähr handeln beide, Medientheorie wie Theologie, vom Ende und vom Jenseits der Vorstellung(skraft) und von der Vorstellung des Endes.

Werner Köster

Ein Nomade zwischen Kunst und Wissenschaft

Über Peter Weibel als Vertreter des Techno-Diskurses

»Die Digitalität ist unter uns«, hatte Jean Baudrillard 1976 in *L'échange symbolique et la mort* verkündet und damit weniger eine Tatsachenfeststellung getroffen – eine solche stünde dem Theoretiker der Simulation ohnehin schlecht zu Gesicht – als vielmehr einen semantischen Trend gesetzt. Heute fungiert die Redeweise von der Digitalität als Markenzeichen eines Diskurses, der sich am Rande des universitären Feldes etabliert hat. Der Begriff des Diskurses ist hier angebracht, denn es läßt sich in der Tat ein Set von Texten, Positionen und habitualisierten Sprecherrollen ausmachen, die bei aller Unterschiedlichkeit im einzelnen doch erkennbare Gemeinsamkeiten haben. In der Sache sind sie um die These zentriert, daß die Technik, und hier vor allem die Medientechnik, der eigentlich ausschlaggebende Faktor für die Form einer Kultur, ja sogar für den Zustand einer ganzen Weltgesellschaft sei. Das Digitale ist die prägnanteste Metapher dieses Diskurses. Den Bildspender für die Rede vom Digitalen liefert die Funktionsbasis von Computertechnik und Fernsehschirm. Diese Technik mit ihren unbestreitbar bedeutenden gesellschaftlichen Auswirkungen dient den Vertretern des Techno-Diskurses, wie er hier genannt werden soll, rhetorisch gleichsam als Garant für das reale Eindringen des Prinzips Digitalität in alle Bereiche des Lebens.

Im folgenden geht es um Peter Weibel, der, aus der Kunstwelt stammend, im Rahmen des Techno-Diskurses allmählich in die Rolle eines Theoretikers gerückt ist. Weibel interessiert hier als Phänomen, an dem sich die Regularitäten des Diskurses zeigen lassen. Umgekehrt erschließt sich Weibels theoretisches Projekt vor dem Hintergrund des Denkstils, den jener Diskurs gefördert hat. Er soll hier anhand zentraler Theoreme und Attitüden beleuchtet werden.

Weibel hat in den sechziger Jahren als anarchistischer Antikünstler begonnen und nach eigenem Bekunden noch vor den Wiener Aktionisten mit öffentlichen Selbstverletzungen, Sex-Aktionen, physischen Angriffen auf das Publikum und anschließenden Saalschlachten von sich reden gemacht. Mit anderen Worten, er hat ein Programm zitiert und nachvollzogen, das verschiedene historische Avantgarden bereitgestellt hatten. Nach dem Motto »Mehr Verkehrstote, weniger Bürger« hat er Verkehrsunfälle herbeizuführen versucht, um »den Künstler vom Außenseiter zum direkten Outlaw zu transformieren, zum Feind der Gesellschaft, zum veritablen Staatsfeind und daher auch zum Feind der Staatskunst.«[1] Ab 1965, so erzählt der Kunsthistoriker Weibel die Geschichte des Künstlers Weibel, hat er »aus der visuellen Poesie und aus dem Wiener Aktionismus neue Formen der Konzeptkunst

[1] Peter Weibel, *Kunst als Kriminalität.* In: *Tumult,* Nr. 11, 1988.

entwickelt«.[2] Bis in die siebziger Jahre sind seine Schriften als Kommentare zur eigenen ästhetischen Praxis anzusehen. Erst in den achtziger Jahren hat er begonnen, in einem strengeren Sinne als Kunsttheoretiker aufzutreten und darüber hinaus für seine Ausführungen den Status einer eigenen Gesellschaftstheorie zu beanspruchen.

Weibel hat zwar die anarchistische Wut seiner früheren Tage zugunsten eines akademisch moderaten Gestus weitgehend abgelegt. Aber sein Versuch der Verbindung von kritischer Ästhetik und Gesellschaftstheorie verdankt sich seinen älteren avantgardistischen Ambitionen. Antikunst und Konzeptkunst sind die Motive geblieben, die er zu einer ästhetisch inspirierten, aber doch auch begrifflich disziplinierten Gesellschaftstheorie zu formieren versucht.

Für Weibel war der Techno-Diskurs nicht ein fahrender Zug, auf den er lediglich aufgesprungen wäre. Vielmehr hat er schon in den sechziger Jahren die Themen aufgegriffen, die heute Konjunktur haben. So schrieb er 1968 programmatisch: »die elektronischen medien bedeuten eine veränderung der raum- und zeitstruktur unserer physikalischen wie gesellschaftlichen wirklichkeit. die elektronischen medien sind erfindungen, die unsere wirklichkeit erweitern und desgleichen unser bewußtsein. die elektronischen medien (von der schallplatte bis zum fernseher) sind gleichsam unsichtbare drogen, die psychische wie politische veränderungen bewirken ... dichtung heute verwendet die elektronischen medien, erkundet und erzeugt durch sie/mit ihnen eine neue wirklichkeit, entdeckt neue formen der kommunikation, neue strukturen des erlebens, betreibt experimentelle linguistik und experimentelle kommunikation, erweitert den begriff der dichtung. der dichter als elektronischer messias. dichter der medien.« *(Kontinuität und Identität)*

Weibels späteres theoretisches Werk ist in nuce schon in dem Hinweis auf die medieninduzierte Transformation von Raum und Zeit enthalten. Eine Einsicht, die im Rückblick so triftig wie schlicht wirkt. Schlicht, wenn man an den Aufwand denkt, der heute betrieben werden muß, um die gleiche pauschale These akademisch »anschlußfähig« präsentieren zu können. Konsequent hat Weibel um den Kern seiner Basisintuition allmählich das Material angelagert, das der Techno-Diskurs zur Verfügung stellt beziehungsweise abverlangt. Die folgende Collage stellt die Töne zusammen, die Weibel auf seine Weise neu abmischt. Es handelt sich um die Stimmen von Jean Baudrillard, Friedrich Kittler und Paul Virilio.

Das Herzstück des Ganzen ist Baudrillards These von der Omnipotenz der Simulation.[3] Es ist bemerkenswert, daß Baudrillard damit zu einem der Klassiker des Techno-Diskurses werden konnte, denn seine Medienontologie des gesellschaftlichen Seins hatte nicht die Technik selbst in den Mittel-

---

2 Peter Weibel, *Zur Konzeptkunst in Österreich.* In: Götz Pochat u.a. (Hrsg.), *Kontinuität und Identität. Festschrift für Wilfried Skreiner.* Wien: Böhlau 1992.

3 Wichtige Bücher von Jean Baudrillard sind in diesem Zusammenhang *Agonie des Realen* und *Kool Killer oder der Aufstand der Zeichen,* beide 1978 bei Merve in Berlin; außerdem *Der symbolische Tausch und der Tod* (München: Matthes & Seitz 1982).

punkt gestellt. Vielmehr trug seine Theorie erkennbar noch den Impuls der marxistischen Ideologietheorie weiter und konnte als terminologisch modernisierter Befund einer total entpolitisierten Gesellschaft gelesen werden. Auf die allmächtige symbolische Neutralisierung von Kritik und politischer Opposition hatte Baudrillard mit dem Begriff Simulation gezielt. Das Repräsentationssystem der westlichen Gesellschaften sei nach dem Zweiten Weltkrieg vor allem mit Hilfe der Medien so perfektioniert worden, daß es symbolisch schlechthin alles systemintern rekodieren könne. Baudrillard hat damit eine Diskurstheorie vorgelegt[4], eine Theorie über die eklatante Effizienz symbolischer Mechanismen. Aber er hat sich zur – ebenfalls symbolischen – Plausibilisierung seiner Theorie auf technische Verfahren bezogen. So mußte sich ihm die Simulation im Sinne der Erstellung von Computerszenarios, wie sie als Prognose- und Manipulationstechnik zur Anwendung kommt, als denkbar gut geeignete Veranschaulichung seiner Theorie darstellen. Ebenso wie das Digitale. Es stellt als Bild zahlreiche Möglichkeiten der symbolischen Verwendung bereit, die Baudrillard zu nutzen wußte und die heute nicht nur in Weibels Theorie figurieren, sondern geradezu kanonisch geworden sind. Das Digitale bezeichnet den abstraktesten, mit nur zwei Werten operierenden Code, in den die Nachrichten anderer Codes übergeführt werden können, also eine Art Supercode. Als solcher steht er – rein assoziativ, versteht sich – in der Nachfolge des *Dieu trompeur.* Denn zum Grundkonsens des Techno-Diskurses gehört nicht nur die Annahme, daß für schlechthin jedes Phänomen der Code erarbeitet werden kann, der es theoretisch generierbar macht, sondern auch die Unterstellung, daß die praktische Realisierung unbeschränkter Simulationskapazität nur noch eine Frage der Zeit sei. In der Diktion Weibels: »Dann wird die Realität zu einem Text der Macht, dann werden die Objekte zu Zeichen im Diskurs der Macht.«[5]

Als Matrix moderner Gesellschaften beruht das Prinzip Digitalität also auf der Expandierung einer Metapher. Bei Baudrillard lag das noch offen zutage und war halb spaßig gemeint, ein Witz aus dem Geist des Situationismus, der das Verfahren der Entwendung von Begriffen propagiert hatte. In diesem Sinne entdeckt Baudrillard nun überall den Zweier-Code, nicht nur in Logik, Linguistik und Zwei-Parteien-System, sondern selbst in der Tatsache, daß das World Trade Center zwei Türme hat. Eine Beobachtung, die dem surrealistischen Verfahren der Paranoiacritique alle Ehre gemacht hätte.

In der Folge wird *das* Digitale allerdings ins realistisch Ernste gewendet, und zwar von Friedrich Kittler. Kittler, der dem Techno-Diskurs zum Durchbruch verholfen hat, hat für die Literaturgeschichte und -theorie gefordert, daß sie von einer Analyse des historischen Apriori im Sinne der Diskurstheorie Michel Foucaults zur Analyse des technischen Apriori fortzu-

---

4 Vgl. Jürgen Links Aufsatz *isotope, isotopien* (in *KultuRRevolution,* Nr. 13, Oktober 1986), der Baudrillards Simulationsthese operationalisiert und einer Analyse des Symbolsystems der bundesrepublikanischen Öffentlichkeit zugrunde gelegt hat.

5 Peter Weibel, *Transformationen der Techno-Ästhetik.* In: Florian Rötzer, *Digitaler Schein. Ästhetik der elektronischen Medien.* Frankfurt: Suhrkamp 1991.

schreiten habe. Denn »unter hochtechnischen Bedingungen (sind) Diskurse nebensächlich«.[6] Mit dieser lapidaren Bemerkung hat er dem Techno-Diskurs das Programm gegeben. Diskursive Positionen, Ideologien oder politische Optionen werden zu Oberflächenphänomenen erklärt, wahrhaft entscheidend sei dagegen die Materialität der Schrift- und Buchkultur beziehungsweise der heutigen computerbasierten Medienkultur. Die Digitalität auf der Ebene der Hardware rückt ins Zentrum der Aufmerksamkeit.

Abschließend muß Paul Virilios Variante technodeterministischen Denkens erwähnt werden. Virilios Werk läßt sich zu der These kondensieren, daß der zentrale Zug des heute kulminierenden Zivilisationsprozesses in der Geschwindigkeitssteigerung jener Technologien besteht, für die in der Tradition der Geopolitik der Ausdruck raumüberwindende Mächte geprägt worden ist. Dabei handelt es sich zum einen um die vehikulären Techniken, zum anderen um die Techniken der Fernwahrnehmung und -steuerung. Virilio hat diese Tendenz in historisch angreifbarer Weise dergestalt konkretisiert, daß die entsprechende Technologie vor allem ihrer Kriegsdienlichkeit wegen entwickelt und zum Movens der Weltgeschichte geworden ist.[7]

Damit sind die Elemente des Techno-Diskurses benannt, von denen Weibel sich inspirieren läßt. Der Rest könnte als Frage der Kombinatorik abgetan werden, wäre da nicht die Tatsache, daß Weibel als trainierter Künstler und einstiger Provokateur jene Elemente in eigenartiger Weise als Material verwendet, das er zwischen Kunst und Wissenschaft oszillieren läßt.

Virilios zum Gesetz der Geschichte stilisierte finalistische Erzählung von der Verdrängung der Geopolitik durch eine sogenannte Chronopolitik steht thematisch im Mittelpunkt. Der letzte Extrakt von Virilios materialreichen Studien, der Gestaltwandel weltpolitischer Machtausübung von der Verfügung über den Raum zur Macht über Zeit und Geschwindigkeit, wird durch die Brille der Baudrillardschen Simulationsthese gesehen und als »Virtualisierung des Raumes« auf eine nochmals gesteigerte Stufe der Allgemeinheit gehoben. In bekannter Manier spricht Weibel von einer Welt, in der jede materielle Trägheit überwunden und daher auch der reale Raum vollständig in einem Raum der Zeichen aufgehoben ist. Zeichen, die ihrerseits an keine Referenz mehr gebunden und beliebig manipulierbar sind. Dieser Zustand sei vor allem der Mikroelektronik geschuldet. Der Chip gilt Weibel als »Modell der modernen Raumerfahrung ... Der Chip ist also eine Kompression, Verkleinerung von Raum und Zeit, die gleichzeitig eine Vergrößerung seiner Kapazität ist. Der Mikrochip gleicht also nicht nur den fotografischen Luftaufnahmen einer Stadt, sondern er ist die Stadt. Die Struktur des Chips überträgt sich auf fast alle Lebensformen. Der Mikrochip ist das eigentliche Monument unserer Zeit, weil in ihm die immense Kompression von Raum und Zeit zum Wesen und zum Ausdruck kommt. Seine bloße Existenz hat die

---

[6] Friedrich A. Kittler, *Aufschreibesysteme 1800/1900.* München: Fink 1987.

[7] Vgl. vor allem Virilios Bücher *Der negative Horizont* (München: Hanser 1989), *Geschwindigkeit und Politik* (Berlin: Merve 1980), *Krieg und Kino* (Frankfurt: Fischer 1991).

Idee eines natürlichen Orts, natürlichen Raums und einer natürlichen Zeit obsolet gemacht.«[8]

Weibels Theorie läßt sich als Raum/Zeit-Philosophie darstellen, die nach dem Muster expressiver Totalität strukturiert ist. Ein einziges Wesensmerkmal ist es, das sich vielfältigen »Ausdruck« verschafft. Die »Implosion des Raumes« oder die »Verwandlung des Raumes in die Raumzeit« bezeichnet das Syndrom der Moderne schlechthin. Dabei beherrscht Weibel virtuos, was als Erfolgsrezept des Techno-Diskurses insgesamt gelten kann. Er vermittelt nämlich das Gefühl, selbst seine allgemeinsten Thesen und griffigsten Formeln seien aus einer Summe materialgesättigter Detailstudien synthetisiert und lieferten empirisch stichhaltige Weltbeschreibungen. Die Totalität weltgesellschaftlicher Entwicklungen soll in der hochabstrakten Narration vom Verschwinden des Raumes faßbar sein. Der Raum erscheint nicht lediglich als ein Gesichtspunkt oder Beobachtungsmodus, der in unterschiedlichen Gegenstandsbereichen zur Anwendung kommen kann. Er übernimmt vielmehr – vor dem Hintergrund der omnipräsenten Semantik der Virtualisierung mag diese These paradox klingen – argumentationsstrategisch die Funktion einer Substanz, die den realen Zusammenhang zwischen den divergenten Objektbereichen sicherstellt.

Betrachtet man genauer, wie Weibel sich Virilios Theorie aneignet, dann stellt man fest, daß die Rezeption weniger über dessen materiale Seiten verläuft als vielmehr über die Reproduktion der allgemeinsten Formeln. Interessanterweise sind diese Formeln häufig schon lange vor Virilios Studien geprägt worden, und Weibel kennt den ideengeschichtlichen Ort ihrer Entstehung. So ist etwa die Wendung von der Implosion des Raumes bereits 1964 von Marshall McLuhan in *Understanding Media* zur Verfügung gestellt worden, in dessen Büchern sich überhaupt für beinahe jedes Thema des Techno-Diskurses die Loci classici auffinden lassen. Die Implosion des Raumes steht nun allerdings durchaus im Zentrum von McLuhans Überlegungen. McLuhans große Stärke bestand in der Fähigkeit, originelle Redewendungen zu prägen und medienwirksam zu verbreiten. Diese Sprachbilder – und nicht etwa technikhistorische Forschungen – haben an der Wiege von Weibels Raumphilosophie gestanden. Es lohnt sich daher, einen kurzen Blick auf McLuhan zu werfen. Schon dieser meinte bekanntlich, daß der jeweilige Entwicklungsstand der Medientechnik die Verfaßtheit der menschlichen Welt bestimme und daß das Fernsehen und die elektronischen Medien die Triebkräfte zeitgenössischer Umwälzungen im Weltmaßstab seien. Indem das Fernsehen das Ferne sinnlich und undistanzierbar nahebringt, vereinheitliche es in einem die Weltbilder und die Welt. Wahrscheinlich hat der Techno-Utopist Buckminster Fuller (auch er eine von Weibels Quellen), der bereits in den vierziger Jahren einen »one-town-world-plan« entworfen hatte, McLuhan zu der Formulierung angeregt, die Erde schrumpfe zum »global village«. Diese Formulierung jedenfalls hat dann Karriere gemacht, ebenso

8 Peter Weibel, *Pictorialer Raum in der elektronischen Kunst.* In: Christine Schöpf (Hrsg.), *ars electronica.* Linz: Druck- und Verlagsanstalt Gutenberg 1986.

wie die Redeweise von der Implosion des Raumes. Die letztere möglicherweise schon deshalb, weil sie metaphorisch auf die Bildschirmröhre verweist, die ja im Falle ihrer Zerstörung nicht explodiert sondern implodiert.

Das Zutrauen in die Kraft von Welt-Bildern und die besondere Bedeutung, die schon McLuhan der technischen Spezifik der Bilderzeugung beigemessen hatte, mußte einen Konzeptkünstler wie Weibel auf den Plan rufen. So hat er in den achtziger Jahren eine Reihe von Werken geschaffen, die die Metaphorik von »global village« und »one-town-world-plan« aufgreifen, mit der Ästhetik von Karte und Globus spielen und die semiotische Gegebenheitsweise geographischer Weltbilder und politischer Räume dekonstruieren. Er gestaltet zum Beispiel eine Installation mit dem Titel *Europa(t)raum* in einem Raum der Städtischen Galerie im Lenbachhaus, indem er durch dessen Wände und Decke riesige Messerschneiden ragen läßt. Messer und Wände sind blutrot bemalt. Die roten Flächen erinnern vage an Teile der europäischen Karte. Erst auf einem beigestellten Fernsehgerät ist der ganze Umriß Europas ebenfalls blutrot zur Gänze kenntlich. In einer Serie von so betitelten orbitalen Skulpturen rücken aus Holz gesägte Formen der Kontinente zu »Möbelkontinenten im Wohnzimmer Erde« zusammen. Ein durchgehaltenes Motiv ist der Verlust von Größenverhältnissen. Eine Videoinstallation zeigt »Kontinente als Kekse« in einer Kaffeetasse schwimmend, die Formen bekannter Gebäude werden miniaturisiert nachgebaut, das Guggenheimmuseum als Bar oder die Buffalo City Hall als Sessel. All dies ist sehr sinnfällige, konzeptgeleitete und mit wenig Deutungsspielraum ins Werk gesetzte Kunst, deren Wesentliches nicht in der Gestaltung, sondern in der Bedeutung liegt. Eine Eigenart der Konzeptkunst, die Weibel selbst durchaus offensiv betont hat.

Vielleicht hat er aber doch befürchtet, der weitere Weg seiner Kunstproduktion könne in eine Sackgasse laufen, und sich deshalb entschlossen, dieselben Werke später in verfremdeter Weise zu präsentieren. Denn 1989 hat er in einem Katalog zu seiner Ausstellung *Inszenierte Kunst Geschichte* seine eigenen Installationen sechs fiktiven Künstlern zugeschrieben und diese wiederum von sechs fiktiven Kunstkritikern beziehungsweise Kunsthistorikern kommentieren lassen, die alle von Peter Weibel simuliert werden. Einzig das Geleitwort des Katalogs ist nicht simuliert, und das ist ironischerweise von Baudrillard. In diesen simulierten Kunsthistorikertexten begegnen uns nun all jene Sentenzen, die Weibel unterschiedslos an anderer Stelle als Theorien darbietet. So lesen wir hier über den Raum in der elektronischen Kunst: »Der Raum hat im Zeitalter der Relativitätstheorie und des Raumzeit-Kontinuums gleichsam seinen Boden unter den Füßen verloren ... Der Raum existiert nicht mehr als feste Konstante, sondern als Szenarium von Signifikanten. Der Raum gewinnt in den elektronischen Medien das Moment der Zeit. Damit verbunden sind jedoch eine Folge von Relativierungen und Mobilisierungen bisher konstanter Größen. Die Größe der Dinge selbst wurde relativ, nicht nur insgesamt im Kontext, sondern auch losgelöst voneinander. Die Objekte der Welt verwandeln sich im neuen piktorialen Raum zu frei flottierenden Zeichen von beliebiger Proportion und Skalierung, das heißt ihre Größe zu sich selbst und zu einander wird relativ und variabel. Durch die variable Skalierung wird aber auch der Code der räumlichen Gebilde variabel. Der gleiche Gegenstand ist en miniature Skulptur, Designobjekt und vergrößert Architektur. Der Gegenstand bleibt ungemessen, so wie der Raum nicht mehr vermessen werden kann.«[9]

Als Kommentar zu den eigenen Skulpturen mag das wohl einleuchten. Einleuchtend ist es auch, daß die Videokunst, der sich Weibel in zunehmendem Maße widmet, dadurch fasziniert, daß auf dem Bildschirm Räume beliebig konstruiert und Objekte beliebig manipuliert werden können. Wenngleich auch hier bereits die Behauptung, der Raum sei beliebig gestaltbar und die Objekte mutierten zu »frei flottierenden Zeichen«, mindestens hochgestapelt ist. Denn tatsächlich nehmen sich die Standards der Videokunst noch recht bescheiden aus. Die Technik macht zwar im Prinzip vieles möglich, hat aber in der Praxis den Pferdefuß, daß ihre Anwendung einstweilen noch sehr teuer ist. So konnte man zwar bei einem Film wie *Terminator II* einige wenige Sequenzen einbauen, die mit digitalen Bildmanipulationen, dem sogenannten Morphing-Verfahren, beeindruckende Effekte erzielen. Auch der Werbefilm kann als extrem kostenaufwendiges Genre mit diesem Verfahren arbeiten. Künstlern dürften solche Möglichkeiten aber noch lange nicht zur Verfügung stehen. So sind denn auch die Gegenstände, die Weibel in seiner Videokunst »frei flottieren« läßt, recht schematisch und grob gerastert. Seine digitalen Bildräume können die technischen Möglichkeiten höchstens im Prinzip aufzeigen, aber nicht in Perfektion durchführen. Alles kommt für die Programmatik der Videokunst daher darauf an, ihren Wert aus dem *Prinzip* Digitalität abzuleiten, die Konkretion des Sichtbaren dagegen zu vergleichgültigen. Wichtig ist allein, daß die Bilder überhaupt als digitale erkennbar sind. Mit dieser Strategie tritt Weibels Videokunst in die Fußstapfen seiner Konzeptkunst und bleibt wie diese semantisch überdeterminiert.

Schon die These einer digitalen Revolution des piktorialen Raumes, die einen Bruch in der Kunstgeschichte technologisch begründen soll, erscheint also überzogen und ist auf starke Zukunftsversprechen angewiesen (wie übrigens der Techno-Diskurs im Ganzen). O-Ton Weibel: »Wenn man sich den schnellsten Computer der Welt anschafft, kommt man dem Ziel immer näher, mit Hilfe enormer Rechenoperationen ... dreidimensionale Objekte und Ereignisse realistisch simulieren«[10] zu können. Endgültig gleitet aber die beschworene Simulationskompetenz in das Reich der Sage, wenn Weibel den Überstieg von der Kunst zur Realität der Weltgesellschaft, vom Raum der Bilder zum Raum der Erdkugel vollzieht. Dabei ist es zunächst lediglich der Signifikant Raum, der den Überstieg rhetorisch trägt. Hat Weibel erst noch die völlige Verfügbarkeit des Raumes an der Kunst abgelesen und dann den Befund totalisiert, so dreht er später die Richtung der Argumentation zu-

---

[9] Peter Weibel, *Inszenierte Kunst Geschichte* (Katalog). Wien 1989.

[10] Peter Weibel, *Zur Geschichte und Ästhetik der digitalen Kunst.* Linz: Linzer Veranstaltungsgesellschaft 1984.

nehmend um. Die in der Kunstgeschichte beobachtbaren Raumrevolutionen erscheinen jetzt als »Ausdruck« der Raumrevolutionen der Weltgeschichte. »Im Aufstieg des orbitalen Blicks in der Kunstgeschichte, in der Befreiung des Blicks aus der Horizontalität über die Vertikalität zur Orbitalität erkennen wir das Verschwinden des Raumes.«[11] Die Kunstgeschichte ist aber nur mehr ein Indiz, häufig genug sogar bloß eine »oberflächliche Ornamentalisierung der Problematik«. Im Vordergrund steht jetzt die Virtualisierung des realen Raumes. Konnte im Rahmen der Kunstgeschichte die orbitale Perspektive noch als »symbolische Form« verstanden werden, so macht Weibel nun (nach dem bekannten Verfahren) mit der Metapher ernst und ruft das orbitale Zeitalter aus, in dem die »globalen borderlines« überwunden werden. »Wir befinden uns am Ende des planetarischen Denkens, wo der Globus als Nomos der Geschichte galt. Dies erzeugte die Idee einer den ganzen Globus umspannenden, vereinheitlichenden Welt-Raum-Ordnung ... Mit der orbitalen Sphäre wird aber der ›Nomos der Erde‹, das Gesetz der Erde verlassen ... So wie die Kanone einst Stadtmauern stürzte und das Feudalsystem zerstörte, aber den Nationalstaat verwirklichen half, so wird der Satellit den Nationalstaat zerstören und den orbitalen Frieden verschiedener autonomer Realitätsgemeinschaften sichern. Im Zeitalter des Weltraums, ›in the age of space‹, verschwindet paradoxerweise der Raum und die Herrschaft der Zeit beginnt, die Chronokratie«.[12]

Auf Carl Schmitt geht der Ausdruck »Nomos der Erde« zurück. Er war es auch, der die Existenz tragfähiger weltgesellschaftlicher Ordnung an die Einrichtung »globaler borderlines« gebunden und den Raum nachgerade zur Substanz der Ordnung erhoben hat: »Jede Grundordnung ist eine Raumordnung.« Die Zitation von Carl Schmitt mag schon belegen, wie ernst es Weibel mit seiner Beschwörung des einzig adäquaten Bewußtseins der Lage ist. Tatsächlich markiert das Problem der Territorialität genau den Punkt, an dem Weibel von einer eigenen Gesellschaftstheorie zu sprechen beginnt.

In zahlreichen Aufsätzen bleibt die Konfundierung der Weltbilder mit der Welt selbst noch eine Textstrategie, ein Spiel mit der Metaphorik des Orbitalen. Einem im Orbit kreisenden imaginären Betrachter relativieren sich die politischen Grenzen, und die Welt, das Spaceship Earth, stellt sich der Wahrnehmung als steuerbare Einheit dar. Buckminster Fuller, auf den Weibel hier zurückgreift, Autor eines *Operating Manual for Spaceship Earth,* hatte von den Geopolitikern seiner Zeit gelernt, daß es auf die ideologische Durchsetzung von kartographisch und diskursiv konstituierten Weltbildern ankommt. Er hat daher entsprechende Projektionsmethoden, Karten und Zeichnungen der »one-town-world« vorgelegt, die die Einheit und Zentrumslosigkeit der Welt sowie die Abhängigkeit der Distanzen von Techniken sinnfällig machen sollten, deren Potential in den vierziger Jahren noch grenzenlos steigerbar scheinen konnte.[13] Auch Weibels »geopolitische«

---

[11] Peter Weibel, *Die Beschleunigung der Bilder in der Chronokratie.* Bern: Benteli 1987.
[12] Peter Weibel (Hrsg.), *Jenseits der Erde.* Wien: Hora 1987.
[13] Vgl. Joachim Krausses Fuller-Aufsatz *Bauen von Weltbildern.* In: *arch+*, Nr. 116, März 1993.

Kunstwerke konnten noch in diesem Sinne als politisch intendierte Eingriffe in die Weltbildkonstruktion gedeutet werden, die dadurch zum realen Prozeß der Einrichtung des Wohnzimmers Erde beitragen sollten, daß sie die entsprechende Wahrnehmung der Welt im Raum der Kunst suggestiv ermöglichten.

Als Künstler hatte Weibel den Raum Europa noch mit dem Traum Europa verbunden. Aber der Theoretiker Weibel wäre nicht ein Vertreter des Techno-Diskurses, als der er hier behandelt wird, wenn er die Existenz politischer Räume an die diskursive Bedingung binden würde, daß diese Räume als Bilder und Ideen auch in der Gesellschaft zirkulieren, daß sie erfolgreich kommuniziert werden. Denn »unter hochtechnischen Bedingungen«, so will es das Credo, »sind Diskurse nebensächlich«. Und diesem Credo des Techno-Diskurses bleibt Weibel treu. Mit seinem Aufsatz *Territorium und Technik*[14] versucht er auf dem Wege der Technikgeschichte die für den Gesamtaufbau seiner Theorie wesentliche argumentative Lücke zu schließen, die zwischen den Raumformen und -wahrnehmungsmodi der bildenden Kunst einschließlich der Videokunst und dem Raumproblem auf der Ebene der Geopolitik klafft. Die Extension des Territoriums, so meint er, sei stets »ein Zentralbegriff der Perzeption«. Von der Res extensa, als welcher der menschliche Leib in der Philosophie Descartes' auftritt, bis zur territorialen Ausdehnung des modernen Staates laufe eine kontinuierliche Linie. Weibel führt die Geschichte der Territorialität bruchlos von einer Phänomenologie der Wahrnehmung, in der ein leibliches Subjekt seinen Raum aufspannt, zu einer Technologie der Raumwahrnehmung und waffentechnischen Raumbeherrschung im Sinne Virilios. »Alle Territorien sind immer technologisch besetzt und sei es durch die Technologie der natürlichen Organe, durch die Füße, oder sei es durch die künstlichen Prothesenorgane, die Werkzeuge«.

Nun ist die Abhängigkeitsregel zwischen Territorialität und Technologie nicht einfach falsch. Sie allein kann aber die politische Raumproblematik der Moderne nicht erklären. Es stimmt zwar, daß Technologien für die Entstehung des Nationalstaates wichtig gewesen sind. Fraglich ist allerdings, ob die Kriegstechnologie die dominante Rolle gespielt hat, die Weibel im Gefolge Virilios ihr zuschreibt. Daß die Kanone den Nationalstaat ermöglicht hat, ist überdies schon auf der immanenten Ebene der Technikgeschichte des Krieges zu pauschal. Mit wesentlich größerem Ernst und daher auch subtileren Ergebnissen ist Franz Rosenzweig schon während des Ersten Weltkrieges diesen Zusammenhängen nachgegangen.[15] Entscheidender für die Entstehung des neuzeitlichen Flächenstaates dürfte wohl die Etablierung von verwaltungstechnischen Apparaten gewesen sein, die erst die Erfassung, Darstellung und Verwaltung eines geschlossen homogenen Staatsgebietes und damit den Nationalstaat selbst möglich gemacht haben. Aber nicht einmal dies würde für eine rein technologische Erklärung hinreichen. Wie Franz Ro-

---

14 In: ars electronica (Hrsg.), *Philosophien der neuen Technologie.* Berlin: Merve 1989.

15 Vgl. vor allem die Abhandlungen *Cannä und Gorlice* und *Globus.* In: Franz Rosenzweig, *Gesammelte Schriften.* Band 3. Dordrecht: Martinus Nijhoff Publishers 1984.

senzweig in *Cannä und Gorlice*, seiner *Erörterung des strategischen Raumbegriffs*, dargelegt hat, war es erst die »ins Gebiet eingebettete Volksgesamtkraft«, die den Nationalstaat samt seiner sich wandelnden Kriegsstrategien ermöglicht hat. Die Konstituierung eines Staatsvolkes ist aber kein rein technisches, sondern ein ideologisches oder diskursives Faktum. Weibels Versuch, Territorialität prinzipiell aus Technologien abzuleiten, muß im Falle des modernen Nationalitätenproblems scheitern. So sind denn auch nicht nur Weibels, sondern auch Virilios Ausführungen über das Verschwinden der Geopolitik in den vergangenen Jahren durch die Renaissance territorialer Ideologien so schlagend wie kaum je eine Theorie widerlegt worden. Hier rächt es sich, daß Weibel, wie Virilio, vornehmlich die technischen Möglichkeiten der Raumüberwindung in Rechnung stellt. Diese haben zwar in unserem Jahrhundert wahrlich einen Durchbruch erlebt, aber die Technik ist eben nicht die einzige raumüberwindende oder raumkonstituierende Macht.

Theoretisch war ohnehin der Raum schon zu Anfang des Jahrhunderts so vollständig entsubstantialisiert und in semiotischer Auflösung begriffen, daß Georg Simmel die Grenzen politischer Räume mit der Begrenzung von Kunstwerken vergleichen und in beiden Fällen eine lediglich modellbildende Funktion konstatieren konnte. »Die Grenze«, so schreibt Simmel in seiner *Soziologie*, »ist nicht eine räumliche Tatsache mit soziologischen Wirkungen, sondern eine soziologische Tatsache, die sich räumlich formt, ... das Verhältnis zum Raum nur einerseits die Bedingung, andererseits das Symbol des Verhältnisses zum Menschen.« Theoretisch sind Semiotisierung und Entsubstantialisierung des Raumes also keineswegs, wie Weibel dies immer wieder vorbringt, Effekte der digitalen Revolution. Und auch in der historischen Praxis ist die Problematik des politischen Raumes nicht allein technologisch determiniert. Vielmehr haben gerade in unserem Jahrhundert Raumideologien eine bedeutende Rolle gespielt. Von Carl Schmitt hätte Weibel dies lernen können. Schmitt betont die Einheit von Staat, Volk und Raum. Das Volk konstituiert sich demnach, indem es sich im Rahmen des Staates eine imaginäre räumliche Anschauungsform schafft. Schmitt bindet in *Der Nomos der Erde* die raumkonstituierende politische Idee an die Fähigkeit eines staatlich organisierten Volkes, »ein Stück Erde zum Kraftfeld einer Ordnung« erheben und den Raum konkret gestalten beziehungsweise »füllen« zu können. In diese Fähigkeit gehen natürlich auch technische Parameter ein. Vor allem hat Schmitt aber in gewissem Sinne dem »impermeablen« Flächenstaat den Charakter einer Fiktion oder Anschauungsform zugesprochen, deren Wirksamkeit von diskursiven Strategien der Entfiktionalisierung abhängt.[16] Damit hat Schmitt in den dreißiger Jahren auf den Substanzverlust des Raumes, explizit auch auf Simmels Raumsoziologie, reagiert. Seine Raumideologie ist eine theoretisch hochgradig reflektierte Re-Substantialisierungsstrategie. Die faschistischen Raumideologien haben praktisch bewiesen, wie erfolgreich ideologische Resubstantialisierungen

---

[16] Vgl. Friedrich Balke, *Die Figur des Fremden bei Carl Schmitt und Georg Simmel.* In: *Sociologia Internationalis*, Nr. 30, 1992.

des Raumes sein können. Vor allem wußten auch die Nazis von der Macht des Diskurses über den Raum. Sie haben bewußt nicht nur kartographische Veranschaulichungen imaginärer Raumlogiken eingesetzt, sondern auch etwa die Literatur systematisch als raumüberwindende Macht zu nutzen versucht und in diesem Sinne institutionell gefördert. Vor diesem Hintergrund muß jede im Rahmen des Techno-Diskurses verharrende Raumtheorie unzureichend bleiben.

Weibels Beschleunigungs- und Virtualisierungsphilosophie des Raumes ist nicht ausreichend in der materialen Dimension der Probleme fundiert, um die es vordergründig geht. Er überläßt sich vielmehr der Eigendynamik von sprachlichen Bildern und Begriffen. (Auch das macht ihn zum typischen Vertreter nicht nur des Techno-Diskurses, sondern eines ganzen Teils des Postmodernismus.) Die vielfältig sich verzweigende Raum/Zeit-Thematik, die er in die unterschiedlichsten Sachbereiche verfolgt, zeigt das. Der Signifikant »Raum« funktioniert wie ein Suchbefehl. Die Signifikantenlogik macht es möglich, überall »Entsprechungen« aufzudecken. Geopolitik und Mikrophysik, alles geht wild durcheinander. Einige Zitate aus *Die Beschleunigung der Bilder:* Die orbitale Perspektive »korrespondiert« mit dem Teilchenbeschleuniger. »Der Filmstreifen findet seine Entsprechung im Fließband.« Die Filmmontage sei »gar nicht denkbar« ohne die Montage in der fordistischen Produktion, »laufendes Band – laufende Bilder« usw. Stets geben die Signifikanten Raum und Zeit das Tertium comparationis ab. In der Durchführung liest sich das zum Beispiel so: »Gilt die Fotografie als Spatialisation von Zeit, so ist der Film die Temporalisation von Raum.« Dieselben Raum/Zeit-Verhältnisse findet Weibel dann in den tayloristischen Arbeitswissenschaften. Dort hatte Frank Gilbreth zu Anfang des Jahrhunderts die Bewegungsbahnen von Arbeitern noch mit statischen Drahtmodellen sichtbar gemacht: Spatialisation von Zeit nennt Weibel dies. Das Verfahren war aber durch die Einsatzmöglichkeiten der Filmkamera schnell überholt. Die dann in größerem Umfang betriebenen Bewegungsstudien subsumiert Weibel mit analogem kategorialem Zugriff als Temporalisation von Raum. Film oder Arbeitswelt, hier wie dort ist es die Beschleunigung, in der sich das Wesentliche erschöpft. »Die Gesamtattacke der Maschinenwelt zielt auf Beschleunigung.« Weibel hält es durchaus für wichtig – das unterscheidet ihn von anderen Vertretern des Techno-Diskurses –, darauf hinzuweisen, daß »die Beschleunigung des Produktionsprozesses ... nicht allein wegen der Maschinen« entstand, sie folgte vielmehr »der Logik des Kapitals, welche durch die Maschine in ein effektiveres Stadium ihrer Realisation treten konnte«. Aber er verfolgt dies nicht weiter, weil ihn in erster Linie die für seine Raum/Zeit-Semantik ergiebigen Analogien zwischen Film und industrieller Arbeit interessieren. Dabei werden diese Analogien lediglich von Detailbeobachtungen des historischen Entwicklungsprozesses der industriellen Arbeitsweise getragen. Bewegungsstudien am menschlichen Körper dienten der Optimierung repetitiver Teilarbeiten, die zu einem historischen Zeitpunkt jeweils in den Mechanisierungslücken übriggeblieben waren. Sie bearbeiteten damit ein Teilproblem, das sich nicht umstandslos zum

Wesenskern der technischen Umwälzung insgesamt totalisieren läßt. Schon deshalb können die Analogien keinesfalls beweisen, was Weibel beweisen will: die »epistemologische Einheit« von Fließbandarbeit und Film.

Die Logik, nach der Weibel die disparaten Themen von Weltpolitik, Kunst und rhapsodisch betriebener Technikgeschichte verknüpft, weist stärkere Affinitäten zur Konzeptkunst als zur Wissenschaft auf. Dagegen ist nichts einzuwenden. Auch ist dem Konzeptkünstler ohne weiteres erlaubt, im Rausch der High-Tech-Begeisterung zu arbeiten und zu schreiben. Er mag über technische Möglichkeiten, die sich als Prinzip am Horizont abzeichnen, so reden, als sei die Technik übermorgen weltweit implementiert. Wer wollte den Künstler zwingen, in Prozenten zu denken und seine Gedankenexperimente zu zügeln? Als »Nomade zwischen Kunst und Wissenschaft«, wie ihn Peter Noever, der Direktor des Österreichischen Museums für angewandte Kunst nennt, hat Weibel auf die essentielle Kommentarbedürftigkeit der modernen Kunst mit der Ausweitung und schließlich Verselbständigung des Künstlerselbstkommentars reagiert. Eine soziologische Aufklärung ist davon nicht zu erwarten.

Ulf Erdmann Ziegler

Je mehr, desto besser

Technologie im Museum

I

Das Diorama, zum Beispiel, könnte man als vergangenes Medium beschreiben: Seine Zeit beginnt mit Daguerres Erfindung Anfang der zwanziger Jahre des letzten Jahrhunderts und endet rund ein Lebensalter später. Sich in einen dunklen Raum zu begeben und ein Bild zu betrachten, das sich unter dramatischen Manipulationen des Lichts in Aufbau und Stimmung ändert – im Vordergrund, zur Irritation des Tiefensinns, echtes Grün und Pappfiguren –, war mit der Heraufkunft des 20. Jahrhunderts definitiv aus der Mode gekommen. Der Versuch, mit den Mitteln der bildenden Künste eine Täuschung herbeizuführen, die die Besucher in Erstaunen setzt über ihre Zweifel, wo genau das Natürliche in das Gemachte übergeht, hatte eine industrielle Distribution hervorgebracht und war dann im Vergessen versunken. Nicht ganz, vielleicht. Die Bühnenbildner und Lichtleute im Theater und in der Oper haben das Diorama mit dem elektrischen Licht perfektionieren können. Aber wir sehen die Bühnenbilder nicht als Bilder. Das Diorama, könnte man sagen, wurde abgelöst durch neue Medien.

Die Malerei hat, ebenfalls im 19. Jahrhundert, begonnen, sich aus den starren Bindungen des Auftrags, der Repräsentation, des eitlen Herzeigens akademischen Handwerks zu lösen. Sie ist, unter der Erschütterung ihrer Fundamente, schließlich zu sich selbst gekommen. Sie hat dabei etliche Sujets eingebüßt und auch die Schärfe, bestimmte Sujets zu fassen und dem modernen – dem mobilen, dem temporären, dem vergleichenden – Publikum zu vermitteln. Es ist vielleicht noch möglich, ein Porträt zu malen und auszustellen, aber es gibt nicht mehr viele Maler, die das Interesse des Publikums an der Individualität gemalter Figuren stimulieren können. Francis Bacon bildete, in der zweiten Hälfte dieses Jahrhunderts, eher eine Ausnahme; und es gibt Kompromisse und Unsicherheiten im Spätwerk.

Im Frankfurter Museum für Moderne Kunst, allerdings, hängen große Porträts gänzlich unbekannter Leute (Gesichter, die in den Medien nicht zirkuliert sind, bevor sie im Museum zu sehen waren), und diese Gesichter sind unzweifelhaft gute Stücke der Sammlung, sie binden den Blick; man kann sich merken, in welcher Art man sie anschaut. Es sind Farbfotografien in weißen Flächen, verglast, gerahmt.[1]

Die Etablierung von großformatigen Fotografien in allgemeinen Abteilungen der Museen beschließt eine Epoche. Sie begann mit der Spekulation, daß die Fotografie die Malerei verdrängen werde, und sie endete, als klar

---

[1] Thomas Ruffs Porträts (1987/88) haben nicht alle das gleiche Format, sind aber alle gut zwei Meter hoch.

wurde, daß Fotografie und Malerei in einer unauflösbaren Konkurrenz zueinander stehen, die für das Museum konstitutiv sein wird; die Vorstellung, das »neue« Medium Fotografie werde das »alte« Medium Malerei ablösen, kann man als Technoeuphorie verwerfen.

Für die bildende Kunst, die immer eine Kunst der Täuschung gewesen ist, sind neue Medien zwangsläufig eine Herausforderung. Was passiert – ist letztendlich die Frage –, wenn man die ganze Welt umarmen könnte, oder alles Wirkliche Kunst wird? Was passiert, wenn das Fenster, das ein Innen vom Außen trennt, seine Funktion verliert? Was ist, wenn die Wirklichkeit der Sehnsucht nachgibt und damit die Sehnsucht auslöscht? Was ist, wenn die Illusionen der Maschinen so perfekt sein werden, daß die Illusionsspiele der Künstler sich ausnehmen wie das entnervende »Warum?« eines Fünfjährigen?

Diese Illusionsspiele sind in der aktuellen bildenden Kunst allenthalben zu finden (die Künstlerinnen und Künstler wollten, heißt es oft in Pressetexten, »die Wahrnehmung in Frage stellen« etc.). Andererseits ist die Rückwirkung der mit immer noch rasanter Geschwindigkeit expandierenden Technologien auf die bildenden Künste, vielleicht auch auf die populäre Musik, überschätzt worden. Gegenüber den flotten Sprüchen der digitalen Apostel hat sich im Laufe des letzten Jahrzehnts eine Skepsis breitgemacht, wie sie vielleicht am schärfsten in der Formulierung Dietmar Kampers zum Ausdruck kommt: »Es ist unmöglich, den Kreis des Sichtbaren zu erweitern, ohne daß zugleich das Unsichtbare zunimmt.«[2] Ästhetisch gesehen bedeutet das, daß die Grenzen des Darstellbaren (quasi mit einem schwarzen Berg an ihrer Rückseite) wachsen. Gesellschaftlich stellt sich die Frage, inwiefern das expandierende Unsichtbare eine Last ist, die das Individuum oder seine Gesellschaft nicht tragen kann. Die Frage ist nicht zu entscheiden, aber sie fällt auf die Künste zurück.

Die rarer werdenden Apologien des massiven Einsatzes von Technik und neuen Technologien sind immer getragen von einem Anspruch auf Totalität, der letztlich auf den Wettstreit um die Priorität der einen oder anderen Disziplin zurückgeht. So berichtet der 1951 geborene amerikanische Videokünstler Bill Viola im Katalog zu seiner sehr frühen Retrospektive: »In Florenz verbrachte ich die meiste Zeit im Innern der großen Frührenaissance-Kirchen und -Kathedralen. Ich beschäftigte mich intensiv mit den Problemen von Klang und Akustik ... Mit Kassettenrecorder statt Notizbuch hielt ich mich stundenlang darin auf und machte eine Reihe akustischer Aufnahmen der Sakralarchitektur der Stadt. Ich war beeindruckt, daß der Widerhall der riesigen steinernen Hallen mittelalterlicher Kathedralen ungeachtet des religiösen Glaubens eine unabwendbare Wirkung auf den inneren Zustand des Betrachters hat. Das Gefühl der Erhabenheit schien wesentlich durch den Klang verursacht.«[3] Das akustisch gewendete Paulus-Erlebnis suggeriert,

---

2 In: *Metropolis* (Katalog). Stuttgart 1991.

3 Bill Viola, *Nie gesehene Bilder* (Katalog). Düsseldorf 1992. – Die Retrospektive wird 1993 gezeigt in Düsseldorf, Stockholm, Madrid, Lausanne, 1994 in London.

der Künstler sei einem prinzipiellen Mangel der zeitgenössischen bildenden Kunst auf die Spur gekommen, die in seiner Darstellung als Spezialvergnügen für Taube zurückbleibt. Ein Blick auf die Biographie zeigt jedoch, was Viola tatsächlich schildert, nämlich nicht die produktive Krise eines im Herkömmlichen arbeitenden bildenden Künstlers, sondern die nicht ganz untypische Recherche eines Künstlers, der sich für die Mischform Video längst entschieden hatte. Viola war mit 21 Jahren technischer Berater am Everson Museum of Art gewesen und zwei Jahre später war er technischer Direktor und Produktionsleiter beim Art/Tapes/22 Video Studio, eben in Florenz.

II

Mit Video assoziiert man die Touristen, die Einbruchs- und Diebstahlsüberwachung, das Heimkino inklusive Pornographiekonsum, die visuelle Seite der Popmusik: MTV. Außerdem ist Video dabei, so eine Art Waffe der Wahrheit zu werden, wie im Fall Rodney King und vielleicht noch im Fall Wolfgang Grams. Video ist in der einfachsten Anwendung wohl kaum ein Medium zu nennen (sowenig wie die Tonkassette und der Walkman) und ist als ebenfalls »illegitime Kunst« mit dem gleichen Vorbehalt ins Museum[4] gekommen wie die Fotografie.

Aber anders als Fotografie, deren techno-revolutionärer Anspruch schon verbraucht war, als sie eindrang in die Hauptsäle der Museen, werden hochtechnische und elektronische Medien gegen alle Bedenken mit einem Anflug von Leidenschaft im Betrieb verankert. Die Hamburger *Mediale* zu Beginn dieses Jahres war offensichtlich darauf angelegt, eine Trendwende einzuleiten. Natürlich hat sich Hamburg als Zeitungsstadt damit als »Medienstadt« profilieren wollen; und daß wesentliche Kunstinstitutionen der Stadt im Umbruch sind (neu eingerichtet, im Umbau, abgerissen zum Neubau, mit neuer Leitung) hat die Stimmung, etwas »Neues« zu versuchen, gewiß begünstigt. Ähnlich wie auf der Kölner Photokina, die durch eine oder mehrere »Bilderschauen« immer versucht hat, mehr zu sein als eine Messe, wurde hier eine Medienmesse von einem Künstler, nämlich Robert Wilson, aufbereitet und durch verschiedene Kunstereignisse umgeben.

»Dies sind also die elektronischen Künste«: So hätte das Motto der großen Ausstellung in einer der beiden Deichtorhallen lauten können. Durchaus denkbar, ein Rückblick auf die vielen Hochzeiten diverser Künste und elektronischer Techniken: ein Film oder eine dokumentarische Ausstellung über das Elektronikstudio beim WDR in Köln, die frühesten Arbeiten von Paik (teils rekonstruiert), ein Klangraum von John Cage, und dann natürlich die

4 Als »Museum« bezeichne ich den offiziellen Ausstellungsbetrieb jenseits des Handels. Ein Auch-Vorbehalt: Fotografie und Video sind nicht per se Kunst, aber können Kunst sein. Bei Malerei äußert sich der Vorbehalt gegen das Produkt oder den Produzenten, nicht gegen die Disziplin: Die Bilder des Sonntagsmalers gehören vielleicht nicht ins Museum, aber nie mit der Begründung, daß sie gemalt seien.

jüngeren Künstler, die sich mit ausschließlich elektronischen Mitteln einen Namen gemacht haben …

Weit gefehlt. Die Ausstellung hieß *Feuer Erde Wasser Luft – Die vier Elemente.* Im Zentrum der Ausstellung standen Arbeiten aus den sechziger und siebziger Jahren, die zweierlei leisten sollten: Sie sollten zeigen, wie Konzeptkunst und Arte povera die Mittel – das Mediale – der bildenden Kunst in Frage stellten; und sie sollten belegen, daß dies mit einer »inhaltlichen« Arbeit über »die vier« Elemente verbunden sei: ein im künstlich erzeugten Wind flatterndes *Blaues Segel* von Hans Haacke für das Element Luft; die Gasbrenner von Jannis Kounellis für Feuer; eine Schlauchinstallation von Klaus Rinke, die ein paar hundert Liter Rheinwasser umwälzt, natürlich-unnatürlich für das Element Wasser; und die Steine, die für das Element Erde stehen, hat Richard Long vor fünfundzwanzig Jahren gesammelt. Von dort, vom Zentrum aus betrachtet, schien der Gegenstand der Ausstellung äußerst komplex: zu zeigen, wie Künstlern die Gegenstände (der Natur, der Unnatur, der Warenwelt, der technischen Umwelt) zu »Medien« geworden sind; eine Verselbständigung der Sujets zu medialen – durchwanderten – Formen. Statt dessen wurden die Werke von Haacke, Kounellis, Rinke und Long in geradezu kindischer Manier referentiell gelesen: So, als glaubten die Künstler an die Elemente der Antike als unverbrüchliche Wahrheit und hielten sie im allerglobalsten Sinne für geeignete Gegenstände einer letztlich realistisch gemeinten Kunst. In einem derart konstruierten Kontext schien es, als hätten die alten Kämpen von Konzeptkunst und Arte povera vergessen, ihre Darstellungsmittel im Dienste der ewigen Dinge zu erneuern. Die fortschrittliche Aufgabe, das Schicksal der Elemente per Videobildschirm und Videoprojektion weiterzuverfolgen, fiel somit an die zumeist Jüngeren. Laut Katalogtext haben die Elemente den Vorteil, »sich in den synthetisch erzeugten Medienbildern« anzugleichen: Der massive Einsatz von Sony-Technologie führt also zu einer Harmonisierung »des elementischen Leibs«, dessen Abhängige bis »in die Typen der Temperamente, Gefühle, Mentalitäten hinein wir« laut Hartmut Böhme sind.[5] Nur: Wer sind »wir« – Professoren mit Zweitgehältern durch Nebentätigkeit, vor jeglichem Skrupel sicher infolge antiker Betriebsblindheit?

Letztlich waren die Exponate danach ausgewählt, inwieweit sie archaische Grundmuster reproduzieren. Als exemplarisch kann Paul Garrins Installation *White Devil* gelten. Der Besucher wird in einem geschlossenen Raum auf einen Steg geleitet, der die Aussicht auf ein brennendes Haus bietet, davor ein BMW mit geöffneten Türen (Videoprojektion). Unmittelbar unterhalb des Stegs tobt ein weißer Pitbullterrier über zwölf Monitore hin und her, das Bellen laut eingespielt, die Haltung des Tiers auf die Position des Besuchers gerichtet. Es ist nahezu unmöglich, sich nicht angegriffen zu fühlen, auch wenn man sich gut zuredet, daß der Hund ja nicht wirklich da unten sei.

Die Melodramatik des Settings, die Gier nach politischen Themen, ein Hauch absichtlich falscher Feierlichkeit (Hollywood-Parodie): Das macht

---

5 Der Text von Hartmut Böhme war im Eingang der Ausstellung auf einer Tafel präsentiert.

viel von dem aus, was Video im Kontext bildender Kunst jetzt darstellt. Der Schock geht einem nicht nach, er verliert sich schon, während man das Bellen noch hinter sich hört (die Dramatik der Installation wurde, als ich dort war, übrigens dadurch leicht gelindert, daß einer der zwölf Bildschirme ausgefallen, die Bewegung des Köters an der Stelle also nicht komplett war). Direkt nebenan gab es einen der nun mittlerweile sehr bekannten Lichträume von James Turrell, in denen der Besucher einem vagen Gefühl von Raumtiefe ausgeliefert wird: ein definitiv kontemplatives Erlebnis, wenn man sich darauf einläßt. Das Bellen eines beißwütigen Hundes ist natürlich nicht die optimale Kulisse für die Begegnung.

Die Frage der Präsentation ist nicht nur für die technifizierten, sondern für alle modernen Werke entscheidend; die Künstlerinnen und Künstler haben diese Frage so weit vorangetrieben, daß sie den ontischen Status des Kunstwerks dominiert: Wo beginnt das Kunstwerk, wo endet es? Ist das, was man sieht, das Kunstwerk, oder ist das Kunstwerk ein Entwurf, der sich im Sichtbaren nur andeutet? Für die Malerei sind diese Fragen bis zu einem gewissen verläßlichen Grad gelöst: Die Vorderseite ist das Lesbare des Kunstwerks, die Rückseite, die sich der Wand und damit der Architektur verbindet, ist ein stummer Bereich des Materials. Fotografien haben den Code übernommen: als Bilder, die aus dem Apparat »rein« hervorgehen, haben sie den Status echter Bilder.

Die Entschiedenheit dieser Formen ist zur Voraussetzung der Rezeption geworden: Es mag ein Akt der Störung oder der Verführung sein, mit den Begrenzungen des Kunstwerks zu operieren, aber auch dieser Akt muß als solcher erkennbar sein. Das Miteinander von Bildern und Skulpturen in einem Raum, das Spiel mit den Perspektiven, das Verhältnis zur Architektur gehört zu den essentiellen Grundmustern des Museums, die die Rezeption steuern.

Film, Video und Computerbildschirme bringen die Apparate mit, die nicht per se Teil des Kunstwerks sind, aber unvermeidlicher Bestandteil ihrer Gegenwart. Das macht die technischen Bildquellen mit den nicht (oder nicht mehr) technischen so schwer vergleichbar. So gibt es dann in vorübergehenden Ausstellungen, wie der Hamburger, jene eigentümlichen Hüttendörfer, die ein undifferenziertes Brabbeln und Dröhnen verbreiten, und der Besucher muß die Häuser, Kästen und Lauben betreten wie ein Museum im Museum. Das Museum wird zur Hardware des elektronischen Bildes, es verliert an der Stelle etwas Intelligibles, nämlich die Begehbarkeit, den vernetzten Raum.

Bill Viola – und darin liegt vielleicht sein Erfolg begründet – hat versucht, sich diesen Raum anzueignen, über eine verkleinerte Maßstäblichkeit von Kino hinaus. Seine Installationen sind meistens Ensembles von Projektionen und Objekten, die im Raum stehen. Zum Beispiel ein feierlich beleuchtetes, neues King-size-Bett, über dem als Wandprojektion eine Operation am offenen Herzen gezeigt wird, mit den schneller und langsamer werdenden Pieptönen, die ziemlich laut über Lautsprecher eingespielt werden (*Silence of the Heart,* 1983). In der Ausstellung *Amerikanische Kunst im 20. Jahr-*

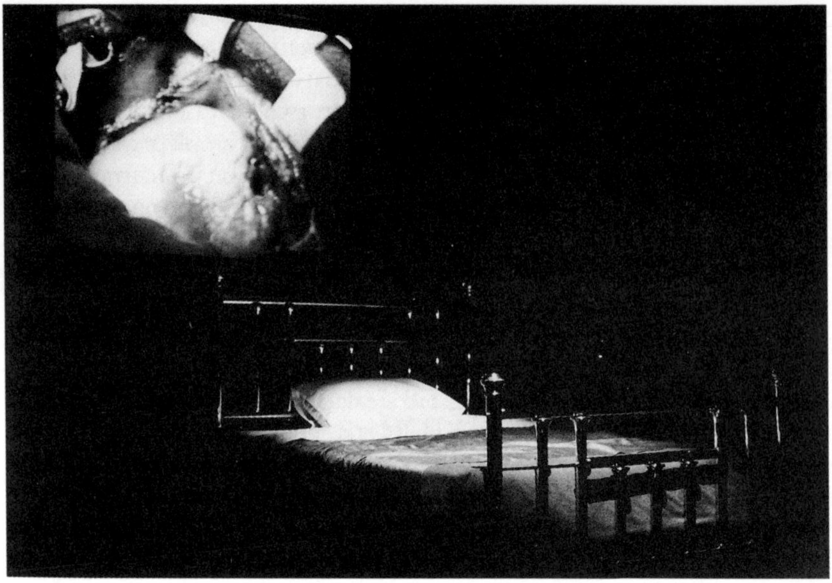

Bill Viola: *Silence of the Heart* (1983)

hundert in diesem Sommer in Berlin war in einen schwarzgestrichenen Raum ein kleiner Quader gesetzt, in dessen Innerem man durch ein glasloses Fenster eine karge Zelle sehen konnte, auf dem Holztisch neben dem Wasserkrug ein winziger Monitor mit einem fixierten Bild eines verschneiten Bergzugs. Die im Maßstab des Raumes wiederum gigantische Projektion an dessen Stirnseite, durch die eingebaute Kammer ein wenig verstellt, zeigt das Bergmassiv in der Nahsicht, von einer im Dunkel des Massivs rasenden Kamera gezeigt, die gelegentlich, wie ein Pendel, kehrtmacht. Der *Raum für San Juan la Cruz* (1983) war als Beschäftigung mit dem spanischen Mystiker gedacht. Ganz deutlich ist Violas Anspruch zu spüren, ein universelles Feld zu öffnen und zu interpretieren. Die metaphorische Brücke zwischen der Rauminstallation und der tönenden Projektion muß der Besucher selbst finden.

Mit der Objektinstallation gelingt es Viola, zwei Probleme zu lösen: Erstens kann seine Videovorführung nicht mehr als Ersatzkino verstanden werden; zweitens ist das Ensemble technisch ein Unikat, was ein Videoband eben nicht ist. So erhöht er die Attraktion seiner Werke für Sammler. Dabei versteckt Viola die Technik, so gut er kann. Insofern sind seine Arbeiten erstaunlich konventionell, »inhaltsfixierte« Gestaltungen ganzer Räume, die sich als dunkle Kammern in jedes Museums- und Ausstellungskonzept integrieren lassen. Die Referenz auf die physische Wirkung einer Kathedrale der Renaissance, die den Menschen in seiner Ganzheit ergreife, wirkt dennoch überdeterminiert. Video bei Viola, aber auch bei Marcel Odenbach, Ulrike Rosenbach, Klaus vom Bruch, Fabrizio Plessi, Gary Hill und Marie-Jo Lafontaine, hat immer etwas von gezügelter Technik, der Gängelung des

Bildschirms in Annäherung an das Tafelbild. Die skulpturale Seite der Arbeiten wird stilisiert, aber das Verhältnis zu ihrer technischen Natur bleibt letztlich unentschieden, oft eine Spur zu glatt. Wenn die Künstler neuer Medien in Modifikationen bekannter Formen verharren, ist es auch nicht weiter verwunderlich, wenn die Apologie auf so konstruierte Zusammenhänge wie »die Elemente« zurückgreift: So wird der Videokünstler Klaus vom Bruch im *Mediale*-Katalog gepriesen, er habe als »erster die Luft als Träger der Bildinformation benutzt, indem er nicht mehr per Kabel, sondern mit skulpturalem Sender und Empfänger arbeitet«. Und was für ein Glück, daß Neptun so kräftig pustet![6]

Die Gegenfigur zu den artig gefügten Pixels des Kunstbetriebs ist Nam June Paik, 61 Jahre alt, der die vereinigte Bundesrepublik auf der diesjährigen Biennale in Venedig vertreten hat. Sein Bekenntnis zur (als Paik jung war) neuen Technologie war nahezu bedingungslos und ist es noch; er hat seine Kunst zur neuen Malerei erklärt, den Gegensatz der politischen Systeme in den sechziger Jahren lautstark für unwichtig gehalten im Unterschied zur Frage, wie verfügbar die Technologien wären. Sein Medienturm aus 1003 Monitoren bei den Olympischen Spielen von Seoul hieß *The more the better,* und das ist wohl auch die gültige Formel seines metamorphotischen Lebenswerks, zu dem sein eigener Körper gehört, »bespielt« von der Cellistin Charlotte Moorman, bis zur exzessiven Nutzung des Deutschen Pavillons in Venedig. Zu sehen waren zwei große Installationen in den beiden Flügeln des finsteren Deutschen Pavillons und etliche Figuren seitlich des Gebäudes und dahinter, von *Genghis Khan* auf dem Fahrrad (im Bauch einen Monitor, behängt mit einem südamerikanischen Poncho) bis zu *Tangun,* einem doppelt mannshohen Roboter aus elektronischem Schrott, der mit neonerleuchtetem Zepter und grünlich irisierenden Riesenaugen auf die Lagune hinausglotzt, in deren Richtung er schreitet.

Was Bildschirme überhaupt im Kontext bildender Kunst zu suchen haben, kann ja nur über deren Gattungen definiert werden, über die periodisch revolutionierten Bedingungen, Kunst zu sehen und zu begehen. Im Gegensatz zu fast sämtlichen anderen Künstlern, die mit bewegten Bildern arbeiten, appelliert Paik überhaupt nicht - auch nicht heimlich - an die Bequemlichkeiten einer Generation, die mit dem Fernseher aufgewachsen ist oder an die subtile Verführung des Kinos. Genauso wie den Bildschirm interessieren ihn die Röhren, die Leitungen, die Chassis. So wie Alexander Calder die komplizierten Antinomien von Gewicht, Volumen, Material und Farben in seinen Mobiles erforscht und ausreizt, gibt es bei Nam June Paik nicht die bequeme Trennung von Apparat und Bild, Hard- und Software; sein Zugriff ist von konsternierender Totalität, in der Anlage der einen Arbeit perfekt bis zur Undurchdringlichkeit, in einer anderen von überraschender Nachlässigkeit, Kunstwerk und Müllhaufen bisweilen schwer zu unterscheiden.

---

[6] So Wulf Herzogenrath im Katalog zur *Mediale Hamburg. Das erste Festival für Medienkunst und Medienzukunft.* Hamburg 1993.

Nam June Paik und Charlotte Moorman, mit Roboter K 456 (1964)

Nam June Paik: *Tangun as a Scythian (?) King.* Venedig: 45. Biennale d'Arte

In den Flügeln des Pavillons führt Paik monumentale Beispiele der beiden technischen Varianten vor, Video zu zeigen, als Bildschirmereignis oder als Projektion. Im linken Flügelsaal war eine gigantische Bildschirmwand mit dem Titel *Electronic Superhighway* zu sehen, gestellt auf einen düsteren Sockel schwerer Lautsprecher, aus denen Rock- und Fusionmusik der sechziger und siebziger Jahre dröhnte. Gespeist aus, wie seine Assistenten sagten, dreizehn (unsichtbaren) Laserdiscs, durch etliche Computerprogramme gejagt, zeigte die flimmernde Wand (stinkend nach industriellem Material) Dutzende Motive in Konkurrenz, bei völlig unterschiedlichen Rhythmen des Erscheinens und des Verschwindens. Hier erscheint ein John Cage vor einer Menge, lacht, bewegt sich vorwärts, wird rückwärts bewegt wie eine Puppe; dort wird einer horizontal tanzenden Figur eine sie verdoppelnde Grafik zugeordnet; die Typographie eines Abspanns taucht auf, architektonische Motive, Weltraummäßiges, Fußball. Die Bilder sind nicht mehr als hausgemachte Op-art oder das, was im deutschen Fernsehen eine Weile als »Fußballett« zu sehen war (der Samstagabendgag war wahrscheinlich inspiriert von Paik). Was Paik gar nicht interessiert, ist das querformatige Gemälde, das zum Format der Fotografie, zu dem des Bildschirms und des Fernsehers geworden ist. Er ordnet die Bildschirme zu Blocks und Stelen, stellt die Apparate quer, hochkant oder schräg auf, und er bespielt Teile des Ensembles als Block, in dem ein Motiv groß erscheint, wie zufällig durch ein Gitter (die dunklen Leerstellen zwischen den Bildschirmen) geteilt. Es gibt keinen Stillstand. Die Motive rücken näher oder verschwinden in einer Spirale, werden gedreht, zersplittert, vervielfacht, gekontert. Eine einzige hektische Manipulationsmaschine. Wie um den Zirkuscharakter des Unternehmens zu betonen, ist ein farbiger

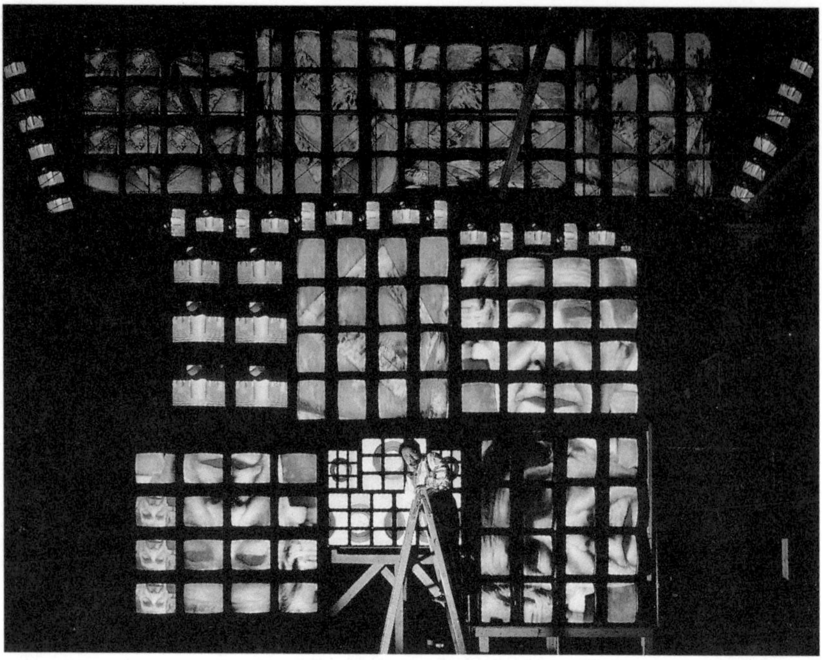

Nam June Paik: *Electronic Superhighway* (1993). Venedig: 45. Biennale d'Arte

Nam June Paik: *Sistine Chapel Before Restoration* (1993). Probe für die 45. Biennale

Nam June Paik in seinem New Yorker Atelier (1989)

Laserstrahl diagonal in den Raum gesetzt. Paik belebt den ganzen theatralischen *craze* von Fluxus, aus dem er kommt, und verabschiedet sich gleichzeitig in Richtung *shopping mall.* Die Motive, die am Betrachter vorbeirauschen und ihn dabei überwältigen, sind nicht ganz so zufällig assembliert, wie es zunächst erscheinen mag: Paik greift in einen Fundus seines Videomaterials, dessen Aura er gleichzeitig belebt, während er die Arbeiten verstümmelt.

Im rechten Flügelsaal das geläuterte Gegenbild zur *Electronic Superhighway:* Wenige Motive werden als leuchtende, sich überschneidende Rechtecke auf die Wände und die Decke geworfen, so daß sich der Saal dort zu öffnen scheint, seine Dimension, seine tektonische Fügung verliert. Projiziert werden die Bilder von einer Horde in der Mitte des Saals aufgebahrter Projektoren, die mit ihren blauen, gelben und roten Augen in die Installation eingehen, Teil dieses Paradieses betörender Verwirrung, in dem das Gesicht von Joseph Beuys immer wieder, und dann natürlich mehrfach, auftaucht. Paik, der in New York und Bad Kreuznach wohnt und arbeitet, unterrichtet an der Düsseldorfer Akademie, die Beuys nicht hatte tragen können.

Es gab im Verlauf der Einrichtung des Pavillons übrigens einen (wie man sagt freundschaftlichen) Disput zwischen den Künstlern des deutschen Pavillons, Haacke und Paik. Haacke hatte für seine Installation *Germania* die Steinplatten des zentralen Saals herauslösen lassen und zu einem Friedrichschen *Eismeer* geschichtet, auf dem die Besucher, konfrontiert mit der Nazi-Geschichte des Pavillons, herumsteigen durften. Die Bewegung der Platten gab dabei einen klackernden Krach von sich, wie ein über Lautsprecher verstärktes Billardspiel. Der Lärm-am-Bau gehörte zur Schockwirkung, die Haacke beabsichtigt hatte, und er fürchtete, daß die wummernde Musik von *Electronic Superhighway* diese Wirkung zerstören würde. (Die Wand zum linken Flügel wurde dann aufwendig isoliert; die Durchgänge vom zentralen Saal zu den Flügeln waren ohnehin verschlossen.) Hans Haackes Arbeit, vom flatternden *Blauen Segel* (vor dreißig Jahren) bis zu *Germania,* zeigt etwas vom transmedialen Temperament bildender Kunst, die selbstverständlich klappern und flattern darf, verwittern und sich verschleißen, duften und stinken: Die Erweiterung um den Klang ist nur ein Aspekt von mehreren und bildet keineswegs ein Privileg jener technischen Medien, deren Wirkung oder Funktion an Aufzeichnung und Wiedergabe von Ton gekoppelt ist.

III

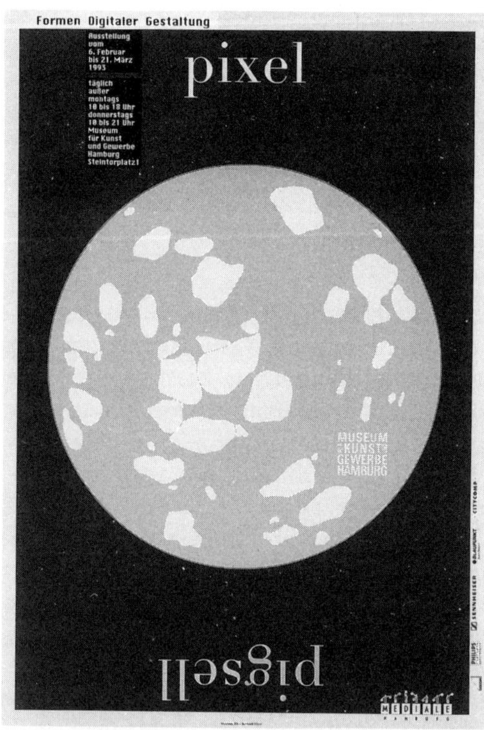

Nicolaus Ott / Bernard Stein: *Pigsell.* Plakat zur *Mediale,* Hamburg (1993)

Pixel hieß eine informative Ausstellung im Hamburger Museum für Kunst und Gewerbe im Rahmen der *Mediale.* Das Plakat zur Ausstellung entwarfen die Berliner Grafiker Nicolaus Ott und Bernard Stein. Wie immer im Spannungsfeld zwischen freien Assoziationen und Ordnungssinn, spiegelten sie den Titel *Pixel* im Kopf des Plakats an dessen unterem Ende als »pigsell« – eine »gehörte« Assoziation. Im Zentrum des blassen Hochformats sieht man einen rötlichen Erdball, auf dem amorphe weiße Inseln wie versprengte Kontinente zu sehen sind; im Zusammenhang mit dem Thema fast untrüglich ein »errechnetes« Bild, oder die monumentale Darstellung einer technischen Einheit. Selbst den

Museumsleuten entging der Clou, und es gab keinerlei verwunderte Nachfragen: Was eine hochfotokopierte Scheibe Mortadella mit dem Thema, zum Teufel, zu tun habe?

Post aus Berlin-Kreuzberg: »Liebe Freundinnen, liebe Freunde der Kunst, von Lubmin werden Sie noch nichts gehört haben, – dies wird sich ändern. Das Seebad Lubmin liegt an der Ostsee, genauer am Greifswalder Bodden östlich von Greifswald. Lubmin ist der Schauplatz für ›sommergäste‹, eine dreiteilige Kunstshow veranstaltet von der Teufelstein GmbH und meiner Galerie. Am 30. und 31. Juli wird Rolf Lieberknecht einen Laser von Rügen auf die Seebrücke von Lubmin leiten. ›Meer _ Licht‹ nennt Lieberknecht seine 30 km Laserinstallation quer durch den Bodden. Auf der Seebrücke werden 20 original bemalte Fahnen von Berliner Malern, u.a. Walter Stöhrer, Johannes Grützke, ter Hell, Achim Freyer, Barbara Quandt, aufgehängt und vom Laser angestrahlt.«

Es ist leicht zu erkennen, daß die lilagrünen Canyons, die Computerfreaks auf ihre Bildschirme zaubern, die Formsprache der Malerei nicht unterlaufen und nicht erneuern werden. Es ist klar, daß das Ritual der allabendlich über die europäischen Großstädte geschwenkten Laserstrahlen nichts anderes ist als ein Feuerwerk von der stupiden Sorte. Aber »original bemalte Fahnen, quer durch den Bodden angestrahlt«: ein besonders deprimierendes Spektakel, weil es als gänzlich hilfloser Schachzug halbwegs vergessener Maler erscheint, von denen man sich fragt, wann sie zuletzt ihr Medium in Frage gestellt haben. Und die Neuen Medien triumphieren als Beleuchter.

IV

Künstler, die sich neue Technologien als neue Medien aneignen, tun dies in der Regel ohne Euphorie für das technische Ereignis als solches. Dennoch bedeutet der Einsatz technischer Mittel jenseits der mechanischen, daß die Kunst nicht mehr handgemacht ist. Das gilt zwar inzwischen für etliche Produkte bildender Künstler. Die Lösung der engen Koppelung Hand-Auge ist für die bildende Kunst problematisch, wird aber bei manchen Arbeiten gerade durch den Einsatz von Technologie direkt oder indirekt angesprochen. Drei Ausstellungen, die innerhalb des vergangenen Jahres in Berlin zu sehen waren, können das belegen.

Augen Zeichnungen In der Kreuzberger Galerie Vincenz Sala war eine Serie seltsamer Porträts zu sehen. Gesichter von Leuten, deren kunst- und sozialgeschichtliche Topologie auf den ersten Blick zu bestimmen war: da war das schmale, verschlossene Gesicht mit der dunklen Brille (wie Peter Fonda in *Easy Rider*), dort die aufgelöste Physiognomie eines Munchschen Mädchens; andere hätten von Steinberg skizziert sein können, von Zille oder Schiele. Was Jochem Hendricks unter dem Titel *Augen Zeichnungen* ausstellte, war das Ergebnis eines Experiments, dessen Proband der Künstler selbst war. Grundlage der *Augen Zeichnungen* waren Fotografien, die Hendricks von Freunden gemacht hatte. Diese Bilder wurden, mit einer aus einer psychologischen Praxis geliehenen Apparatur, einem physiologisch-technischen Ver-

Jochem Hendricks: *Augen Zeichnungen* (1992)

fahren unterworfen: Die Fotografien werden über ein Videosystem optisch fixiert (nicht: aufgenommen). Zu dem System gehört eine Apparatur, in die der Kopf des Probanden eingepaßt wird. Über Infrarotstrahlen werden die Augen des Probanden, hier also des Künstlers, angepeilt und ihre Bewegungen registriert. Während sich Hendricks zehn Minuten lang das selbstgemachte Fotoporträt des Freundes oder der Freundin ansieht, wird der Sehvorgang digital protokolliert. Was schließlich (tiefschwarzer Tintenstrahl auf weißem Papier) ausgedruckt wird, ist die Bewegung der Augen auf dem Porträtbild, in deren Protokoll – mit sämtlichen Ballungen und Schlenkern – das Gesicht des »Modells« wieder erscheint. So sind die Zeichnungen zwar doppelt oder dreifach technisch (Foto/Video/digitaler Prozeß), aber doch Ergebnis künstlerischer Wahrnehmung, genauer: Ergebnis einer Wahrnehmung, die vom Künstler an ein technisches System übereignet wird. Die Frage nach der tatsächlichen Ähnlichkeit mit dem Objekt kann vom Besucher nicht beantwortet werden, so wenig wie bei gemalten oder gezeichneten (letztlich ja auch bei fotografierten) Porträts von Menschen, die man nicht kennt. Drängender aber ist die – wohl kaum zu beantwortende – Frage, wie das, was oben als kunst- und sozialgeschichtliche Topologie (oder Klassifizierbarkeit) bezeichnet wurde, in die Gesichter hineinkommt. Sind es die Stereotypien der Modelle (und ihrer Lebenswelt), sind es tief gelernte Mechanismen (hier: des Künstlers), Physiognomien über Regelschaltungen der Augen zu entschlüsseln? Oder sind die Klassifizierbarkeiten, als Teil einer Sozialgeschichte »des Auges«, in die Medien eingegangen und kehren somit im Protokoll des Blicks wieder?

Der Bystander Eine Gruppe ASA (Association for Strategic Accidents) zeigt in einem ehemaligen Friseurladen in Ostberlin eine Ausstellung, die um die Rekonstruktion eines berühmten Mordfalls gruppiert ist: Kitty Genovese war am 13. März 1964 im New Yorker Stadtteil Queens auf dem nächtlichen Weg vom Parkplatz zur Haustür verfolgt, gejagt und schließlich ermordet worden. Die Rekonstruktion der Polizei ergab damals, daß 38 Menschen das Verbrechen aus erleuchteten oder dunklen Wohnungen heraus gesehen hatten, ohne direkt oder indirekt einzugreifen: ein Vorfall, der eine Publikationsflut zum Thema »bystander« ausgelöst hat, dem passiven Zeugen einer gewaltsamen Situation. Neben dem Fotoporträt der Ermordeten, einer Diaschau mit düsteren Bildern aus Berlin und vier großen Fotografien, die das Terrain der Tat aus verschiedenen Blickwinkeln zeigen, hat die Gruppe ASA sich die Mühe gemacht, die wissenschaftliche Literatur zum »bystander« über CD-ROM in der Bibliothek abzufragen und auszudrucken. Die gesamte Liste der Titel, mehrere hundert amerikanische Publikationen, ist im Ausstellungsraum unauffällig ausgelegt. Was im Dezember 1992 durch den Nachweis der Literatur demonstriert werden soll, ist, daß die Gaffer von Rostock ein Phänomen sind, dessen Unergründlichkeit durch die Masse der Publikationen bereits belegt sei. Auf den Bildern des Tatorts und dem Porträt von Kitty Genovese, das man mit leichtem warholesken Schauder dort sehen konnte, lastet das Wissen; also auch unser Wissen, daß das Wissen nicht hilft.

Suspension Den unteren Raum seiner Maisonette-Wohnung im multikulturellen Kreuzberg betreibt Rainer Borgemeister als Galerie. An einem Eröffnungsabend im Herbst letzten Jahres wurde die Künstlermeute, die dort einzutreffen pflegt, in Staunen versetzt. An der Rückwand der Galerie erschien gelegentlich, kurz und arhythmisch, ein weißes Bild, das sofort wieder im Unsichtbaren verschwand. Schlaue Köpfe wollten eine Projektion entdeckt haben, aber es war nicht möglich, einen Schatten auf das Bild zu werfen, wenn es in Erscheinung trat. Der Künstler, Andi Ginkel, machte aus der Technik kein Geheimnis: In die geöffnete Wand war ein Elektronenblitz eingelassen worden, und über der transparenten Platte, die der Blitz erhellt, war die Wand wieder verschlossen worden. Ähnlich wie Viola, der seine Videoprojektionen durch Objekte ergänzt, stand in der sonst leeren Galerie ein flacher, weißer Tisch-Kasten, dessen Seitenverhältnisse mit dem Bild-in-der-Wand identisch waren: ein verwegener Verweis auf die Banalität des Objekts und die Rätselhaftigkeit seiner Repräsentation.

Mit einem technologischen Schlenker nehmen alle drei Arbeiten Bezug auf die Frage, ob wir unseren Augen trauen können. Die Ausstellung zum Mord in Queens erweitert den Schauplatz um die Bibliothek. Die Wissenden werden eingereiht unter die voyeuristischen Zeugen. Die digitale Ordnung demonstriert die Verfügbarkeit des Wissens, das sich gegenüber den Bildern des Tatorts auftürmt wie eine skandalöse Tautologie. Die Augen-Zeichnungen von Jochem Hendricks geben dem Blick mehr Raum, technifizieren aber seinen Code. Gerade das digitale Protokoll offenbart das philanthropische Potential dieses Blicks. Was der Künstler sieht, ist nicht mehr künstlerisch. Technisch kodiert, ist es menschlich. Andi Ginkel behauptet nicht die Unmöglichkeit des Bildes als Software der Architektur, aber er macht sich einen Spaß aus der Relativität, mit der es anwesend ist. Das Auratische wird zerstückelt in Bruchteile von Sekunden. Alle drei Ausstellungen haben etwas Karges und teilen einen Zug von Vergeblichkeit. Es sind Versuche, jenes Unsichtbare sichtbar zu machen, das mit dem Sichtbaren wächst. Für Adornos *Ästhetische Theorie* galt: »Technifizierung, der verlängerte Arm des naturbeherrschenden Subjekts, entäußert die Kunstwerke dessen unmittelbarer Sprache.« An unmittelbare Sprache glauben diese Künstler nicht mehr; versuchten sie, sie hervorzubringen, käme unweigerlich Kunstgewerbe dabei heraus. »Technologische Gesetzlichkeit«, warnt Adorno, »drängt die Kontingenz des bloßen Individuums zurück, welches das Kunstwerk hervorbringt«: ASA, Hendricks und Ginkel fühlen offensichtlich keinen Auftrag, dieses Individuum zu personifizieren. Weder begeistern sich ihre Arbeiten für die technologischen Mittel, die sie benutzen, noch behaupten sie gewaltsam das Ende eines irgendwie Gemachten, der künstlerischen »Faktur«. Sie stellen sie jedoch zur Disposition. Die technische Komponente der Arbeiten zielt auf eine »unendliche Welt da draußen«, in deren Strukturen und Speichern so viele Fragen und Antworten aufgehoben sind, daß der Künstler glaubt, sie nicht mehr ignorieren zu können, ohne hinter sein Wissen zurückzufallen.

In den Akademien werden solche »Selbstverständlichkeiten« noch gepflegt. So begegnete das Rechercheteam eines Londoner Fernsehsenders in Dresden wackeren Malereistudenten, die sich meisterlich breitbeinig, im grauen Kittel, vor der Staffelei aufstellten: ganz die alte Schule. Es war diese Art unerschütterlichen Traditionsgebarens, das schon vor dem Ende der DDR sowohl in Leipzig als auch in Dresden praktische Kritik – oder eine als Kritik gemeinte aggressive künstlerische Praxis – herausforderte. Ein Foto dokumentiert die Performance *Herz Horn Haut Schrein* vom 3. Juli 1983: Neben zwei anderen Künstlern in gleicher Haltung sieht man Else Gabriel, aufgehängt an einem Metallgerüst, über Kopf und wie ein Paket verschnürt; die offensichtlich lärmende Gruppe umstellt von neugierigen Mitstudenten. Bei der Kunst, hatten die Studenten der Bühnenbildklasse von Günther Hornig gelernt, geht es nicht darum, Techniken zu lernen und dann meisterlich zu applizieren, sondern um eine authentische Haltung. Die Techniken müssen dann gefunden werden.[7] Als der Westen sich für sie öffnete, erkannte Else Gabriel bald, daß die in Art brut getauchte expressive Störung des Traditionsbetriebs sich überlebt hatte. Bereits zwei Jahre im Berliner Osten zu Hause, sah sie sich in der nun zumindest technologisch »westlichen« Gesellschaft mit einem »enormen Grad an Abstraktion« konfrontiert[8], die in den Maschinen aufgehoben ist und für die es keine Repräsentation mehr gibt. Wenn so viele Menschen – unter den Angeboten, sich ein Welt- und Selbstbild zuzubereiten – so große Mühe hätten, »ich« zu sagen, warum sollte sie als Künstlerin sich darüber hinwegsetzen und Spuren einer Erfahrung ausstreuen, die sich offensichtlich nicht mehr machen ließ?

Ein Buch mit altdeutschen Vor- und Zunamen aus den dreißiger Jahren benutzend, begann sie, eine Kartei von Namen zu erstellen, eine Gemeinschaft von Gezählten, die gänzlich individuell sind – weder Vor- noch Zunamen gibt es in der ganzen Kartei mehr als einmal – und die, wie sie es ausdrückt, deshalb auch »nichts gemeinsam haben«. Die Tausend überschreitend, wurde die Suche nach unfreiwilligen Doppelungen einem neuangeschafften Computer überlassen, der mit inzwischen drei Bildschirmen, zwei Rechnern, Drucker und Scanner den Gerätepark ausmacht. Das Namensregister vermittelt fälschlich den Eindruck, es handele sich um Verballhornungen: Bluotfried Keilhack, Sowa Bitze, Uschold Unfrücht und Brinno Quappenlever sind das virtuelle Personal des Namensbuchs, das in Else Gabriels Register Gestalt annimmt, ein Pool von somit »begonnenen« Biographien, unter denen mindestens eine – 617) Else Gabriel – deutlich Gestalt angenommen hat. Die 6000 immens prägnanten Namen (3000 Vor- und Zunamen), die sie kombiniert hat, kann sie selbst nicht mehr kennen.

Begeisterung für die digitalen Medien ist bei Else Gabriel nicht auszumachen. Für sie ist der Computer das, was er für den Direktor des Zentrums für

---

[7] Das Foto findet sich im Katalog *Autoperforationsartistik.* Nürnberg 1991.

[8] Gespräch des Autors mit Else Gabriel am 29. Juni 1993 in Berlin.

2816) Pantaleon Breker
2817) Gregor Ascher
2818) Fabricius Schnack
2819) Statius Schleifpfaffe
2820) Wiarda Bocking
2821) Bartela Eisenhart
2822) Seeba Mallmann
2823) Ulf Uppenkamp
2824) Lanbertus Garbe
2825) Bäbel Schurk
2826) Gelbard Luchterhand
2827) Boto Wollstreicher
2828) Chempfo Bletzer
2829) Wracchio Pläging
2830) Hovawib Zwanzig
2831) Hagustalt Rutsch
2832) Marscalc Blöchle
2833) Karin Morgenschweiß
2834) Focko Ißleib
2835) Susanna Nesensohn
2836) Leudgardis Kugel

(e.)Twin Gabriel: *Die Namen* (1991)

(e.)Twin Gabriel: Detail aus *Stätte der Begegnung* (1991). Nürnberg: Kunsthalle

Kunst und Medientechnologie in Karlsruhe auch ist, ein Werkzeug.[9] Absichtlich verharrt Gabriel im Status des Laien. Was sie sich ausdenkt, kann sie selbst nicht verwirklichen: sie erklärt es Ulf Wrede, der die Umsetzung mit ihr erarbeitet und ihr die Grenzen des Machbaren vermittelt. Um die ungleiche Künstlergemeinschaft zu etikettieren, ist sie auf den Namen (e.)Twin Gabriel verfallen, unter dem ihre Produkte in Ausstellungen zu finden sind.

So richtete (e.)Twin Gabriel in der Kunsthalle Nürnberg einen Raum ein, in dem sämtliche 3000 schwirrenden Biographien ausgelegt waren wie ein Heer. Sie fanden sich, gruppiert zu drei Regimentern, auf roten, schwarzen

[9] Heinrich Klotz: »Die Kunst in ihrer bisherigen Form wird durch den Computer nicht zum Abfall. Hier haben wir ein Stück kritischer Arbeit zu leisten. Wir können im ZKM erst einmal den Probelauf machen und sagen, daß wir sogar ein bißchen weiter gehen als alle anderen, was die instrumentelle Ausrüstung betrifft, wobei wir ganz besonders aufpassen müssen, den Werkzeugcharakter des Computers nicht zu verkennen. Ich glaube, daß man in der Richtung der Künstlichen Intelligenz so weit vorpreschen sollte, wie es nur irgendwie geht, aber man sollte sich von vornherein klar darüber sein, wenn man beispielsweise auf die Computergrafik setzt, daß der Standardcharakter immer wieder auftaucht. Es ist eben ein Pixel, das neben dem anderen steht. Das ist eine völlig andere Qualität, als wenn ich Malschichten homogen übereinanderlege. Ich setze nicht auf die Medientechnologien im Sinne der Ablösung dessen, was gestern Kunst war.« In: Florian Rötzer (Hrsg.), *Digitaler Schein. Ästhetik der elektronischen Medien.* Frankfurt: Suhrkamp 1991.

(e.)Twin Gabriel: *Stätte der Begegnung (Der tragbare Friedhof)* (1991). Nürnberg: Kunsthalle

und braunen Formen, halb Beet, halb Parkplatz.[10] Gabriels Arbeit, theoretisch produktlos, argumentiert mit der plastischen Kälte des Ready-mades.

V

Es ist schwieriger geworden, sich in alten Medien zurechtzufinden, ohne Klischees aufzusitzen. So bewegt sich der Maler Peter Halley in einer Tradition, die er in einer entscheidenden Phase seiner akademischen Entwicklung entschieden negierte: *color field painting.* Die »sinnträchtigen Formen, mit denen man Ryman, Marden, Newman und Rothko verbindet, wollte ich mechanisch erscheinen lassen, wie in einem Cartoon«.[11] Aber die ernsten Erwägungen waren stärker als der ikonoklastische Impuls, und Halley begann – ausgelöst durch die frappierende Ähnlichkeit seiner gemalten Gitter mit denen der Fenster seines Apartments im New Yorker East Village – seine noch suchende Malerei als unbewußte Repräsentation zu verstehen. Während sein Geschmack zweifelsohne geschult ist an der strengen amerikanischen Malerei der fünfziger und sechziger Jahre, sein akademisches Geschick an Matisse, seine persönliche Sozialisation sich vollzog in Mitteldistanz zur New Yorker Pop-art, stellt Halley seit Mitte der achtziger Jahre überzeugende Bilder her, die die Farbfeldmalerei als lebendiges Genre zeigen. Er ist damit extrem erfolgreich, sein spontaner Wechsel von einer prominenten Galerie zur anderen war im letzten Jahr ein New Yorker Skandal.

Die Herleitung planer Formen aus Gesehenem ist nichts wirklich Ungewöhnliches: Auch Ellsworth Kelly hat erhebliche Energie darauf verwendet zu beweisen, daß seine Pariser Arbeiten um 1950 nicht informelle Ahnungen waren, sondern Abstraktionen eines im Flanieren geschulten Blicks. Peter Halley allerdings wird entschieden auf einer Folie des Technischen interpretiert. Als »visuelle Objekte«, schreibt Michael Danoff im Katalog zur Ausstellung im Des Moines Art Center, wären seine Gemälde »pure Dekoration, wiesen sie keine metaphorische Resonanz auf«: als Zellen, Leitungen, Schaltungen. Ginge es bei Peter Halley im schlichteren Sinn um die Abbildung mikrotechnischer Details, wäre seine Malerei gefangen in der verführerisch-erschreckenden Referentialität der Pop-art. Die elektronische Apologie ist kein Schlüssel zu seinem leuchtenden, vertrackten Serienwerk. Seine Malerei steht, wie gute moderne Malerei zuvor, recht einsam in den zugigen Fluren der Sinnproduktion. Diese Bilder haben etwas aufgesogen, und sie geben es nicht mehr her.

Halleys Bilder sind so grell wie die Wände östlich der First Avenue, aber präziser. Nicht so präzise wie die Tür eines Bunkers, aber dafür atmen sie. Ihr Genre ist altmodisch, ihre Aura zeitgenössisch. Im fürstlichen Museum wären sie nicht denkbar gewesen, weil sie nichts darstellen und nicht ge-

---

10 Das Material sind Kofferecken aus Vulkanfiber, mit Klebern stabilisierte Schichten von Papier. Das Produkt gab es in der DDR, es wird aber auch in Japan in Massen hergestellt.

11 Peter Halley, *Paintings 1989–1992* (Katalog). Des Moines 1992.

Peter Halley: *Total Recall* (1990). Köln: Jablonka Galerie (Foto: Steven Sloman)

rahmt sind. Im modernen Museum haben sie ihren Platz, weil sie den Diskurs, was Malerei noch sein kann, bildhaft fortführen. In einem imaginären oder wirklichen Museum der Zukunft, das Videoinstallation, Leuchtschriften, Fotografien einschließt, wären sie mühelos zu plazieren, weil sie die Macht des Gemalten in einem technischen Kontext eindringlich hypostasieren. Daß Halleys Apologeten seinen Gemälden ein technologisches Sujet unterschieben, um seine Bedeutung zu unterstreichen, könnte allerdings eine Warnung sein.

Jörg Lau

Medien verstehen

Drei Abschweifungen

Per Anhalter durch die Gutenberg-Galaxis

In einer jener Fachzeitschriften, in welchen es einzig darum geht, wie du dich an die zauberischen Datenströme anschließen kannst, die dort draußen rauschen, sich verzweigen, angezapft und umgeleitet werden, findet sich ein Faltblatt mit einer merkwürdigen Collage. Darauf ist ein Mann zu sehen, der an einem überdimensionalen Bildschirm arbeitet, auf dem man die Buchstaben »THE WALL ST« lesen kann; neben ihm neigt sich einer dieser prallen Monitor-Bäume, wie sie in den großen Börsen stehen. Eine Index-Kurve mit steil nach oben weisendem Ende springt aus dem Bildschirm auf eine weitere Bildebene über, eine Weltkarte, die von Managern in grauen Anzügen bevölkert wird. Ein Hochgeschwindigkeitszug rauscht aus der Tiefe des Monitors links an dem verloren dreinschauenden Programmierer vorbei ins Off. Im Rücken des Mannes türmen sich derweil überdimensionale Münzen zu einer Skyline; oben rechts über seinem Kopf hebt ein Düsenjet ab, aus dessen Bauch Banknoten aus aller Herren Länder regnen.

Ein Textstreifen am unteren Rand gibt der wunderlichen Szenerie entfesselter Apparate folgende Deutung: »Diese Möglichkeiten stehen Ihnen jetzt zur Verfügung. *Für nur 8 Mark im Monat!* Sie können Bankgeschäfte von Zuhause aus erledigen. Die aktuellen Börsenkurse abfragen. Rund um die Uhr per PC einkaufen. Zugfahrpläne und Flugpläne 24 Stunden am Tag einsehen. Sie haben Zugriff auf ein riesiges Angebot an Online-Datenbanken in aller Welt. Sie können Veranstaltungs- und Kulturhinweise sowie die neuesten Nachrichten aus aller Welt jederzeit auf ihren Bildschirm bekommen. Mit den Möglichkeiten der modernen Telekommunikation wichtige Kontakte knüpfen. Und, wenn Sie möchten, können Sie sich sogar nach getaner Arbeit z. B. bei einer schönen Partie Online-Schach entspannen.«

Das Bild, wundert sich der Betrachter, soll also die ubiquitäre Verfügungsmacht illustrieren, die der »online« vernetzte Computer seinem Benutzer bringt. Daß dies so gründlich danebengeht und man statt eines lässigen *global player* einen überforderten kleinen Programmierer sieht, dem die Insignien der Hypermoderne um die Ohren fliegen, ist allerdings nicht allein dem individuellen Ungeschick des anonymen Werbegrafikers zuzuschieben: Den Wunschtraum souveräner Kontrolle zu illustrieren, mit dem der Online-Service dich in sein Netz locken will, das ist eine Aufgabe, an der heutzutage (Risikogesellschaft!) auch größte Talente scheitern müssen. Schier unmöglich, daß dabei etwas anderes herauskommt als die Karikatur eines brenzligen Kontrollverlusts.

Bleiben wir noch ein wenig bei dem Werbeblatt, das »rund 3.000 Online-Möglichkeiten für Ihren PC« verspricht. In seinem Inneren sind immerhin einige davon genauer ausgeführt, und die Mischung ist erstaunlich. So lassen sich etwa die Interventionschancen in der ostdeutschen Wirtschaft vom Schreibtisch aus überblicken: »Daß es in den fünf neuen Bundesländern bergauf geht, darum bemüht sich die Treuhandanstalt. Mit der Treuhand-Datenbank haben Sie Zugriff auf alle Daten ihrer Firmen.« Nicht nur die internationale Geschäftswelt (»über 8500 Biographien der wichtigsten Manager in Europa – damit Sie wissen, mit wem Sie es zu tun haben«), auch »das Wetter gibt Ihnen alle Geheimnisse preis, wenn sie ›online‹ sind«. Hochkulturelle Bedürfnisse (»Kunst-Galerie mit elektronischen Bildern«) müssen ebensowenig zurückstehen wie der Wunsch nach harmloser Entspannung: »Las Vegas – auch ›online‹ steht dieser Name für großen Spielspaß. Nehmen Sie Platz für eine Partie ›Black Jack‹, trainieren Sie Ihr Gehirn mit ›Kniffel‹ oder fliegen Sie mit Captain Kirk durch die unendlichen Weiten des Weltraums.«

Genug damit, es wäre eine allzu leichte Übung, sich über ein solches Durcheinander zweifelhafter Errungenschaften zu mokieren. Man verfällt dabei überdies leicht in eine schematische Medienkritik, wie sie immer wieder von Verfechtern alter gegen neue Medien vorgebracht wird. Nehmen wir ein neueres Beispiel: »Wenn man nur nicht mehr von ›Medien‹ spräche, sondern von einem elektronischen Schaugewerbe, das seinem Publikum die Welt in dem äußersten Illusionismus, der überhaupt möglich ist, vorführte.« Es ist natürlich Botho Strauß, der hier spricht. Der Besinnungsaufsatz im *Spiegel* (8. Februar 1993), aus dem der Satz stammt, war ein mittelgroßes Medienereignis. Was die Kollegen in den Feuilletons auf die Palme brachte, war vor allem Strauß' Spiel mit dem politischen Code rechts/links (»links« – »das Fehlgehende«; »der Rechte – in der Richte«). Das war nun gerade nichts Neues, denn in seinem Nachwort zu George Steiners *Von realer Gegenwart* (1990) hatte Strauß denselben Trick schon mit einem anderen Begriff versucht, ohne damals weiter Aufmerksamkeit zu erregen: »Der Reaktionär ist eben nicht der Aufhalter ... – er schreitet im Gegenteil voran«. Bei seinem zweiten Anlauf bekam Strauß, der, wie der *Spiegel* nicht zu betonen vergaß, konsequent den Auftritt in der Öffentlichkeit meidet, den gewünschten Rummel. Allerdings zu einem hohen Preis. Strauß opferte seiner offenbar maßlosen Eitelkeit den letzten Rest intellektuellen Kredits: die offene Barbarei der rechtsnationalen Kriminalität gegen Ausländer und Asylbewerber war ihm ein willkommener Anlaß, seine unsinnige Laien-Anthropologie über den heiligen Ursprung von Rassismus und Fremdenfeindlichkeit (»›gefallene‹ Kultleidenschaften, die ursprünglich einen sakralen, ordnungsstiftenden Sinn hatten«) unters Volk zu bringen.

Trotzdem darf man getrost die ideologiekritischen Instrumente sinken lassen, denn es ist kaum zu befürchten, daß solche Konservative Revolution für Klippschüler bleibenden Schaden anrichtet. Da sind nämlich, einem Himmel voller Satelliten sei Dank, MTV, Eurosport, Arte, RTL, Premiere und all die anderen magischen Kanäle vor. Und hier liegt denn auch der Kern der Sache: Der Straußsche *Anschwellende Bocksgesang* ist ja vor allem ein neiderfüllter Reflex eines Schriftgläubigen, eines Gutenbergianers, auf die Magie der neuen Medien. Daher der ganze Schmonzes über die »Schande der modernen Welt«, die nicht in der »Fülle ihrer Tragödien« bestehe, sondern im »unerhörten Moderieren« und »unmenschlichen Abmäßigen der Tragödien in der Vermittlung«. Schaut man den Text genauer an, bleibt nichts als verkniffenes Ressentiment, das auch das merkwürdig Muffige und Stubenhafte des Straußschen Stils erklärt, der so gar nicht zu der angestrebten Präzeptorenrolle paßt: »Das mediale Pokerface und die verzerrte Visage des Fremdenhassers bilden den politischen Januskopf – denn alles im Politischen läßt sich seitenverkehrt in einem Kopf vereinen.« Wirklich? Im Kopf dieses »Abgesonderten« allerdings, wie beliebige Zitate belegen: »Das Regime der telekratischen Öffentlichkeit ist die unblutigste Gewaltherrschaft und zugleich der umfassendste Totalitarismus der Geschichte.« Die Talkshow, wäre dann wohl sinngemäß zu ergänzen, ist das ständige Revolutionstribunal dieser telekratischen *terreur,* und Alfred Biolek ihr Fouquier-Tinville ...

Die linke Medienkritik hat ein anderes Leitmotiv – den Inhaltismus. Halten wir uns an Bertolt Brecht als berühmtesten und einflußreichsten Exponenten dieser Linie, seine Argumente sind exemplarisch. Das Radio schien Brecht zunächst eine »sehr schlechte Sache« zu sein, weil den neuen Verbreitungsmöglichkeiten keine neuen Inhalte entsprachen. Durch den »kolossalen Triumph der Technik«, schrieb er 1927, würden nun »Wiener Walzer und ein Küchenrezept endlich der ganzen Welt zugänglich«. Und noch 1932, als er schon die Möglichkeit der Umfunktionierung des Radios von einem Distributionsapparat in einen Kommunikationsapparat in Erwägung zog, spöttelte Brecht: »Man konnte in diesem akustischen Warenhaus lernen, auf englisch bei den Klängen des Pilgerchors Hühner zu züchten, und die Lektion war billig wie Leitungswasser.« Der Befund war vernichtend: »Man hatte plötzlich die Möglichkeit, allen alles zu sagen, aber man hatte, wenn man es sich überlegte, nichts zu sagen.«

Schon das Radio, nicht erst das Fernsehen ein »Nullmedium«? Es hat einen Beigeschmack von Borniertheit, wenn Gutenbergianer – und als solcher spricht Brecht hier – so über die ungelenken ersten Schritte der jeweils neuesten Medien herziehen. Dabei fällt nämlich die schlichte Tatsache unter den Tisch, daß das alte Medium der Typographie, um das sich ihre Kaste sammelt, auch einmal ein neues war und – ebenso wie spätere Mediengenerationen – zu Beginn seiner sozialen Implementierung einer Phase anarchischen Ausprobierens ausgesetzt war. Man jagte – verblüffende Parallele zu unserem Gebrauch der neuen »magischen Kanäle« (Marshall McLuhan) – schlichtweg alle greifbaren Daten durch die Druckerpresse, als könne dieses »letzte und zugleich größte Geschenk Gottes« (Martin Luther) durch bloße Berührung Dreck in Gold verwandeln.

Johannes Gutenberg hatte seine Maschine nicht erfunden, weil er etwas Neues zu sagen hatte. Ein letztes Mal mit Brecht gesprochen: »Nicht Rohstoff wartete auf Grund eines öffentlichen Bedürfnisses auf Methoden der Herstellung, sondern Herstellungsmethoden sahen sich angstvoll nach einem Rohstoff um.« Der Satz aus der Rede *Der Rundfunk als Kommunikationsapparat* (1932) paßt schon auf die Druckerpresse als Kommunikationsapparat, wie die Forschungen des Medienhistorikers Michael Giesecke zeigen: Folgende Vorrede wider den »vberflussz der buecher« gab der Mainzer Domherr Bernhard von Breydenbach im Jahr 1486 seinem Buch über eine *Reise ins Heilige Land* mit: »gelert vnd ungelert schriben gedicht vn[d] machen bucher das kleffig alt wib. der synnloß alt man. der swetzig sophist. ja all me[n]schen vermessen sich zuo schriben. zuo rysszen die geschrift. vnd wollen anderen sagen daz sie selber nit wissen noch verstan«.[1]

Aus unserer Sicht mag die Klage des Domherrn ziemlich übertrieben scheinen, wenn man an die noch weitgehend schichtenspezifische Alphabetisierung – den Kabelanschluß jener Tage – denkt; aber vom Turm des Mainzer Doms aus gesehen war das in Büchern kursierende Laiengeschwätz das Zeichen einer sozialen Umwälzung mit bedrohlichen Folgen. Am Ende würde noch jeder »in die gemein geben« – veröffentlichen –, was ihm gerade so durch den Kopf geht, und womöglich würden die Leute an dieser gedruckten Talkshow Gefallen finden ... (Bernhard von Breydenbachs Reisebuch war übrigens samt kulturkritischer Vorrede ein voller publizistischer Erfolg und erzielte zahlreiche Auflagen in Lateinisch, Deutsch, Französisch und Spanisch.)

Gutenberg hatte bei den Experimenten, aus denen das Typographeum, das textverarbeitende System der Druckwerkstatt, hervorging, nicht in erster Linie die schnelle und günstige Vervielfältigung vor Augen, die später seinen Ruhm ausmachen sollte. Gutenbergs Ziel war – anders, als es die Legende vom wissenschaftlichen Pionier der Neuzeit will – eine neue »ars artificialiter scribendi«: Er wollte eine Schönschreibmaschine entwickeln, die das mittelalterliche Skriptorium samt Schreibrohr, Griffel und Feder überflüssig machte. Gutenberg konzentrierte sich darum bei seinen Versuchen auf die Heilige Schrift statt auf leichtere, verkaufsträchtigere und publikumswirksamere Werke wie Kalender oder Lehrbücher. »Um die Überlegenheit der *›nova ars scribendi‹* vor aller Augen zu demonstrieren«, so Michael Giesecke, »war die ›Reproduktion‹ desjenigen Werkes, welches die Identität der mittelalterlichen europäischen Kultur wie kein anderes bestimmt hatte, gerade gut genug.«

Es dauerte seine Zeit, bis sich die Erkenntnis durchsetzte, daß nicht eigentlich die Schönheit der gedruckten Lettern, sondern ihre identische Reproduzierbarkeit der springende Punkt der neuen Kunst war: »Noch 1485 werden alle Exemplare der ersten Ausgabe des Regensburger Meßbuches von mehreren Geistlichen einzeln mit der Druckvorlage verglichen. ›Es ergab sich wie durch ein Wunder Gottes, daß in den Buchstaben, Silben, Wörtern, Sätzen, Punkten, Abschnitten und anderem, was dazu gehört, der Druck bei allen Exemplaren und in jeder Hinsicht mit den Vorlagen unseres Domes übereinstimmte. Dafür danken wir Gott.‹«

---

[1] Zitiert nach Michael Giesecke, *Der Buchdruck in der frühen Neuzeit. Eine historische Fallstudie über die Durchsetzung neuer Informations- und Kommunikationstechnologien.* Frankfurt: Suhrkamp 1991.

Die Episode ist auf den ersten Blick amüsant, auf den zweiten Blick aber eher beunruhigend, bringt sie doch die Möglichkeit ins Spiel, daß wir im Verständnis *unserer* neuen Medien noch vor jenem Punkt stehen könnten, den die Regensburger Domherren durch ihr Experiment mit großem Staunen erreichten: Gibt es nicht einige Hinweise darauf, daß wir mit unseren Mutmaßungen über die Nützlichkeit des Computers oft ziemlich daneben liegen und gar nicht recht wissen, welche Informationen für die digitale Datenverarbeitung taugen und welche nicht? Die komplette Ausgabe der *Süddeutschen Zeitung* im Online-Service etwa mag kommenden Generationen von Hakkern auf ihrem Weg durch vergessene alte Speicher durchaus als unsinnige Verschrobenheit des späten Gutenbergianismus erscheinen. Und was werden sie erst denken, wenn sie auf folgende Werbebotschaft der »1&1 Telekommunikation GmbH« aus dem Jahr 1993 stoßen: »Memory. Wer hätte gedacht, daß Memory, das beliebte Spiel aus früher Jugend, auch gestandenen Geschäftsleuten so viel Spaß machen kann! Die Firma SONY bietet neben Produktinformationen auch eine Online-Variante dieses Spiels namens MEMO an. Es gilt, diverse Farbfelder und den SONY-Schriftzug richtig zusammenzusetzen.« Schließlich, gleich nebenan, ein attraktives Angebot von höchster Stelle: »Ein Online-Anbieter der ersten Stunde ist der Deutsche Bundestag. Hier findet der politisch Interessierte z. B. aktuelle Informationen zu Bundestags- und Ausschußsitzungen, Biographien der dem Bundestag angehörenden Politiker sowie einen elektronischen Briefkasten für konkrete Anliegen an die Volksvertreter.« Schwer vorzustellen, daß die Volksvertreter an solcher elektronischen Beschleunigung der Leserbriefschreiber-Nörgelkultur lange Freude haben werden.

Zu unbekannten Oberkommandos unterwegs

Wann genau ich Silke kennengelernt habe, weiß ich nicht mehr. Es muß aber so um die Mitte der achtziger Jahre gewesen sein, als an unserer Universität das Institut für Theater-, Film- und Fernsehwissenschaft eingerichtet wurde. Silke hatte damals gerade einen Lehrauftrag für einen Einführungskurs in Medientheorie erhalten, was nur auf den ersten Blick nicht ganz ihrer Qualifikation entsprach, denn ihre literaturwissenschaftliche Dissertation handelte von der unglücklichen Liebeskorrespondenz eines vergessenen Schriftstellers der Jahrhundertwende. Silke hatte das Unglück dieser Korrespondenz allerdings nicht »alteuropäisch« (das Wort kam ihr nicht ohne milde Verachtung über die Lippen) aus der Konstellation der beiden schreibenden Subjekte – des wilhelminischen Poeten und seines grausam unentschiedenen Geliebten – rekonstruiert, sondern direkt aus der medialen Struktur des Briefverkehrs selber, aus dem »Wesen des Postalischen«, wie sie es nannte.

Damals waren die fortgeschrittenen geisteswissenschaftlichen Kader in Gruppen zerfallen, die ziemlich unvereinbar schienen – man verteilte sich auf die vier großen Totems Diskurs-, System-, Medientheorie und Dekonstruktion; wenn es darum ging, eine Position als ganz und gar gestrige zu brandmarken, waren sich jedoch alle einig: Ich erinnere mich, von allen Parteien, begleitet von einer Mimik äußersten Degouts, in Debatten den Ausruf »Das ist ja Subjektphilosophie!« vernommen zu haben. Entsprechend war die Bewunderung, auf die Silkes Dissertation seinerzeit stieß, denn sie hatte ihre Theorie des postalischen Unglücks, die mit den Vokabularen von Medientheorie und Dekonstruktion gespickt war, von allen Reminiszenzen an die schreibend-leidenden Subjekte peinlichst gereinigt: »Weil die Beziehung der Körper nicht aufhört, sich nicht zu schreiben, hört der Brief nicht auf, sich zu schreiben. Nie kommen Schrift und Körper zu rechter Zeit zusammen. Um diese rechte Zeit kreist alles und nicht nur die Post. Denn was wäre sie anderes als der eucharistische Augenblick, in dem die *différance* des Zeichens gelöscht würde – heiliger Moment der Transsubstantiation des Zeichens in das, was es gerade noch bezeichnet hat: den Leib?« (Ob es bei dieser »Eucharistie« um Sex geht, habe ich bis heute nicht herausbekommen.)

Daß es im Wilhelminismus keine brauchbare Semantik für das schwule Begehren gab, spielte schließlich bei dieser Deutung des schwermütigen Briefwechsels ebensowenig eine Rolle wie die hochstilisierten psychischen Idiosynkrasien der Beteiligten: Die niemals zu schließende Kluft des Zeichenprozesses, der semiotische Graben, den Jacques Derrida *différance* genannt hatte, ließ die beiden Liebenden also zueinander nicht kommen! In Silkes Worten: »Weil es in jedem Zeichen die Post gibt, kommt kein Brief an in einer Zeit, die Zeichen und Körpern gemeinsam wäre; er bleibt stecken oder wird asymptotisch endlos auf die Absenz der Absenz hin fortgeschrieben. Geht der Limes der Differenz von Zeichen und Körper gegen null, läuft die Produktion von Schrift gegen unendlich.«

Aber halt, es geht hier nicht um jene Dissertation, deren Coolness uns seinerzeit beeindruckte, sondern um ein ziemlich schwatzhaftes Partygespräch. Es hatte damit angefangen, daß sich ein nicht ganz ernster Streit an der Frage entzündete, ob die Knorr-Familie aus der Fernsehwerbung als naive Verherrlichung des kleinbürgerlichen Familialismus zu verstehen sei oder ob in den Spots nicht vielmehr eine kaum noch ironisch zu nennende, offene Demontage des Patriarchats beziehungsweise des Phallogozentrismus betrieben werde.

Eben hatte die letztere Ansicht durch meine akribische Detailanalyse der weitgehend entmachteten und immer wieder symbolisch gedemütigten Figuren Sohn, Vater und Großvater Knorr die Oberhand gewonnen, als sich Silke einmischte und unseren recht flotten fernsehsemiotischen Analysen »beispiellose medientheoretische Naivität« attestierte. Wer glaube, daß Medienwirkungen auf der Ebene von Programmen und Inhalten zu diskutieren seien, sei ein hoffnungsloser Romantiker der Gutenberg-Galaxis und gebe sich gleichzeitig als Analphabet der neuen Medien zu erkennen. Eine Freundin, die sich lebhaft auf seiten der Subversionsthese an dem Gespräch beteiligt hatte, gab barsch und etwas beleidigt retour: Silke könne sich, da sie »bekanntlich kein Fernsehgerät besitze«, über derart haarfeine Indikatoren eines Mentalitätswandels in Fragen der Geschlechtsrollen überhaupt kein Urteil anmaßen. Dieses Outing der designierten Dozentin löste heiteres Erstaunen aus, aber die Angegriffene schien nur auf das Argument gewartet zu haben: Wer das Fernsehen verstehen wolle, müsse sich vom Empfangsgerät – Silke benutzte das Wort »Endstufe« – fernhalten. Die Wirkung des Fernsehens sei, wie die Medientheorie seit Jahrzehnten gezeigt habe, schlichtweg unabhängig von seinem Programminhalt. *Was* gesendet werde, sei völlig gleichgültig; entscheidend sei letztlich allein das *Wie,* also die mediale Struktur als solche. »Programm« und »Inhalt« – irreführende Metaphern im übrigen – seien, wie seit Marshall McLuhan bekannt sein dürfte, mit dem Stück Fleisch vergleichbar, das der Einbrecher bei sich führt, um den Wachhund abzulenken.

Nun war kein Halten mehr, Silke gab eine Kostprobe ihres Einführungskurses: Michel Serres' Theorie des Parasiten zufolge bedeute Kommunikation eine Selektion aus dem chaotischen Rauschen der Welt und gleichzeitig die Vermehrung ebendieses Rauschens; nach Hans Magnus Enzensberger sei das Fernsehen ein »Nullmedium«, eine buddhistische Meditationsmaschine zur Abschaffung aller Inhalte; Friedrich Kittler habe bewiesen, daß die Botschaften oder Inhalte nur eine Seelen-Staffage für die Dauer einer Technikepoche seien, während die Schaltungen bestimmten, was überhaupt wahrgenommen werden könne; es komme also darauf an, sich die Sinne von den Ausflüssen der Endstufen nicht betäuben zu lassen und gewissermaßen den dahinter verborgenen Schaltplan selber zu erspüren ...

Ich kann Silkes Referat in seiner romantischen Sprunghaftigkeit nicht angemessen wiedergeben. Es ließ mich mit dem Gedanken zurück, daß ein Hauptgrund für den Erfolg jenes Satzes, daß das Medium die Botschaft ist – einst ein Artikel ersten Ranges auch in meinem intellektuellen Credo – ganz abseits seines medienphilosophischen Gehalts liegt; die Beliebtheit dieses schon leicht angestaubten Aperçus, dachte ich, kommt womöglich daher, daß es Ignoranz im Reden über die Medien nicht nur sanktioniert, sondern geradezu zur Tugend erhebt. Und umgekehrt: Wer zu erkennen gibt, daß er weiß, »was läuft«, hat sich damit schon fast diskreditiert. Wenn das Medium selber die Botschaft ist, hat so mancher zum Medientheoretiker umgeschulte Germanist oder Philosoph erleichtert gefolgert, muß ich seine Botschaften gar nicht erst zur Kenntnis nehmen.

»Unsere Kultur beginnt sich langsam als ein System zu verstehen«, schreibt Michael Giesecke, »welches Informationen gewinnt, verarbeitet, reflektiert und anwendet und welches dabei auf materielle Medien angewiesen ist.« Einer der einheimischen Theoretiker der neuen Medien hat dieses Verständnis in selbstbewußten, programmatischen Worten formuliert: »Medien bestimmen unsere Lage, die (trotzdem oder deshalb) eine Beschreibung verdient.« Friedrich Kittler, von dem dieser Satz stammt, seit *Aufschreibesysteme* (1985) und *Grammophon – Film – Typewriter* (1986) einer der Protagonisten der Medientheorie hierzulande, ist freilich nicht seiner Beschreibungskunst wegen berühmt geworden. Man hat ihn einen »Geschichtsphilosophen der Medientechnik«[2] genannt, was die Sache schon eher trifft. Die Attraktivität

2 Vgl. dazu die Kritik von Thomas Steinfeld im *Merkur,* Nr. 483, Mai 1989.

seiner Texte rührt allerdings, wie mir scheint, weniger von ihrem geschichtsphilosophischen Gehalt her als von ihrem – mittlerweile Schule machenden – speziellen Sound, und der klingt etwa so: »Technologien aber, die die Schrift nicht bloß unterlaufen, sondern mitsamt dem sogenannten Menschen aufsaugen und davontragen, machen ihre Beschreibung unmöglich. Mehr und mehr Datenströme vormals aus Büchern und später aus Platten oder Filmen verschwinden in den schwarzen Löchern oder Kästen, die als künstliche Intelligenzen von uns Abschied nehmen, zu namenlosen Oberkommandos unterwegs.«

Der bekannte Einwurf, wer so spreche, begebe sich stracks in die Fänge eines Selbstwiderspruchs, gleitet an Kittlers nonchalant vorgetragenem Posthumanismus kalt ab. Man sollte sich nicht unnötig mit der epistemologischen Frage aufhalten, woher denn der Autor, der sich doch selber der Schrift als Medium bedient, wissen könne, wie es sich mit jenen Medien verhält, die »die Schrift unterlaufen«. Dieses Paradox der Kittlerschen Rede von den Medien ist alles andere als unbeabsichtigt; es wird, glaube ich, bewußt als Stilmittel zur Erzeugung theoretischer Fantasy-Literatur eingesetzt.

»Die phantastische Kunst ist«, wie Lars Gustafsson in einem Essay über Piranesis *Carceri d'invenzione* und Jules Vernes Romane formuliert hat, »ein gefährliches, ein menschlich bedrohliches Milieu. Sie stellt die kälteste aller ästhetischen Klimazonen dar.« Sie zeigt die Welt »als einen Ort, wo der Mensch nicht zu Hause ist, wo er aus Versehen gelandet ist und dessen Anordnungen und Triebkräfte er deshalb auch nie verstehen oder überblicken wird.« Diese Kälte des phantastischen Klimas zieht den Betrachter/Leser an, »obwohl er in seinem Herzen meint, er gehöre in die warmen, lebendigen Landstriche der Vernunft, der Ideologien, des Handelns«. Das Phantastische in der Literatur besteht nach Gustafsson nicht in der Herausforderung an das Wahrscheinliche, sondern in der Herausforderung an die Vernunft selbst: »Das Phantastische in der Literatur besteht letztlich darin, die Welt als *undurchsichtig,* als der Vernunft prinzipiell unzugänglich darzustellen.«

In diesem Punkt steht die Kittlersche Rede von der völligen Opazität der Medientechnik der literarischen Phantastik zwar an Radikalität nicht nach: »Medien zu verstehen, bleibt – trotz *Understanding Media* im Buchtitel McLuhans – eine Unmöglichkeit, weil gerade umgekehrt die jeweils herrschenden Nachrichtentechniken alles Verstehen fernsteuern und seine Illusionen hervorrufen.« Allerdings fehlt mir bei solcher Prosa, bei allem Kälte-Reiz, dann doch jenes Element besessener Sachlichkeit und sinnlicher Detailfreude, mit dem ein phantastischer Künstler wie Jules Verne mich auf der Reise in die ästhetischen Extremzonen entschädigt. Und da halte ich mich am Ende doch lieber an die echte Fantasy, denn an Bord von Kapitän Kittlers Raumschiff fehlen die Plüschsofas, die Kronleuchter und die exotischen Mahlzeiten aus Meeresfrüchten, die die Reise mit der Nautilus erträglich machten.

Szene mit intelligenten künstlichen Lebewesen

Kürzlich war ich zum ersten Mal auf einer jener Veranstaltungen, wie sie sicher auch gerade jetzt wieder, in diesem Moment, überall dort draußen zwischen Bielefeld und Berkeley mit Grußworten anheben, in der Tagesordnung fortfahren und schon wieder erlöschen. Der englische Schriftsteller David Lodge, er verfügt über einschlägige Erfahrungen aus seiner Zeit als Literaturwissenschaftler, hat den Lockruf des Konferenzwesens sehr treffend beschrieben: »Gewiß, bestimmte Bußübungen sind zu absolvieren, so muß vielleicht ein Vortrag gehalten, müssen ganz gewiß Vorträge angehört werden. Doch unter diesem Vorwand reist du zu neuen und interessanten Orten, lernst neue und interessante Leute kennen, knüpfst neue und interessante Kontakte, tauschst Klatsch und Vertraulichkeiten aus (denn deine abgegriffenen Histörchen sind für die anderen Tagungsteilnehmer neu und reizvoll und vice versa), ißt, trinkst und vergnügst dich Abend für Abend in ihrer Gesellschaft – und gerätst trotzdem, wenn alles vorbei ist und du wieder zu Hause bist, in den Geruch, ein ganz besonders seriöser Zeitgenosse zu sein.«[3]

Bei der hier in Rede stehenden Tagung nun ging es nicht, wie bei dem altmodischeren Typus, um irgendeinen Autor oder eine Epoche, sondern, unter dem suggestiven Titel »Wege aus der Gutenberg-Galaxis«, um eine »Ästhetik der Neuen Medien«. Die Veranstaltung versammelte, um der Herausforderung des sehr allgemein gefaßten Themas zu begegnen, einen interdisziplinären Kreis aus Künstlern, Schriftstellern, Philosophen, Computerforschern, Verlegern sowie Zeitungs-, Funk- und Fernsehjournalisten.

Zum Auftakt gab es eine Einführung in die Chaostheorie, vorgetragen von einem Philosophen, der die Anwesenden mit einem launigen »Liebe Chaotinnen und Chaoten« begrüßte. Der Grundgedanke des Vortrags war, daß man dank der Erkenntnisse der Chaosforschung von dem alten Zwang, das Chaos als starren Gegensatz zur Ordnung zu denken, glücklich enthoben sei. Der Redner selber machte, bis auf seine wirre Frisur, einen recht wohlorganisierten Eindruck. Man müsse sich bewußt werden, daß die uns bekannte Sphäre deterministischer Ordnung nur eine winzige Insel im Meer des Chaos sei. Ein schönes Bild, das auch insofern einleuchtete, als die Tagung auf einer kleinen vorgelagerten Insel stattfand und man in den Redepausen das entfernte Rauschen des Meeres hören konnte. Das Chaos, der Urgrund der Ordnung, könne von ihr niemals ganz bewältigt werden, sondern bleibe ihr ständiger Begleiter. Es gelte, in der Ordnung das Chaos sehen zu lernen und im Chaos die Ordnung, nach dem Vorbild der fraktalen Geometrie des Mathematikers Benoît Mandelbrot. Für den heutigen postmodern-unübersichtlichen Alltag in den großen Städten erweise sich derjenige als tauglich, der sich mit der Unvorhersehbarkeit des Lebens ironisch zu arrangieren vermöge. Da nach der berühmten »Butterfly-Theorie« bekanntlich winzige Auslöser – der Flügelschlag eines Schmetterlings – enorme Auswirkungen zeiti-

3 David Lodge, *Small World. An Academic Romance,* bei der Übersetzung zu *Schnitzeljagd. Ein satirischer Roman* (München: List 1985) entstellt.

gen könnten – ein Orkan am anderen Ende der Welt –, stehe die Unmöglichkeit, die Zukunft zu imaginieren, nun ein für allemal fest. Eine Ausnahme mußte der Redner dann aber gleich selber machen: daß die abendländische Vernunft samt dazugehörigem Subjekt endgültig verschwinden werde, wenn die Menschen erst gelernt hatten, sich dem allgemeinen Gewirbel mit Lust hinzugeben, das war so sicher wie das Amen in der Kirche.

Zum Abschluß des Vortrags führte der Redner einige Dias mit Abbildungen fraktaler Computergrafiken vor. Der Hinweis, daß die gezeigten Gegenstände – Berglandschaften im Nebel, bizarre Grotten, Sonnenauf- und -untergänge – nur Simulationen seien, die als Darstellungen von Rechenformeln direkt aus einem Elektronenhirn entsprungen seien, war beruhigend für alle, die den Vormarsch der künstlichen Intelligenz fürchten: Auch die Maschinen lieben Caspar David Friedrich.

Dann sprach ein weiterer Professor der Philosophie über »Digitalisierung, Virtualisierung, Derealisierung«. Der Unterschied zwischen einem computergesteuerten Videospiel, einer Bomberflugsimulation und dem »wirklichen« (ironische Betonung) Steuern eines Flugzeugs sei heute für den Piloten hinter der Windschutzscheibe oder vor dem Bildschirm immer unerheblicher: »Nur im Unfall, also im Aufprall der Körper aufeinander, scheint der Unterschied zwischen Simulation und Wirklichkeit noch auf.« Diese Unterscheidung ist dann allerdings, ergänzte ich den Professor in Gedanken, schon gar nicht mehr die Sache der armen Piloten, sondern betrifft – außer natürlich Epistemologen und Ontologen – wohl eher ihre Witwen. Ich stellte mir den Professor vor, wie er den Hinterbliebenen der mit der Wirklichkeit kollidierten Piloten die relative Bedeutungslosigkeit des Unterschieds von Realität und Simulation verständlich zu machen versucht – eine würdige philosophische Herausforderung. Dann fiel mir ein, wie ich als Kind durch ein Kochbuch mit geradezu unheimlich real aussehenden Fotos von Mahlzeiten jeglichen Appetit eingebüßt hatte und meiner Mutter zu meiner Verzweiflung nicht klarmachen konnte, daß ich wirklich keinen Hunger mehr hatte.

Über diesen Abschweifungen hatte ich nun die Überleitung des Redners verpaßt, der bereits Ausblicke auf Kommendes gab. Die erfahrbare Präsenz materieller Dinge werde für den zukünftigen Alltag im elektronisch vernetzten »globalen Dorf« ziemlich unwichtig sein. Ein Rückzug in eine neue platonische Höhle stehe bevor, in der das künstliche Licht der Bildschirme immateriell generierte, gespeicherte und jederzeit veränderbare Phänomene aufflackern lassen werde. Die neue virtuelle und interaktive Kunst werde den Betrachter in das System einbeziehen, ohne daß er noch den Gang ins Museum auf sich nehmen und leiblich anwesend sein müsse.

Daß man sich nicht mehr persönlich überall werde hinbegeben müssen, schien der Professor, ungeachtet seiner eigenen Realpräsenz am Pult, für eine besonders begrüßenswerte Errungenschaft der neuen Techniken zu halten. Anders als beim Fernsehen werde nicht mehr das Imaginäre in die Wohnzimmer eindringen, sondern die Menschen könnten sich mit ihren künftigen Wunschmaschinen in die komplexen Welten der virtuellen Räume vortasten, in denen sich dann alle Welt tummeln werde. Ein hübsches Steckenpferd, dachte ich, das sicherlich bei Vätern und Söhnen, die jetzt noch auf den CB-Sprechfunk angewiesen waren, begeisterte Anhänger finden würde. Sicher würde es recht gemütlich auf der Welt zugehen, wenn erst einmal unsere Wohnzimmer gelernt hätten, ihre Keime bis zu den Wohnzimmern auf der anderen Seite der Welt vorzuschieben: Man würde, versprach der Professor, »mit anderen Menschen interagieren, die anderswo ihre Datenhelme und -anzüge angelegt haben, sich neue Identitäten zulegen, das Erscheinungsbild verändern und kommunikative Erfahrungen machen, die real nicht möglich wären. Sie können sich auch in Szenen hineinbewegen, die mit intelligenten und künstlichen Lebewesen bevölkert sind. Der Unterschied zwischen Wahrnehmung und Imagination wird weiter eingezogen, die Wahrnehmung irrealisiert, die Imagination realisiert.« Die Virtualität würde dann übrigens auch dem Umweltschutz mächtig voranhelfen. Virtuelle Reisen im Datennetz, sagte der Professor blitzenden Auges, müßten ja schon angesichts der fortschreitenden Ruinierung der Erde immer attraktiver werden. Diese schön gesetzte Schlußpointe seines sozusagen realpolitischen Plädoyers für Virtualisierung bescherte dem Redner einen langen Applaus, den er mit sichtlicher Rührung entgegennahm. Sind die Visionen des Professors erst einmal Wirklichkeit, dachte ich froh, haben sich solche Auftritte freilich erledigt. Die Konferenzen werden dann im Cyberspace stattfinden; das allgemeine Konferieren von Datenhelm zu Datenhelm wird überhaupt kein Ende mehr nehmen, und statt zu applaudieren, kann man dem Professor am Ende seines Vortrags per Datenhandschuh aufmunternd über den virtuellen Scheitel streichen.

Das reichte mir fürs erste, ich verließ den Vortragssaal und rettete mich an die Bar. Dort saßen zwei Herren, die bereits die allabendliche gemeinsame Intoxikation in Angriff genommen hatten. Der eine, ein englischer Literaturwissenschaftler namens Dempsey – von der Universität Rummidge, wie ich dem Programm entnehmen konnte –, eine internationale Koryphäe der Computerlinguistik, erzählte seinem deutschen Kollegen, dessen Namen ich leider nicht aufschnappen konnte, von einem durchschlagenden Erfolg in »computergestützter Stilistik«. Er habe das komplette Werk des Schriftstellers Ronald Frobisher, seinerzeit einer der führenden Köpfe der *angry young men,* digital erfassen lassen, um dessen Idiolekt zu bestimmen. Für den Tag, an dem Frobisher in Rummidge einen Ehrendoktor für sein kritisches Werk entgegennehmen sollte, habe er eine kleine Vorführung arrangiert; der Poeta laureatus sollte selber per Knopfdruck die Textanalyse starten, die das Geheimnis seines Stils enthüllen würde. Der Rechner sei angewiesen gewesen, grammatikalische Wörter – Präpositionen, Artikel, Pronomen, modale Hilfsverben – zu ignorieren und nur die Häufigkeit lexikalischer Wörter mit starkem semantischen Gehalt – »Liebe«, »dunkel«, »Herz«, »Gott« – zu beachten.

»›Und was glauben Sie‹, fragte Dempsey seinen Kollegen triumphierend, ›was Frobishers Lieblingswort war?‹ ›Keine Ahnung.‹ ›*Schmiere. Schmierig. Geschmiert.* Er wollte es nicht glauben, aber wir konnten ihm alle Sätze präsentieren, mit genauen Seiten- und Zeilenangaben. Sein ganzes Werk schien in Schmiere getränkt zu sein.‹« Man habe Frobisher zur Erinnerung an diesen denkwürdigen Tag einen Ausdruck der Analyse überreicht, fein säuberlich in einer Mappe. Merkwürdigerweise, sagte Dempsey mit einem Grinsen, habe Frobisher seither, also immerhin fast sechs Jahre lang, nichts mehr veröffentlicht ...

Nun gut, ich gebe zu, ich bin Robin Dempsey nie begegnet, ich habe ihn nicht einmal selber erfunden wie die anderen Figuren dieser Tagung und die Tagung selbst. Er wurde dem Roman *Small World* von David Lodge entnommen, dessen Personal allerdings, wie ich zu meiner Entschuldigung glaube anführen zu dürfen, auf die gleiche Weise, nämlich durch Kidnapping in den künstlichen Welten anderer Autoren, versammelt wurde. Die Dempsey-Episode variiert übrigens ein Schema, das schon Heinrich von Kleist in seinem Prosastück *Über das Marionettentheater* durchgespielt hat: Ein schöner Jüngling entdeckt eines Tages vor dem Spiegel seine Ähnlichkeit mit der Plastik des »Dornausziehers«. Das Wissen darum erregt eine Eitelkeit, die seine »wunderbare Anmut« bald schon verzehrt hat und seine Bewegungen ungelenk macht, »und als ein Jahr verflossen war, war keine Spur mehr von der Lieblichkeit in ihm zu entdecken, die die Augen der Menschen sonst, die ihn umringten, ergötzt hatte«.

Was also den Idiolekt betrifft: Vorsicht beim Wiederlesen Ihrer Texte! Ich selber habe vorhin, als ich diesen Essay per Textverarbeitungssystem korrigiert habe, erstaunlich viele Varianten des Wortstamms »rauschen«

(Anm. d. Red.: Hier bricht das Manuskript ab.)

LUTZ HACHMEISTER

Der Gesamtschuldner

Das Fernsehen als Antipode intellektueller Orthodoxie

Ein Medium der »radikalen Aufklärung«

Im Frühjahr des vergangenen Jahres ließ das ZDF sein Publikum an einer ausgedehnten Italienreise teilhaben. Die TV-Folgen basierten auf einem Skript des Publizisten Joachim Fest, der mitunter, als personaler Reiseführer, auch im Bild erschien. Seine Diktion glich dem ZDF-Ankündigungstext für die Presse: »Sizilien gibt so gut wie nichts von selber preis«, war dort zu lesen, wer nach Rom reise, suche »Spuren einer großen Vergangenheit«. Neapel wiederum ersticke »unter den Menschenmassen und dem Müll«, dennoch herrsche dort »die Buntheit eines ewigen Jahrmarktes«. Die statuarische Erscheinung des Mannes, der dort über den Verfall einstigen römischen Glanzes dozierte, wirkte komisch – in der Jury des Grimme-Preises, die das Werk zu beurteilen hatte, kam befreiende Heiterkeit auf. Der explanatorische Anspruch, die mürbe Elegie und die teutonischen Untergangsgesänge hatten sich wie Mehltau über Städte und Landschaften gelegt; sie kollidierten mit der sorgfältig cadrierten, kinematographisch verdichteten Photographie des polnischen Kameramannes Piotr Jaxa. Es waren Stunden des Zusammenstoßes einer konventionellen intellektuellen Kodierung mit dem komplexesten Medium der *popular culture.* Das Fernsehen demaskierte eine intellektuelle Pose.

Am 8. Juni 1993 verließ die US-amerikanische Postfeministin Camille Paglia nicht ganz unvermittelt eine Talkshow zum Thema »Die Macht der Frauen – Die Ohnmacht der Frauen«. Schon in den Phasen vor dem Verschwinden Paglias war deutlich, daß die Theoretikerin die Fragen der Gastgeberin Heidi Schüller (einst Leichtathletin, heute Ärztin) als niveaulos und oberflächlich und beinahe körperlich unangenehm empfand. Dies kam im häufigen »Oh, my God« während der Simultanübersetzung zum Ausdruck. Neben Heidi Schüller sah sich Paglia, eine stakkatohaft schnell formulierende Kommunikatorin mit metallener Stimmlage, mit der Soziologin Gerburg Treusch-Dieter konfrontiert, deren soziologischem Singsang sie nach einiger Zeit auch nicht mehr zuhören mochte. Die Talkshow nahm bis zum absehbaren Eklat (auf den Redakteure wie Zuschauer bei Sendungen dieser Art immer hoffen) die Züge eines grotesken intellektuellen Theaters an, als dessen Regisseure Kafka und Loriot gemeinsam hätten firmieren können. So waren neben Paglia, Schüller und Treusch-Dieter noch ein Autor namens Arno Schmitt, die japanische Architektin Mie Goto-Roth und eine Rosa Logar von der »Arbeitsgruppe Frauenrechte – Menschenrechte« in der Sendung. Die Kombination solcher Namen würden selbst Drehbuchautoren des »Kleinen Fernsehspiels« als unrealistisch ablehnen.

In Konstellationen und Begebenheiten wie dieser offenbart sich die Verwundbarkeit der intellektuellen Inszenierung durch das Fernsehen. Es läßt den Akteuren wegen seiner kaleidoskopischen Zeichenstruktur keine Chance, sich in einen Kokon zu hüllen, den die Typographie für intellektuelles Handeln bereitstellt. Die Beispiele dafür ließen sich fortsetzen. Wer sich die Mühe macht, zumindest Teile der mehrtägigen Übertragung des Klagenfurter Bachmann-Preises wahrzunehmen, dem wird unweigerlich die absonderliche Steilheit auffallen, mit der die Juroren bei ihren Textinterpretationen Unterscheidungskapital zu sammeln suchen. Dem TV-Kanal 3SAT muß schon deshalb für seine Live-Übertragungen aus Klagenfurt gedankt werden.

Von allen publizistischen Medien kommt dem Fernsehen der härteste existentielle Charakter zu. »Er *ist* heute abend im Fernsehen«, wird gesagt, wenn jemand in einer Sendung auftaucht (nicht als Besucher, sondern als Akteur), der *Fernseher* als Rezipient fällt mit dem *Fernseher* als Apparat zusammen wie sonst nur der Walkman. Das Fernsehen hat die Rolle eines Todfeindes, eines technologischen Antipoden der intellektuellen Orthodoxie, weil es Distanzmechanismen zerstört, öffentliche und private Sphären vermischt und zur unmittelbaren Präsenz zwingt. Dabei ist das Fernsehen selbst blind und kann nicht sprechen. Für den Medientheoretiker macht seine Beobachtung erst Sinn unter Einschluß der Beobachter, also in Verbindung mit der Analyse von Habitus, Selbstdefinition und sozialem Kontext der verschiedenen Publikumsgruppen. Unser Interesse gilt dabei der einzigartigen Beziehung des »Systems Fernsehen« zum »System Intellektualität«.

An einer konsistenten Definition des Intellektuellen will auch ich mich nicht vorbeimogeln, doch schon hier sei festgehalten, daß die Sphäre der Medialität den Typus des Intellektuellen überhaupt erst ermöglicht. Daher sind die manifesten Reaktionen auf jeweils moderne Medien und den Zustand des publizistischen Gesamtsystems besonders aufschlußreich.[1] Zwar lassen sich die grundsätzlichen Wirkungspotentiale der Medien vollständig aus ihrer technologischen Verfassung ableiten – das Fernsehen etwa kombiniert den Einfluß älterer Massenmedien wie Presse, Radio und Kinematographie, saugt alle Tendenzen der populären Kultur auf und schafft eine neue Ordnung der technologischen Folklore, globalisiert diese Potentiale durch die Satellitenverbreitung und wird künftig durch komplexere Verfahren der Audiovision selbst zum Residuum.[2] Über diese Beschreibungen der technologischen Emergenz hinaus läßt sich der konkrete Einfluß eines Mediums erst dann bestimmen, wenn man weiß, mit welchen Attributen verschiedene Nutzergruppen das Medium kennzeichnen, mit welchem Habitus sie diesem begegnen und wie sie es in ihren alltäglichen Lebenskontext tatsächlich integrieren. Der kommunikative Prozeß von Kodierung und Dekodierung spielt

[1] Vgl. Lutz Hachmeister, *Die technologische Formation des Intellektuellen.* In: Knut Hickethier/ Irmela Schneider (Hrsg.), *Fernsehtheorien.* Berlin: Edition Sigma 1992.

[2] Vgl. Siegfried Zielinski, *Audiovisionen. Kino und Fernsehen als Zwischenspiele in der Geschichte.* Reinbek: Rowohlt 1989.

hier eine zentrale Rolle; seine Beobachtung wird um so wichtiger, je fragmentierter sich die Publikumsgruppen darstellen.

Die Kommunikationswissenschaft kennt einige auffällige Konstellationen von Kodierung und Dekodierung. So wurde bereits in den fünfziger Jahren darüber berichtet, daß manche Zuschauer fiktionale Figuren in Fernsehserien für real halten und für diese Strickjacken fertigen oder sie heiraten wollten. Die Phasen von Kodierung und Dekodierung sind nun bis zu jenem Punkt der Verfeinerung zu verfolgen, an dem überhaupt keine Medieninhalte im Sinne ihrer Intentionen mehr für wahr gehalten und alle Situationen, Figuren oder politische Botschaften als stellvertretend »für etwas anderes« genommen werden. Die Verfeinerung von Kodierung und Dekodierung kennzeichnet damit auch das Entwicklungsstadium des intellektuellen Seins, und dies um so offenkundiger, je stärker dieses sich vom explizit politisch-ideologischen Milieu entfernt.

Zunächst zeigt sich, daß aus der Sicht des orthodoxen Intellektuellen der grundsätzliche Code des Fernsehens, ganz unabhängig von konkreten Programmen, seiner eigenen Konstitution entgegengesetzt ist. Er lebt unter dem Regiment der Typographie, der Linearität, der rationalen Analyse von Ursache und Wirkung und der strategischen Distinktion. Das Fernsehen hingegen erscheint schrill, dispers, nivellierend, allgegenwärtig, es regieren die Ratings und die Werbeindustrie. »Was Fernsehen bietet«, sagt Daniel Boorstin, »das bietet es allen gleichzeitig, es ist klassenlos und es beseitigt die Distanz, die es seit jeher zwischen hoher und niedriger Kultur gegeben hat ... So macht das Fernsehen alle gleich. Um das zu genießen, was es bietet, sind ungebildete Menschen ebenso befähigt wie gebildete. Es verstärkt zugleich alle demokratischen Strömungen in der Gesellschaft«.[3] Ein Medium der radikalen Aufklärung also, das alles zeigt und nichts für sich behält, der finale Ort der offenen Gesellschaft.

Harold Adams Innis erkannte in den vierziger Jahren, daß die technologische Struktur jedes neuen Mediums bestimmte Formen des Wissens und der Kommunikation begünstigt, andere hingegen benachteiligt. Im Verlauf der Mediengeschichte sind Wissensmonopole entstanden, die für die Entstehung und die Einzigartigkeit des intellektuellen Systems fundamental waren. Wenn nun die Osmose zwischen publizistischer Produktion und erlebter kommunikativer Umwelt bedroht wird, kommt es zu deutlichen intellektuellen Abwehrreaktionen.

Intellektuelle als »publizistische Produkte«

In der sozialwissenschaftlichen Literatur ist häufiger zu lesen, der Begriff des »Intellektuellen« sei zu vieldeutig und schwammig, zu sehr Terminus strategischer weltanschaulicher Kämpfe, um für eine soziologische Analyse wirklich zu taugen. Berühmt geworden für eine komplett inkonsequente

3 Daniel J. Boorstin, *Fernsehen verändert die menschliche Erfahrung.* In: Werner D. Fröhlich u. a. (Hrsg.), *Die verstellte Welt. Beiträge zur Medienökologie.* Frankfurt: Fischer 1988.

Verwendung dieser These ist Helmut Schelsky, der den Begriff zwar für »nicht mehr erkenntnisfördernd« hielt, ihn aber im Untertitel seines Werkes *Die Arbeit tun die anderen* dennoch benutzte, um mit den Lesern zu einer »schnellen Vorverständigung« zu gelangen: *Klassenkampf und Priesterherrschaft der Intellektuellen.* Heute indes finden wir kaum noch, daß »Intellektuelle« als Stigmata im politisch-dogmatischen Kampf herhalten müssen (dieser hat sich auch weitgehend verflüchtigt), die intellektuellen Fraktionen sind in die Regularien der Informationsgesellschaft weitgehend eingemeindet, der allwissende Mandarin lebt nur noch als rare Kunstfigur weiter, so daß der Begriff mit einiger Gelassenheit und größerer Präzision gebraucht werden kann. Um ihn zu handhaben, können wir auf zwei interessante Erklärungsmodelle zurückgreifen: auf eine »politisch-dogmatische« und eine »kommunikationshistorische« Interpretation.

Eine umfassende politisch-weltanschauliche Interpretation hat Dietz Bering geliefert.[4] Er koppelt den Erklärungsgehalt des Begriffs eng an die Dreyfus-Affäre, als das Schlagwort »les intellectuels« mit hoher emotionaler und dogmatischer Vehemenz erstmals ins Bewußtsein der Öffentlichkeit kam. Für die reaktionären Gegner einer Revision des Prozesses gegen den Hauptmann Dreyfus waren die Intellektuellen realitätsfern, antinational, jüdisch, dekadent und inkompetent, die durch solche Angriffe Befeuerten gaben dem neuen Begriff mit den Attribuierungsgruppen demokratisch, gewissenhaft, politisiert, wissenschaftlich, jugendlich eine »positive Füllung«: Der klassische Typus des selbstbewußten Linksintellektuellen war geboren. Während die Dreyfus-Affäre in Frankreich mit dem moralischen Sieg der Intellektuellen endete und klare Kampflinien aufwies, sei in Deutschland, so Bering, die Stigmatisierung des Begriffs sowohl durch kommunistische Dogmatiker als auch durch die NS-Ideologen übermächtig gewesen. Die bürgerlich-liberalen Humanisten »konnten sich ... nicht zum Aufbau eines gemeinsamen Fahnenwortes ›Intellektueller‹ bereitfinden«.

Ohne Zweifel ist eine vernünftige Rede über das System Intellektualität ohne Rekurs auf die Dreyfus-Affäre nicht möglich. In jener Phase trat »ein neuer Typ des Seelenführers auf den Plan: der Intellektuelle, den Julien Benda sehr schön als clerk benannt hat – ein doppeldeutiges Wort, das gleichzeitig den Schreiber, den Kanzlisten und den Kleriker bezeichnet«, wie Ulrich Raulff in seinem Essay *Die Geburt eines Begriffs* schreibt.[5] Raulffs Beobachtung bildet die Nahtstelle zur kommunikationshistorischen Dimension, die Merkmale des Habitus, der formalen Bildung, der Herrschaftstechniken in den Vordergrund ihrer analytischen Arbeit stellt. Aus dieser Sicht entsteht Intellektualität, um die essentiellen Merkmale zu nennen, durch das Zusammentreffen von Prophetie und Kulturanalyse, durch die öffentliche Rhetorik »für andere« und durch die Präsenz als Wort- und Schrifthalter eines neuen gesellschaftlichen Erklärungssystems. Letztlich bleiben herausgehobenes formales Bildungsniveau, rhetorische Kunstfertigkeit und publizistische Po-

[4] Dietz Bering, *Die Intellektuellen. Geschichte eines Schimpfwortes.* Stuttgart: Klett-Cotta 1978.
[5] In: Ulrich Raulff (Hrsg.), *Mentalitäten/Geschichte.* Berlin: Wagenbach 1987.

tenz als Konstanten intellektueller Existenz. Der Begriff wird von seiner temporären Verhaftung erlöst und damit einer Analyse zugänglich, die politische Epochen transzendiert. Die kommunikationshistorische Definition des Intellektuellen erschwert auch den vorzeitigen weltanschaulichen Ausschluß bestimmter Typen aus dem System Intellektualität. So erscheint es merkwürdig, daß in der allgemeinen Konnotation Goebbels als NS-Intellektueller durchgeht, Hitler aber nicht (beide standen sich in ihren Haßtiraden gegen den »wurzellosen, intellektualisierten zynischen Juden« in nichts nach).

Man sieht, daß sich die politisch-dogmatische und die kommunikationshistorische Sichtweise von Intellektualität bedingen. Intellektuelle Orthodoxie tritt dann auf, wenn die kommunikativen Herrschaftsgewinne der intellektuellen Präsenz ebenso negiert werden wie die Dialektik von Demokratisierungsgewinn und Statusverlust. Der Frankfurter Soziologe Heinz Steinert hat einen solchen Rollenkonflikt im Verhältnis Adornos zur Jazz-Musik ausgiebig studiert.[6] Adornos Angriffe gegen den Jazz als industriell verfertigte, marktgängige Ware, die der doppelten Repression des »Negers« diene (so Adorno), sei nicht primär als persönliche Marotte oder objektivierte kulturtheoretische Aussage zu fassen, sondern als Verteidigungsstrategie eines poetisch-kulturwissenschaftlichen Habitus. In Adornos Jazz-Theoremen steckte die Ahnung der eigenen Marginalisierung: »Für die Intellektuellen, von denen Adorno sprach, hat sich nichts zum besseren gewendet, sie sind untergegangen (auch wenn sich das eine oder andere Fossil noch finden und die Tragödie noch gelegentlich als Farce oder Karikatur nachgestellt werden mag)«. Die in der Gestalt von Adorno repräsentierte Mischung aus »Snob«, »Mandarin« und »Künstler«, so Steinert, habe sich in den Transformationen des Technokraten und des Partei-Intellektuellen aufgelöst: »Die Intellektuellen, die sich nicht in die Position des Technokraten und/oder Partei-Intellektuellen bequemen wollen, bleiben irrelevant. Die sich in jene Positionen drücken lassen, arbeiten der Kontrolle, Unterdrückung und Manipulation zu. Es gibt, so abstrakt polarisiert, keinen ehrenhaften Ausweg.« Die Dialektik der Intellektualität drückt sich aber nicht nur darin aus, daß sich der erhabene Status nicht konservieren läßt, sondern daß mit dem Erreichen definierter Ziele der ursprüngliche Auftrag brüchig und die professionelle Existenz fragwürdig wird.

Wenn etwa bestimmte Institutionen des Bildungswesens gesellschaftlich durchgesetzt sind, braucht man niemanden mehr, der für ihre Etablierung streitet. Im Gegenteil, die bürokratischen Tendenzen und Materialermüdungen von Pädagogik und Politik wenden sich nun gegen die Promotoren, die Erstarrungen sind plötzlich Wackersteine im Herrschaftskorsett intellektueller Orthodoxie. Mit sicherem Gefühl für gutes Timing ist Schelsky als »Anti-Soziologe« mit seiner bereits erwähnten Kampfschrift auf den Plan getreten – in der bleiernen Zeit des sozialdemokratischen Reformismus Mit-

[6] Heinz Steinert, *Die Entdeckung der Kulturindustrie oder: Warum Professor Adorno Jazz-Musik nicht ausstehen konnte.* Wien: Verlag für Gesellschaftskritik 1992.

te der siebziger Jahre. Er focht mit Wonne gegen die »Erkenntnistyrannei der Vermittler«, gegen die »moderne sozialreligiöse Heilsherrschaft« und die »Funktionsmonopole der Sinnproduzenten«, wozu er selbstverständlich auch das öffentlich-rechtliche Fernsehen zählte. Je stärker sich der intellektuelle Typus zwar ideologisch in der Nachfolge der Dreyfusards sieht, materiell und publizistisch aber in eine weitgehend befriedete Sphäre integriert wird, desto selbstbezüglicher reagiert das System Intellektualität. Die Rhetorik »für andere« wird hohl, kaum jemand will sie noch hören. Vornehmlich richtet sich die rhetorische Kraft nun auf den Erhalt und die Restitution territorialer Gewinne im Reich des Geistigen. Beim orthodoxen Typus verstärkt sich die Sehnsucht nach dem früheren Systemzustand mit seinen kennzeichnenden Medien. »Medienpädagogik« gleich welcher Couleur dient nicht der unteilbaren Aufklärung, sondern dazu, vielleicht doch neue Anhänger für die tradierten Kunst- und Ausdrucksformen gewinnen zu können. Denn ein neuer Feind ist auf den Plan getreten, der sich nicht mehr mit dem Koordinatensystem der Dreyfus-Zeit fassen läßt, sondern seine Existenz der kommunikationstechnologischen Evolution verdankt: der *transitorische Intellektuelle,* der aus seiner Verehrung für die Produkte der populären Massenkultur kein Hehl macht und diese im einzelnen auf ihre Mythen, ihre Qualitäten und das für sie erbrachte professionelle Engagement prüft.

Die Television als Orakel des Transitorischen steht für den täglichen Krieg der Bilder gegen die Typographie, mit deren Hilfe sich der Worthalter die Medienwelt für einige Zeit hatte untertan machen können. »In den Parlamentsdebatten des 18. Jahrhunderts konnten die Zuhörer fordern, daß eine gelungene Wendung, ein besonders bedeutungsschwerer Satz wiederholt werde«, kommentiert Richard Sennett. »Aus diesem Grunde dauerten die Parlamentsreden häufig viel länger, als man es heute aufgrund der gedruckten Texte vermuten würde. Dergleichen läßt sich mit dem Medium Fernsehen nicht verwirklichen. Das Radio oder der Fernseher bieten dem Zuhörer oder dem Zuschauer keine Gelegenheit zur Unterbrechung. Wenn man sich während der Rede eines Politikers vor dem Bildschirm ereifert, bekommt man nicht mit, was er als nächstes sagt.«[7] Die Existenz des Videorecorders ist von Sennett offenbar noch nicht wahrgenommen worden; daß der Parlamentsrede und »bedeutungsschweren Sätzen« sakraler Charakter zukommen soll, liegt auf der Argumentationslinie des intellektuellen Establishments. Hans Magnus Enzensberger führte das Fernsehen vor einiger Zeit als »Nullmedium« vor, jetzt taucht es in einem neuen Essay als »das korrupteste aller Medien« (*Spiegel* vom 21. Juni 1993) auf. Beide Zuweisungen dürften sich logisch ausschließen. Widersprüche und Attribuierungen wie diese indizieren die Hilflosigkeit des tradierten intellektuellen Systems im Angesicht der audiovisuellen Evolution. Das Fernsehen wird vor allem deshalb als bedrohlich empfunden, weil es dem intellektuellen System Aufmerksamkeit entzieht. Deshalb fragen die meisten Medientheorien danach, wieviel das

---

[7] Richard Sennett, *Verfall und Ende des öffentlichen Lebens. Die Tyrannei der Intimität.* Frankfurt: Fischer 1983.

Fernsehen verhüllt, welche Nachrichten es verschweigt, wie es manipuliert, aber selten danach, was in ihm dekuvriert und also über uns und unsere Gesellschaft ausgesagt wird.

Besonders schön sind die Rituale intellektueller Kodierung und Einzäunung in einem heftig umkämpften *Spiegel*-Essay (8. Februar 1993) von Botho Strauß abzulesen. Fast alle Kommentatoren haben sich auf eine antiquierte politisch-dogmatische Auslegung des Textes eingelassen, als lege sich der Schatten eines neuen Ernst Jünger oder Hans Zehrer über die Republik. Ob Botho Strauß unversehens oder planmäßig in rechten Mystizismus oder völkische Ideologie verfiel, entbehrt indes jeglicher Dramatik. Da die linksintellektuellen Melodien als Unterscheidungskapital nicht mehr taugen, erscheint die Nutzung einer Diktion, deren sich einst auch der »Tat«-Kreis bediente, distinktionstheoretisch verständlich. Interessant wird der Essay eher durch seine puristische Grammatik der Kodierung, die auf eine Identifikation des Gesamtschuldners Fernsehen hinausläuft, als sei der Autor Teilnehmer an einem Konditionierungsexperiment.

Der Konnex von Verrätselung und Prophetie wird in *Anschwellender Bocksgesang* durchgehend ausgestellt: »Zwischen den Kräften des Hergebrachten und denen des ständigen Fortbringens, Abservierens und Auslöschens wird es Krieg geben.« Sodann tauchen die typischen Muster radikaler Distinktion auf, denn »der Rechte – in der Richte« ist »ein Außenseiter«, der das, was ihn von der problematischen Welt trennt, und zwar »zutiefst«, als deren »Mangel an Passion, ihre frevelhafte Selbstbezogenheit, ihre ebenso lächerliche wie widerwärtige Vergesellschaftung des Leidens und des Glückens« benennen kann. Folgerichtig wird der einsame Worthalter zum letzten Freund des Echten, Wahren und Schönen im Kampf mit den Medusen des publizistisch Sekundären. Es gebe »so viele wunderbare Dichter, die noch zu lesen sind – so viel Stoff und Vorbildlichkeit für einen jungen Menschen, um ein Einzelgänger zu werden. Man muß nur wählen können; das einzige was man braucht, ist der Mut zur Sezession, zur Abkehr vom Mainstream.« Für die Totalität der Sezession fordert Strauß »magische Orte der Absonderung«, weil ein »versprengtes Häuflein von inspirierten Nichteinverstandenen für den Erhalt des allgemeinen Verständnissystems« unerläßlich sei.

Mit tödlicher Sicherheit steuert der Text auf das endliche Instrument des populistischen Terrors zu; das Fernsehen wird von Strauß auf den »Begriff der Kloake« gebracht. Das Regime der telekratischen Öffentlichkeit sei »die unblutigste Gewaltherrschaft und zugleich der umfassendste Totalitarismus der Geschichte«, zwischen einem Schaugespräch (Talkshow) und einem Schauprozeß gebe es nur »graduelle Unterschiede in der Vorführung von Denunzierten«. Umgekehrt zeichnet sich die intellektuell befriedete und vollharmonisierte Kultur, in der junge Menschen hoffnungsvolle Dichter lesen, vor allem durch die Abwesenheit des Fernsehens aus. Schließlich bedürfen die schutzwürdigen Auserwählten eines »hortus conclusus, der nur wenigen zugänglich ist und aus dem nichts herausdringt, was für die Masse von Wert wäre«. Vor allem aber behält sich der Worthalter die Herrschaft über die Sprache vor, er allein ist der oberste Sprechpolizist und damit legitimiert, den Sinn der Worte zu bestimmen: »Wenn man nur aufhörte, von ›Kultur‹ zu sprechen, und endlich kategorisch unterschiede, was die Massen bei Laune hält, von dem, was den Versprengten (die nicht einmal eine Gemeinschaft bilden) gehört, und das (sic!) beides voneinander durch den einfachen Begriff der Kloake, des TV-Kanals für immer getrennt ist«.

Man mag einwenden, daß dieser letztlich doch wieder erfreulich eindeutige Text keine Signifikanz für das zeitgenössische intellektuelle Spektrum hat, daß er schon aus jenem *hortus conclusus* herausdringt, in den sich Strauß doch erst hineinwünscht, daß hier Steinerts »Fossil« in der Nachfolge Adornos noch einmal sein müdes Haupt reckt – aber im Gegenteil: Strauß bringt nur drastischer auf den Punkt, was im intellektuellen System allgemein gedacht wird. Günter Kunert auf den Mainzer Tagen der Fernsehkritik 1989: »Wer liest denn noch mit brennenden Augen und heißen Wangen einen Roman und verzichtet zugleich auf Boris Becker? Wer ist noch von Gedichten so fasziniert, daß er sie den Abend über seinen Freunden vorträgt?« Selbst Pierre Bourdieu, dem Verfechter einer aufschlußreichen reflexiven Soziologie in der Nachfolge Karl Mannheims, entgleitet die Reflexivität dort, wo es um den Claim des intellektuellen Raumes geht. Er sieht die Künstler, Wissenschaftler und Schriftsteller »immer vollständiger von der öffentlichen Debatte ausgeschlossen gerade dann, wenn es um Angelegenheiten ihrer Ressorts geht; und das paradoxerweise zu einer Zeit, wo gewisse Leute (Technokraten, Journalisten, Meinungsforscher, Marketingberater usw.) sich mehr und mehr intellektuelle Autorität anmaßen, um politischen Einfluß auszuüben«.

An die Figur des Gesamtschuldners Fernsehen sind nunmehr gesellschaftliche Gruppen und Professionen gekoppelt, die in den Dreyfus-Zeiten noch gegeneinander antraten; die »Bocksgesänge«, die endlosen Klagen von Politikern, Klerikern und konservativen Pädagogen gegen Schmutz und Schund im kommerziellen Fernsehen, die fundamentalistische intellektuelle Abscheu gegen die »unzähligen Spötter, Atheisten und frivolen Insurgenten« (Strauß) der Journalistik sind strukturell äquivalent. Man fühlt sich wohl, wenn man Zolas »J'accuse« dem dunklen Kubus entgegenschleudern kann.

Einige Versuche, das Medium zu intellektualisieren

Es gibt mehrere Spielarten der kulturellen Ignoranz, in denen die Plage mit der *popular culture* und den harten merkantilen Prinzipien des Medienmarktes, aber auch die Unlust, sich mit medienpolitischen Konstruktionen oder ästhetischen Fragen des Fernsehens de facto zu beschäftigen, publizistisch abgearbeitet wird. Enzensbergers »Nullmedium«-These gehört dazu, mochte sie sich auch provokatorisch gegen jene wenden, die dem Fernsehen absurde politische Wirkungskräfte zusprechen. Aus der Mode gekommen ist der seinerzeit beliebte neomarxistische Versuch, Kinofilm und Fernsehen vorrangig als Agenten des globalen Kulturimperialismus zu fassen und dagegen eine TV-Unterhaltung zu fordern, die den »wirklichen Bedürfnissen« der arbeitenden Klasse entspreche.

Subtiler und mühseliger sind jene Experimente, die das Fernsehen an das System Intellektualität zu koppeln suchen. Im Grunde war dies die Funktionsbestimmung des öffentlich-rechtlichen Rundfunks, der als Instrument von Reeducation und Volksbildung erziehen, unterrichten, informieren und eher am Rande auch unterhalten sollte. Soweit sich das öffentlich-rechtliche Fernsehen parallel zur politischen Entwicklung in der späten Adenauerzeit vom Ruch einer staatsnahen Bildungsanstalt befreien konnte, wurde es ein attraktiver Ort für den aufgeklärten, an den publizistischen Möglichkeiten des neuen Mediums interessierten Intellektuellentypus. Es ergaben sich Chancen für oppositionelles Handeln, für kritische TV-Dozenturen. Das Fernsehmagazin *Panorama,* das eine Zeitlang von Joachim Fest moderiert wurde, konnte sich eines Dauerkonfliktes mit der Bundesregierung erfreuen, hier begann Klaus Wildenhahn 1961 seine dokumentarische Fernseharbeit. Das zeitkritische, »problemorientierte« Fernsehspiel, cineastische Reihen und die politischen Fernsehmagazine waren im Gefolge der 68er-Ereignisse auf dem Höhepunkt ihres gesellschaftlichen Einflusses, wenngleich auch aus jener Epoche populäre US-Serien und Shows mit Rosenthal, Kulenkampff und Schönherr/Bach stärker im kollektiven Gedächtnis blieben. Die alte Fraktionierung des intellektuellen Spektrums kam in der prinzipiellen Haltung zum öffentlich-rechtlichen Formalprinzip zum Ausdruck: das bundesdeutsche Fernsehsystem wurde von Kulturwissenschaftlern, den progressiven Flügeln der Kirchen, den Gewerkschaften und Schriftstellern in »kritischer Solidarität« verteidigt, während die wenigen profilierten Rechtsintellektuellen in diesem »Monopolfernsehen« einen prominenten Teil der Herrschaft linker Sinnpriester verkörpert sahen. Diese starre Konfrontation trübte den Blick dafür, daß sich die Bundesrepublik längst zur verspäteten Fernsehnation entwickelt, Optionen einer schöpferischen, unkonventionellen Medienpolitik verschenkt und den Anschluß an die Standards der *popular culture* verloren hatte.

Der Führungsebene des öffentlich-rechtlichen Fernsehens ist das Medium so fremd geblieben wie den orthodoxen Intellektuellen. Die verwirrten Proklamationen der Intendanten, Programmdirektoren und Chefredakteure nach dem Aufkommen der kommerziellen Kanäle sind Subtexte der tradierten intellektuellen Attribuierung des Mediums. Wer vom pädagogischen Prinzip und staatlich-hoheitlicher Anbindung geprägt war, dem mußte die Dynamik des kulturellen Marktes unheimlich (und insgeheim doch so verlockend) erscheinen. Eine Art Rundfunkadel hatte sich herausgebildet, und mit den Jahren mutierten selbst die Intendanten von kunstsinnigen Grandseigneuren und beflissenen Erziehern zu grantigen, blassen Chefbürokraten.

Die neuen kommerziellen Sender in Deutschland agierten kaum innovativ, ihre spektakulären Programmformen speisten sich aus der Radikalisierung öffentlich-rechtlicher Vorbilder, aber sie deckten allein durch ihr Vorhandensein die Funktionsunfähigkeit und Perspektivelosigkeit der öffentlich-rechtlichen Apparate auf. Nur noch in der Abwehr des »unmoralischen« kommerziellen Erfolges und in den Schlachtrufen negativer Erlösungsvokabeln (»Anschreijournalismus«!, »Verblödungslawine«!, »erniedrigender

Schmuddelsex«!) stabilisierte sich die öffentlich-rechtliche Identität. Legalitätsrhetorik hatte die differenzierte Rede über Programmqualitäten und Unternehmensziele vollständig ersetzt. Nach einigen Jahren larmoyanter und arroganter Apathie, in denen der öffentlich-rechtliche Rundfunk fast seine gesamte Anhängerschar verlor, hat jetzt in den oberen Anstaltsetagen eine »neue Nachdenklichkeit« (so der ARD-Vorsitzende Jobst Plog) eingesetzt. »Nach meiner Überzeugung«, sagte Plog im Juni diesen Jahres in der Katholischen Akademie Hamburg, »haben wir inzwischen zuviel Gewicht auf die von uns zu bedienenden Mehrheiten gelegt.« In der ARD denke man verstärkt »über den Begriff der Qualität und damit über das Unternehmensziel Quote« nach. Einem »Quotenfetisch nachzujagen«, mahnte Plog in später Einsicht, »das wäre für die ARD genauso unsinnig wie für die *FAZ* oder die *Süddeutsche Zeitung* der Versuch, sich bei der Auflagenentwicklung an der *Bild*-Zeitung zu orientieren«. Und mit Blick auf manche zur Karikatur erstarrte Berichterstattung von Ereignissen der Hochkultur versprach der ARD-Vorsitzende, man könne es sich nicht mehr leisten, Produkte ins Programm zu heben, »die eigentlich niemand mehr sehen will, ausgenommen die Autoren, die sie gemacht haben, und jene, die ihnen nahestehen«. Das Klagen und Jammern soll auf einmal verboten werden: »Besinnung auf die eigene Stärke und Selbstbewußtsein sind angesagt« (SDR-Chefredakteur Ernst Elitz). Unter dem Druck sinkender Werbe-Erlöse und steigender Personalkosten werden Sparpläne, Kooperationsmodelle und Rezepte für »schlankeres Wirtschaften« stolz und öffentlich gehandelt. Bis 1996 will das ZDF, wie es in einer aktuellen Mitteilung vom Lerchenberg heißt, 570 Millionen DM sparen und »dabei keinen Bereich schonen«. ZDF-Mitarbeiter sollen bei Dienstreisen künftig vom Flugzeug auf die Bahn umsteigen und im Nahverkehr die zweite Klasse benutzen.

Wer wollte dies alles nicht positiv deuten. Trüber sieht es schon aus, wenn man den Umgang des öffentlich-rechtlichen Managements mit realen Sendungen, Programmstrategien und dem sogenannten »kreativen Potential« untersucht. Hier bricht sich die Mentalität des Gutsbesitzers, gegen den die Tagelöhner revoltieren, nach wie vor Bahn. Der WDR-Intendant Nowottny hat gerade vor dem Programmausschuß seines Senders den Publizisten Roger Willemsen der Fahnenflucht bezichtigt. Der WDR hatte den Star-Interviewer engagieren wollen, doch kurz vor der angekündigten ersten Sendung war es zu Unstimmigkeiten über Produktionswerte und Finanzen gekommen. In Wirklichkeit habe Willemsen dem »enormen Erfolgsdruck« entkommen wollen, wußte Nowottny. Er könne »nicht alle einzelnen Mitarbeiter anweisen, sich intensiv um Herrn Willemsen zu kümmern«. Die Art der Betreuung, die Willemsen »bei einem Kleinbetrieb wie Premiere« erfahren habe, könne nun mal »kein Maßstab für den WDR sein«.

Ein fürchterlicher Stellvertreterkrieg entbrannte um Edgar Reitz' Monumentalwerk *Die zweite Heimat*. Hier hätte die ARD für 25 Millionen Mark Produktionskosten und beste Plazierung gerne einen intellektuellen (Kritiker-)Erfolg und gute Ratings zugleich gehabt. Im Ergebnis schalteten rund eineinhalb Millionen Zuschauer regelmäßig ein; diese Kerngruppe empfand den »Film-Roman« (die *SZ* apostrophierte den Regisseur gleich als Erfinder dieses Genres) als ästhetische Bereicherung. Die Publikumsmehrheit mochte sich mit Reitz' Münchener *éducation sentimentale* und den Exegesen atonaler Musik nicht befassen – dies ließ sich bei der Hermetik des Werkes auch prognostizieren. Ungemütlicher für die ARD-Manager war aber, daß auch einige Kritiker der Reitzschen Anstrengung teutonische Steifheit und langatmige Stilisierungen vorhielten. Weil die *Zweite Heimat* von der ARD schon zuvor als »Meilenstein der Hochkultur« annonciert und mit der Ausstrahlung widersinnigerweise gleich die Frage der Möglichkeit von *quality television* in Zeiten des kommerziellen Marktes verknüpft wurde, kam allenthalben tiefe Enttäuschung auf. Indigniert über das deutsche Publikum und die gequälten Mienen der Manager kündigte Reitz seine Emigration ins Ausland an – nach Italien (»kunstliebendes Volk«) oder Frankreich (»Wie viele Menschen sind dem Sarg von Jean Paul Sartre gefolgt? – Und wie wenige bei uns dem von Heinrich Böll!«). Das deutsche Fernsehen, summierte Reitz seine Erfahrungen, »besteht in seiner Führungsebene leider oft aus anachronistischer Arroganz, aus Machtgetue und Karrieregestrampel« (*SZ* vom 2. Juli 1993).

Ein beleidigter Künstler-Intellektueller, desorientierte Programmchefs und das ignorante Volk – eine vorzügliche Analysekonstellation für kommunikationswissenschaftliche Seminare. Bei der *Zweiten Heimat* versagte das pädagogische Prinzip, an das sich die intellektuelle Orthodoxie, von wilden Phantomschmerzen gepeinigt, gekettet fühlt. Ein Klima für »etwelche pädagogischen Bemühungen in den Medien« sei kaum noch vorhanden, hat Barbara Sichtermann im Mai bei den Mainzer Tagen der Fernsehkritik konstatiert, und das stimmte sie nicht einmal unfroh: »Der pädagogische Geist wird nicht wieder auferstehen, Gott sei Dank, denn er hat, wie die Religion, nur eine Scheinsicherheit verbreitet, die vor den allerschlimmsten Katastrophen nicht nur nicht bewahrt, sondern sie mit angeschoben hat«.

Weil dem transitorischen Intellektuellen der Zustand des öffentlich-rechtlichen Fernsehens nicht einladend vorkommen konnte, hat er sich auf dem neuerstandenen Feld des sich ausdifferenzierenden kommerziellen Fernsehens neue Nischen gesucht. Alexander Kluge animierte mehrere liberalbürgerliche Presseverlage, sich am »informationsorientierten Vollprogramm« Vox, dessen Politik allerdings wesentlich vom Bertelsmann-Konzern bestimmt wird, finanziell wie publizistisch zu beteiligen. Das funktionierte bislang nicht – gerade die Vox-Magazine der *SZ* und der *Zeit* blieben bieder und konventionell, sie erregten keinerlei öffentliche Wirkung. Verschämt mußte die *FAZ* nach mehrjähriger Erfolglosigkeit kürzlich ihr regionales TV-Magazin bei RTL einstellen. Alexander Kluges eigenes, in RTL und SAT 1 am späteren Abend integriertes Patchwork wird nur dann spannend, wenn es sich thematisch vom Transmissionsriemen hochkultureller Kryptik weit entfernt. Reine intellektuelle Konstruktionen sind die ausgedehnten Themenabende auf Arte, die sich auf dem Papier gut lesen, aber schlicht am Rezeptionsvermögen selbst gutwilliger Zuschauer vorbeisenden. Jegliche funktionale Koppelung traditioneller intellektueller Muster an die Riten der Audiovision muß scheitern. Roger Willemsen hat dies bei seinen Premiere-

Interviews begriffen; er läßt sich auf die Felder der Neugierde, des Klatsches, des Alltagswissens und der weiten publizistischen Wirkung ein, ohne seine Sozialisation im intellektuellen Feld zu verleugnen. Sein Erfolg bestätigt Barbara Sichtermanns Empfehlung: »Fernsehmacher sollten sich überhaupt weniger Sorgen um das Publikum machen als um die Standards, die *sie selbst* journalistisch, künstlerisch und handwerklich erreicht haben und steigern können ... Das Qualitätsfernsehen der Zukunft wird den Zuschauer als einen ›zusammengesetzten‹ ansprechen, wird ihn sozusagen als ganzen nehmen. In der postpädagogischen Ära heißt das: es bedient auch niedere Instinkte, Schadenfreude und egoistische Schaulust, nicht aber ohne allerlei Haken einzubauen, an denen Mitleid und Verantwortungsgefühle andocken können – und das nicht aus pädagogischem Pflichtgefühl, sondern weil Mitleid und Verantwortung menschlich sind.«

Conclusio

Das Fernsehen ist somit als publizistische Großtechnologie zu kennzeichnen, die in ihrer Komplexität mit den anderen publizistischen Medien nicht zu vergleichen ist. Genau diese Nichtvereinbarkeit mit der Konstitution und den analytischen Traditionen der orthodoxen Intellektuellen evoziert bei diesen Wut, Apathie und »Rückspiegeldenken« (Marshall McLuhan). Die Hilflosigkeit wird durch die absehbare Fragmentierung des audiovisuellen Marktes noch einmal beschleunigt. Das herkömmliche Fernsehen löst sich, von wenigen zentralen Angeboten abgesehen, in viele kleine *special-interest*-Einheiten auf, selbst die Massenprogramme des kommerziellen Fernsehens stehen vor einer ökonomischen Krise, weil den zentralen Referenzpartnern, den Agenturen der Werbewirtschaft, die unangemessene Relation zwischen hohem Mitteleinsatz und unscharfen Zielgruppen klar zu Bewußtsein kommt. Abonnementsfernsehen und *pay per view* sind die TV-Technologien der nahen Zukunft, mit den kommenden hochauflösenden Bildschirmen kündigt sich eine Renaissance von Fernsehereignissen an, die im fragmentierten Markt Fixpunkte bilden werden. Zwar weissagt Norbert Bolz: »Erst *Hypermedien* ermöglichen aber, was bisher nicht implementierbar war: das *browsing between media.* Es wird sich ein nahtloses Hypermedia-Environment konstituieren, das sich durch interaktiven Informationsgebrauch konstituiert.«[8] Doch Buch und Fernsehen als prominenteste Materialobjekte von Typographie und Audiovision sind wohl zählebiger, als es die Diktion der postmodernen Medientheorie indizieren will.

Es kann nun nicht darum gehen, den orthodoxen Intellektuellen von den Vorzügen des Fernsehens zu überzeugen oder das Fernsehen durch verzweifelte hochkulturelle Anstrengungen an die Sphäre der traditionellen Feuilletons anzuschließen. Im Gegenteil – die Entkoppelung der Fernsehprogramme von der hergebrachten Intellektuellenkultur sollte aktiver vorangetrie-

---

8 In: *Essener Unikate,* Nr. 2-3, 1993; zur Fragmentierung des Marktes siehe Peter Checketts Aufsatz in *agenda,* Nr. 9, 1993.

ben werden. Von den Nachrichten und der Information über das politische Geschehen abgesehen, sollten sich die Kräfte der Fernsehmacher auf die harte Arbeit an den populären Genres, an der Verfeinerung von Trivialität richten. Dies könnte dazu führen, daß auch Deutschland irgendwann Anschluß an die Standards der populären Kultur gewinnt, daß Suspense, Atmosphäre und kinematographische Sorgfalt als *Produktionswerte* ernst genommen werden. Das Bewußtsein für professionelle Produktionsregeln und das gründliche Erlernen des audiovisuellen Handwerks hätten den üblichen Geniekult zu ersetzen. Über die Verwendung des Begriffs »anspruchsvoll« im löblichen Streit um verbesserte Programmqualitäten sollte man vermehrt nachdenken. Er bezeichnet zumeist Programmvorhaben, die zwar voll des Anspruches, aber ansonsten künstlerisch oder journalistisch leer sind.

Dem transitorischen Intellektuellen kommt zu Bewußtsein, daß *Miami Vice* oder Wolfgang Staudtes Abenteuerserie *Der Seewolf* historisch-kulturell wichtiger sind als sämtliche in diesem Jahr mit dem Bundesfilmpreis prämierten Kinofilme. Das Fernsehen erscheint ihm als dadaistisches Gesamtkunstwerk, als *reality art,* in dem das Hehre und das Absonderliche Brüder und Schwestern sind, und das Bizarre und das Durchschnittliche sich täglich vermählen. Diskussionsrunden mit dem Titel »Rundfunk braucht Kultur und kein Diktat von Einschaltquoten«[9], mit den Disputanten Walter Jens, Lea Rosh, Carmen Thomas, Dieter Stolte, Rolf Schneider und Detlef Hensche, möchte er um alles in der Welt nicht mehr zuhören.

---

9 Eine solch aufregende Debatte hat die nimmermüde IG Medien anläßlich der diesjährigen Internationalen Funkausstellung in Berlin annonciert.

Michael Rutschky

Warum ist Frau B. unglücklich?

Über mediale Machtphantasien

Das Nachdenken, Reden, Schreiben über die moralischen und ästhetischen, politischen und lebenspraktischen Folgen, die das Fernsehen bei seinem Publikum zeitigt, ist unabschließbar. Nirgends bildet sich eine Instanz, der man verläßlich zutraut, was Freud Realitätsprüfung nennt und die geklärt hätte, was genau welche Form von Darstellung unter welchen Bedingungen bewirkt, insbesondere die Darstellung von Motiven, die die Psychoanalyse triebnah nennt, Gewalt und Sexualität.

Die Unabschließbarkeit des Nachdenkens über die Folgen aggressiver und sexueller Darstellungen im Fernsehen erkenne ich als Indiz dafür, daß wir gar nicht mit Nachdenken befaßt sind, sondern mit Phantasieren, einem strikt selbstreferentiellen, in sich kreisenden Diskurs (der übrigens von Freud selber für triebbestimmt gehalten wurde). Wer als Praktiker und/oder Kritiker im Umkreis des Fernsehens über die Folgen des Fernsehens dort draußen bei den Leuten, womöglich seinen Einfluß auf die Menschheit und ihre Kultur nachdenkt, vielmehr: phantasiert, der befindet sich immer schon innerhalb eines Romans, der von der Macht und der Schönheit des Fernsehens durchdrungen ist. Er befindet sich erst recht innerhalb dieses Romans, wenn er über die Ohnmacht der Art Fernsehen, der er selber anhängt, phantasiert (öffentlich-rechtlich, künstlerisch und moralisch wertvoll) bzw. die Häßlichkeit des Fernsehens der anderen (der privaten).

Ich werde hier also auf den endgültig letzten Versuch zur Realitätsprüfung verzichten. Ich möchte Genaueres über den Roman herausfinden, in den wir versetzt sind. Zu diesem Zweck werde ich einen Roman untersuchen, der von der Macht der Romane handelt, Gustave Flauberts *Madame Bovary.*

Es sind die Liebesromane; keine Kriegs- oder Ritterromane, von denen ich annehme, daß sie das Phantasieren der jugendlichen Gewalttäter, die uns gegenwärtig besonders beunruhigen, ausmachen (und von denen sie keinen einzigen gelesen haben müssen). Sexuellen Darstellungen gegenüber sind wir nachsichtiger geworden unterdessen; keine öffentliche Rede handelt davon, wie sich vermutlich die männliche Masturbationsfrequenz verdreifacht habe infolge der Pornofilme auf Sat 1 und RTL samstagnachts, welche Schädigung der Volksgesundheit das Privatfernsehen insofern verantworte. Eine Art von Verdacht, der sich noch in den fünfziger Jahren, als die Jahrhunderte währende pädagogische Kampagne gegen Onanie langsam auslief, auf die äußerst bescheidenen Sexualdarstellungen in der Öffentlichkeit richten konnte. Weil die Sexualdarstellung weniger moralische Unruhe hervorruft unterdessen (worauf natürlich kein dauerhafter Verlaß ist), können wir uns von *Madame Bovary* Aufschluß über Gewaltdarstellungen versprechen.

*

Es ist ihre Schwiegermutter, die innerhalb von Flauberts Roman ausspricht, was Frau B. unglücklich macht. »Sie liest Bücher, Schundromane, lauter Werke, die gegen die Religion hetzen und mit allerlei Voltaire abgeschauten Sprüchen die Priester lächerlich machen. Das alles aber führt zu nichts Gutem ..., und wer keine Religion hat, nimmt stets ein schlechtes Ende.«[1]

Das ist im Grunde die Position des Ayatollah Khomeini, als er den Todesfluch gegen Salman Rushdie schleuderte. Die alte Frau Bovary verwirft das Lesen von Romanen, insofern sie die Repräsentanten der Religion verspotten; hier sind es die Priester, beim Ayatollah Khomeini war es kein Geringerer als der Prophet Mohammed (und wir erinnern uns an die evangelikale Empörung in den USA, als Martin Scorsese *The Last Temptation of Christ* vorführte). Die moralische und lebenspraktische Zerrüttung, die von der Romanlektüre bewirkt wird, geht darauf zurück, daß den (religiösen) Respektspersonen, die in der Lebenswelt kraft ihrer Autorität die Ordnung aufrechterhalten, im Roman die nötige Ehrerbietung versagt wird.[2]

Im Paralleluniversum der Gewaltdarstellung hätten wir den vergleichbaren Fall, wenn der jugendliche Gewalttäter auf Befragen gestehen würde: Er habe sich per Videokassette – die sein Vater aus sentimentalen Gründen aufbewahre: Erinnerung an die eigene Jugend – immer wieder vor Augen führen müssen, wie die Schulklasse in *The Blackboard Jungle* (1955), vom Rock 'n' Roll angefeuert, ihren Lehrer Glenn Ford terrorisiere. Oder, um einen noch intrikateren Fall zu konstruieren: Die Erschießung John F. Kennedys in Oliver Stones *JFK,* von dem er eine Raubkopie besitze; insbesondere die offenbar dokumentarischen Aufnahmen von dem toten Präsidenten auf dem Seziertisch ... Immer wieder habe er sich das per Videorecorder vorführen müssen, der mächtigste Mann der Welt als totes Fleisch mit glasigen Augen. Das, erklärt der jugendliche Gewalttäter, habe ihn endgültig davon überzeugt, daß es keine Ordnung in der Welt gibt, sondern nur den Kampf ums Überleben (oder so ähnlich).

Um auf Frau B. zurückzukommen. Es trifft sich, daß sie als junges Mädchen ein höchst intensives Verhältnis zur Religion hatte. Mit 13 Jahren wurde sie von ihrem Vater einem Kloster zur Erziehung anvertraut. Sie lebte sich geschmeidig ein, keine Spur von pädagogischem Masochismus, der sie als Mädchen in Uniform traktierbar gemacht hätte.

»Sie spielte kaum je in ihrer Freizeit, begriff rasch den Katechismus, und schwierige Fragen mußte immer sie dem Herrn Vikar beantworten. So lebte

---

1 Gustave Flaubert, *Madame Bovary.* München: Winkler 1970.

2 Als junge Frau war sie selber einer Romanfigur erlegen: Charles' Vater »war ein schöner Mann, ein Maulheld und Säbelraßler, klirrte mit seinen Sporen und trug einen Backenbart, der mit dem Schnurrbart zusammengewachsen war. Er hatte Ringe an allen Fingern und kleidete sich mit Vorliebe in auffallende Farben.«

sie also, ohne jemals aus der lauen Schulstubenluft hinauszukommen, unter diesen blassen Frauen dahin, die Rosenkränze mit kupfernen Kreuzen trugen, und ließ sich nach und nach von der mystischen Schlaffheit einlullen, die vom Weihrauch der Altäre, von dem kühlen Weihwasserbecken und den strahlenden Kerzen ausströmte. Anstatt der Messe zuzuhören, schaute sie in ihrem Gebetbuch die frommen, himmelblau umrandeten Vignetten an. Sie faßte eine schwärmerische Liebe zu dem kranken Lamm Gottes, zum hochheiligen Herzen, das von spitzen Pfeilen durchbohrt war, oder zum armen Heiland, der unter der Last des Kreuzes unterwegs zusammenbrach ... Sie wollte sich kasteien und versuchte, einen ganzen Tag ohne Essen auszuhalten. Sie überlegte lange hin und her, was für ein Gelübde sie erfüllen könnte.«

Die Roman-Kritik ihrer späteren Schwiegermutter ist ohne Vorstellung vom Schundhaften des Schundromans in einem psychologischen oder ästhetischen Sinn – an dieser Stelle entdecken wir das Schundromanhafte im Herzen der Religion selber, die der Schwiegermutter zufolge Remedur schaffen soll gegen die moralische Zerrüttung. Die Frömmigkeit der Dreizehnjährigen legt diese Schicht von Kitsch an der Religion frei; sie möchte sogar lebenspraktische Folgen aus ihrer romanhaften Version der Religion ziehen, sich kasteien, ein Gelübde ablegen, was eine besondere Pikanterie darstellt, weil die religiöse Unterweisung sie triebnah betroffen hat: Die Kasteiung zielt auf Lustgewinn. So bildet die Religion einen der frühen Romane, die Emma Bovary im folgenden ums Leben bringen werden.

Kann man diese Elemente auch in unser Paralleluniversum hineinkonstruieren? Für das weiße Fleisch des toten Präsidenten hat unser Gewalttäter ja schon hinreichend Bewunderung bekundet. Dürfen wir annehmen, auch die Brandwunden seiner Opfer berührten ihn tief? Sie hätten kämpfen sollen, grübelt er fassungslos. Aber sie schliefen – nein, ich fürchte, an dieser Stelle wäre ich es, den das Schundromanhafte ereilt. Nach allem, was wir wissen, sind diese Gewalttäter auch ohne Mitteilungsdrang; während linke Anarchos überfließen von Erklärungen und Rechtfertigungen, verbarrikadiert sich das Lager gegenüber gern in sein Schweigen. Es mag freilich sein, daß die Attraktivität der schweigsamen Gewalt insgesamt die höchste ist. »No fuss / no mess / just pure impact« lautet ein Graffito bei mir um die Ecke in Berlin-Kreuzberg.

Weil wir schon bei Martin Scorseses *The Last Temptation of Christ* und dem davon ausgelösten Skandal waren: Flaubert hat in einem zu Lebzeiten unveröffentlichten Jugendroman ausphantasiert, was auch in Emma Bovarys Schundromanvariante des Christentums vorkommen könnte, was aber vom Erfinder Emmas ausgelassen wurde, das Kruzifix als Sexualdarstellung. »In der Kirche betrachtete ich den nackten Menschenleib am Kreuz, und ich richtete seinen Kopf auf, ich hob die eingesunkenen Flanken, ich gab all seinen Gliedern die Farbe wieder, ich ließ ihn die Augen aufschlagen; er erstand vor mir als ein schöner Mann mit feurigem Blick; ich löste ihn vom Kreuz und ließ ihn zu mir herabsteigen, auf den Altar, Weihrauch umwallte ihn, er schritt in einer Dunstwolke einher, und ein wohliges Erschauern rann über meine Haut.«[3] Es spricht eine hochromantisch gesehene, liebessüchtige Dirne, die sich den sehr jungen Erzähler als *lover* ausguckt - eine echte Männerphantasie. Das sexualisierte Kruzifix gehört auch bei ihr in die Ätiologie ihres Scheiterns am Leben.

Können wir auch hier etwas für die Gewaltdarstellung lernen? Ich denke, eine Parallelstelle wäre es, wenn unser Attentäter als Metzgerlehrling gestehen müßte, wie sehr ihn immer das Töten der Tiere und das Schneiden in das blutige Fleisch erregt hat - ein Typus von Erklärung, der im Fall des berühmtesten Sexualverbrechers der sechziger Jahre, Jürgen Bartsch, permanent auftauchte. Er war in der Tat Metzgerlehrling, und er mußte zum Zweck der Sexualbefriedigung kleine Jungs schlachten.

*

Was wissen wir jetzt?

In der Gestalt von Emmas Schwiegermutter läßt Flauberts Roman eine Repräsentantin des kritischen Diskurses über den Roman auftreten, sie verwirft den Roman als Minderung der kirchlich-religiösen Wirkkräfte. Das ist der Typus Kritiker, der stets eine Vergangenheit, in der Ordnung herrscht, und eine Gegenwart der Auflösung vor Augen hat. Bekanntlich setzt dieser Diskurs - wie so viele - mit Plato ein; dort war die geordnete Vergangenheit die der Oralität, die Auflösung kommt mit der Schrift. Gut denkbar, daß wir noch eine Kritik des dann neuesten Mediums mitbekommen, irgendeiner raffinierten Computer-Wandelschrift, die das gute alte Privatfernsehen und seine gemeinschaftsbildende Wirkung dagegen aufruft.

Zu merken für meinen Punkt hier ist, daß die Erklärung der alten Madame Bovary nur innerhalb des Romans, seines Erzählschemas, nur innerhalb der romanhaft aufgefaßten Welt funktioniert. In einem anderen Kontext zergeht die Plausibilität sofort. Käme Frau B. wegen anhaltender Depression heutzutage in die Psychiatrie und erklärte sie der explorierenden Psychologin, alles Unglück habe damit begonnen, daß sie zu leidenschaftlich den Romanen Heinrich Bölls gefolgt sei, worin die katholische Kirche ihrer Herkunft so schlecht wegkomme, die Psychologin würde es unter dem typisch depressiven Grübeln, das ohne Ergebnis ist, abbuchen.

Dasselbe gilt für das Paralleluniversum der Gewaltdarstellungen. Bräche unser jugendlicher Gewalttäter sein Schweigen und erklärte einem Reporter, er habe im Fernsehen immer wieder so viele Gewaltszenen aus aller Welt gesehen, deshalb müsse er selber welche ins Werk setzen, der Reporter wäre ohne Story. Nur der Kritiker kann Plausibilität beanspruchen, wenn er die Gewalttätigkeit der Jugend aus den Gewaltdarstellungen des Fernsehens erklärt. Er befindet sich dann eben innerhalb eines Romans, eines Erzählschemas, das von der Macht des Fernsehens handelt.

Zweitens haben wir gelernt, an der tagträumerischen Verwertung der Religion durch das dreizehnjährige Mädchen, daß der »Roman« gar kein ge-

---

[3] Gustave Flaubert, *November.* Reinbek: Rowohlt 1950.

schriebener sein muß. Es handelt sich um eine Disposition des Rezipienten, wie die Rezeptionsforscher sagen. Marie, die romantische Dirne aus *November,* kann sogar das Kruzifix in ihre Sexualimagination einarbeiten; unser jugendlicher Gewalttäter hat vielleicht Eugen Kogons *Der SS-Staat* (1946), die erste gründliche Beschreibung der KZs - das Buch besetzt einen Ehrenplatz in der Bibliothek seines Vaters - als Gewaltpornographie gelesen: Immerhin werden darin auch die Lagerbordelle beschrieben ...

Flauberts Roman lehrt in dieser Hinsicht, daß wir uns unter »Roman« eine Art freischweifendes Phantasma vorstellen dürfen, ein *pattern of imagination,* an dem Leser und Autoren teilhaben, ohne schon ein Wort gelesen oder geschrieben zu haben. In diesem Sinne rede ich vom »Liebesroman«, dem Emma Bovary erliegt, und vom »Ritterroman«, dem für meine Begriffe die jugendlichen Gewalttäter anhängen. Und an einem solchen Phantasma partizipieren wir ebenfalls, wenn wir als Kritiker oder Praktiker über das Fernsehen nachdenken, reden, schreiben, innerhalb oder außerhalb des Fernsehens. Für die Literatur übrigens, von der natürlich auch ein solcher »Roman« handelt, ist die schriftliche Fassung nicht von Flaubert gegeben worden, sondern von Balzac, *Verlorene Illusionen* (1843), ein Buch, das einem ganzen Genre den Namen gegeben hat, »Desillusionsroman« (auch *Madame Bovary* fällt ja darunter). In puncto Fernsehen, denke ich, sind wir noch nicht soweit, wir sind noch fleißig am Ausarbeiten der Illusionen und denken nicht an Verzicht und Verlust. Freilich gilt das auch für die Literatur; Balzacs Roman stellt einen ihrer Höhepunkte dar und mindert die Macht des »Künstlerromans« als Phantasma um nichts, im Gegenteil.[4]

*

Ein zentrales Thema des Phantasmas ist die Macht, die das Phantasma über die ihm Unterworfenen ausübt.

Warum ist Frau B. unglücklich? Weil das Leben als Ehefrau eines Landarztes sich durch unerträgliche Trivialität auszeichnet. Anders als Charles Bovary, der aufgrund seiner unerschütterlichen Liebe zu ihr genau das Stück Poesie gefunden hat, das seinem Leben Glanz gibt, konzentriert sich für sie die Unattraktivität des Lebens geradezu in ihm. »Alles, was Charles sagte, war platt wie ein Straßentrottoir, und Gemeinplätze und Binsenweisheiten zogen darauf vorbei, in ihrem alltäglichsten Gewand, ohne zum Aufbegehren, zum Lachen oder zum Nachdenken zu reizen. Solange er in Rouen lebte, erzählte er ihr, habe er nie den Drang verspürt, ein Pariser Gastspiel im Theater zu besuchen. Er konnte weder schwimmen noch fechten noch mit Pistolen umgehen, und als sie ihn eines Tages nach einem Ausdruck aus der Reitkunst fragte, auf den sie in einem Roman gestoßen war, konnte er ihn nicht erklären.« So bleibt ihr, neben der Romanlektüre, nur übrig, das Alltags-

---

4 Vgl. Michael Rutschky, *Die eigentliche Arbeit.* In: *Reise durch das Ungeschick.* Zürich: Haffmans 1990.

leben des Arzthaushalts zu organisieren, was ihr eine Zeitlang perfekt gelingt, so daß Charles wegen dieser Ehefrau Reputation gewinnt unter seinen Mitbürgern. Aber die Langeweile siegt. Das Kind, das sie später gebiert, läßt sie schon deshalb ohne Befriedigung, weil es kein Sohn ist; und einmal steht sie vor dem Bett mit dem schlafenden Mädchen (das nur Berthe heißt und nicht Galsuinde) und empfängt sozusagen die Wahrheit: »Seltsam, dachte Emma, wie häßlich das Kind ist.«

Zunächst also fesselt der Roman Frau B. nur, insofern er sie anhaltend an die Abwesenheit des Romans in ihrem Leben gemahnt. Dann aber beginnt die Durchdringung des einen durch das andere.

Ein Fest, zu dem der lokale Marquis den Landarzt und seine Frau aufs Schloß bittet. »Als Emma eintrat, fühlte sie sich von einem warmen Lufthauch umhüllt, einem Gemisch aus den Düften all der Blumen und der feinen Tischwäsche, dem Wohlgeruch der Speisen und der Trüffeln. Die Kerzen der Kandelaber spiegelten sich in langgezogenen Flammen in den Silberglocken des Tafelgeschirrs, und ein blasser Schimmer lag auf dem matt angelaufenen, geschliffenen Kristall. Die ganze Tafel war von oben bis unten mit Blumensträußen besetzt, einer stand neben dem andern. In den breitgeränderten Tellern lagen die Servietten, in Form von Bischofsmützen gefaltet ...« undsoweiter: Nichts in ihrem gewohnten Leben hätte bislang eine derart genießerische Sequenz von Großaufnahmen erheischt.

Was Emma bei diesem Fest lernt, ist, daß es schöne Dinge hier in der Welt gibt; wie eine Bürgerin der DDR, die zum ersten Mal ein westdeutsches Warenhaus besuchte. Über diese schönen Dinge dringt der Roman in Emmas Leben. Sie geht vom Romankonsum zum allgemeinen Konsumismus über, was schließlich ihren Untergang bewirkt, insofern sie sich, um all die schönen Dinge nach Belieben zu erwerben, hoffnungslos bei dem lokalen Händler, passenderweise mit Namen Lheureux, verschulden mußte. Der Händler hatte erkannt, wie sie dem Phantasieren verfallen war und wußte es auszunutzen. Wir können den kritischen Diskurs der Gegenwart mithören: Der Händler Lheureux präfiguriert den Bundeskanzler Kohl, der schon im Dezember 1989 erkennt, welche Sehnsuchtskräfte das westdeutsche Werbefernsehen in der DDR-Bevölkerung entfesselt hat; der Konsumismus, die Abhängigkeit des Phantasielebens von der Warenwelt, hat den Haushalt des Landarztes Bovary ruiniert, und er wird auch die Ökologie des Erdballs ruinieren, wenn wir nicht ...

Aber die eigentliche Zerstörung Emmas erfolgt durch den Liebesroman, den sie nicht nur lesen, sondern erleben will, die schönen Dinge, die sie darüber erwirbt, dienen nur als Requisiten in seinem Erzählzusammenhang. Der erste Versuch, mit Léon, dem Kanzlisten, verharrt noch in der Zone des Tagtraums; erst der zweite, mit Rodolphe, dem verbummelten Junggesellen und Grundbesitzer, führt zum Erfolg (weil er, anders als Léon, von sich aus die Affäre vorantreibt). »Immer wieder sagte sie sich: Ich habe einen Geliebten! einen Geliebten! Und diese Vorstellung beseligte sie ... Dann dachte sie wieder an die Heldinnen der Romane, die sie gelesen hatte, und die gefühlvolle Schar dieser Ehebrecherinnen sang in ihrem Gedächtnis mit schwesterlichen Stimmen, die sie bezauberten. Sie wurde selber gleichsam ein lebendiger Teil dieser Phantasiebilder, und die langen Träumereien ihrer Jugendzeit wurden Wirklichkeit, als sie sich nun zu dieser Art liebender Frauen zählte, die sie so sehr beneidet hatte.« Der reiche, leichtlebige, aber bürgerliche Rodolphe kann mühelos als Romanfigur im prosaischen Alltagsleben der Landarztfrau figurieren – ein echter Graf wäre schon zuviel. Auch heute orientiert sich, wie wir aus der Reklameforschung wissen, eine soziale Schicht mit ihren Wünschen kaum an der übernächsten oder gar der höchsten, sondern an der im sozialen Raum unmittelbar voraneilenden.

Zentrales Thema des Phantasmas ist die Macht, die das Phantasma über die ihm Unterworfenen ausübt. Der Liebesroman hat gesiegt, wenn Emma an ihm stirbt. Hierbei verfährt Flaubert mit sadistischer Kunstfertigkeit. Der noch gut ins bürgerliche Leben einmontierbare Ehebruch – freilich neigt Emma zu gefährlichen Exaltationen, die zur Entdeckung führen könnten – muß gesteigert werden zum Plan gemeinsamer Flucht (in luxuriöser Ausstattung: aber die Schulden bei Herrn Lheureux zählen dann ja ohnehin zum Zurückgelassenen). Die Fluchtpläne steigern Emmas Tagträume auf Breitleinwandformat: »Vierspännig galoppierte sie seit acht Tagen einem neuen Lande zu, aus dem sie nie wiederzukehren gedachte. Sie fuhren und fuhren dahin, hielten sich umschlungen und sprachen kein Wort. Manchmal sahen sie plötzlich von der Höhe eines Bergs eine herrliche Stadt mit Kuppeln, Brücken, Schiffen, Zitronenwäldern und Kathedralen aus weißem Marmor«, und man kann den Eindruck gewinnen, Madame Bovary erfinde einen Film von Steven Spielberg. Aber Rodolphe als versierter Schwerenöter macht am Abend vor der Flucht dem Roman ein Ende.

So muß Frau B. auf Léon zurückgreifen, der sich inzwischen auskennt mit dem Liebesroman und weiß, daß man über das Schmachten hinausgeht. Die Selbstdestruktion erfolgt dann nicht mittels der skandalösen Aufdeckung des Ehebruchs – weil Charles, der treue Esel, ihn einfach übersehen will –, sondern über jene Schuldenlast beim Händler Lheureux, die Frau B. mehr und mehr und mehr vergrößert hat – wie gesagt, der kritische Diskurs unserer Gegenwart klagt uns der Verschleuderung des Erdballs an im Zuge unserer konsumistischen Vergnügungen. »Manchmal versuchte sie freilich nachzurechnen, aber sie kam dabei auf derart haarsträubende Ergebnisse, daß sie nicht daran glauben konnte. Dann fing sie wieder von vorn an, brachte alsbald alles durcheinander, gab es schließlich auf, ein für allemal, und dachte nicht mehr daran.«

Der Ausweg ist der Tod. Mit weniger gäben wir uns nicht zufrieden. Frau B. schluckt Arsen und stirbt qualvoll langsam, eine der schönsten Gewaltdarstellungen der Weltliteratur. Für meinen Geschmack kann sie sich höchstens mit der Ermordung Nancys durch Sikes messen – Kapitel 47 und 48 in Charles Dickens' *Oliver Twist* –, ein Schauerstück, mit dessen Vortrag der sadistische Autor seine Vorlese-Tourneen zu krönen pflegte. »Heute habe ich den bisher besten ›Mord‹ geleistet! Wir hatten in Clifton eine förmliche Kettenreaktion von Ohnmachten, und dabei hatten wir das Lokal noch nicht einmal sonderlich überheizt – ich glaube, man hat im ganzen zwischen 20 und

30 Damen, steif und verkrampft, aus dem Saal tragen müssen: Ich bekam allmählich fast Lust zum Lachen.«[5]

Die Macht des Phantasmas über die ihm Unterworfenen ist vermutlich deshalb ein solch zentrales Thema, weil wir genau wissen, daß wir es nicht schaffen. Das Phantasma kann nicht hervorbringen, was wir mit »Das ist wirklich!« auszeichnen.

*

Wird Zeit, daß wir mal wieder in unser Paralleluniversum der Gewaltdarstellungen hineinschauen.

Der kritische Diskurs, der, statt ihnen gegenüberzustehen, wie er meint, vielfältig mit ihnen verflochten ist, er tendiert, wofür wir jeden Tag Beispiele finden, vom Leitartikel bis in die Leserbriefe hinein, dazu, »cautionary tales«, wie man im Englischen sagt, zu fabrizieren.

Sie folgen dem Muster von *Madame Bovary.* Hätte Frau B. nicht ihr Leben lang ihre Phantasien ungehemmt durch Romanlektüre anheizen können, sie wäre am Ende nicht diesen Phantasien erlegen; hätte unser jugendlicher Gewalttäter nicht die Gewalt per Horrorvideo, Actionfilm im Privatfernsehen, genießerische Berichterstattung von diversen Brennpunkten seit seiner Kindheit als höchsten Reiz kennengelernt, er wäre am Ende nicht ... Wobei wir an die Stelle des naiven Charles ein freundlich-indifferentes Elternpaar, das dem Kind stets seinen Willen ließ, einsetzen können. Die »cautionary tale« verrät den klerikalen Standpunkt. Menschen sind Zöglinge; der Leser oder Zuschauer bedarf der Leitung und Unterweisung, sein Lese- und Schaustoff muß *ad usum delphini,* wie die alte Formel aus der Prinzenerziehung lautet, präpariert werden, damit er keinen Schaden nehme. Insofern der Zuschauer der Staatsbürger, also der Souverän ist, verfolgt die Zensur dieselbe Intention wie beim Dauphin, dem künftigen König: Schlechte Lektüre würde seine politischen Handlungen schlecht beeinflussen.

Das kennen wir also. Wobei, wie gesagt, Frau B. bzw. dem jugendlichen Attentäter der klerikale Standpunkt interessanterweise verboten ist. »Ich zünde Ausländer an, weil ich von Kindheit auf Horrorvideos gesehen habe und Film und Wirklichkeit nicht mehr unterscheiden kann«: kein Mikrophon zur Stelle, ein solches Geständnis zu protokollieren. – Auf einen besonderen Aspekt des klerikalen Standpunkts möchte ich aber noch hinweisen.

Emma Bovary kann die Romane und dann die anderen schönen Dinge auf dem Markt frei erwerben, und unser kritischer Diskurs in der Gegenwart erörtert gern, ob das in puncto Gewalt-, aber auch Sexualdarstellungen besser unterbunden würde. Was nun die Symbolwelt angeht, deren sich unsere politischen Gewalttäter seit der Wiedervereinigung vorzüglich bedienen, die der Nazis – was den Gewalttätern diese ungeheure Resonanz verschafft –, so kann man die Geschichte auch im Hinblick darauf erzählen, daß dies ganze Repertoire a priori dem klerikalen Standpunkt unterlag, es ist in

---

5 Zitiert nach Arno Schmidt, *Der Triton mit dem Sonnenschirm.* Karlsruhe: Stahlberg 1969.

Deutschland einfach verboten, in der ehemaligen DDR um acht Grade härter. Diese Unzugänglichkeit des Symbolrepertoires, kann man die Geschichte erzählen, garantiert seine Wirkkraft, Tabus funktionieren nur, wenn sie immer wieder gebrochen werden, ein Mechanismus, auf den sich die Neonazis vorzüglich verstehen.

Zum Schluß möchte ich auf einen Punkt kommen, in dem *Madame Bovary* als Organon unserer gegenwärtigen Erfahrung versagt.

Maxime Du Camp hat berichtet, wie Flaubert ihm und Louis Bouilhet in einer Marathonsitzung das Drehbuch zu seinem Fantasy-Film über den Heiligen Antonius vorgelesen habe, wie entsetzt sie beide davon waren, und wie Bouilhet, dessen handwerkliche Ratschläge Flaubert sehr schätzte, ihm statt dessen vorschlug, die Geschichte Delaunays zu schreiben. »Delaunay war ein armer Teufel von Landarzt, der Schüler des alten Flaubert [ein hochberühmter Mediziner] gewesen war und den wir gekannt hatten. Er hatte sich in der Nähe von Rouen, in Bon-Secours, als Arzt niedergelassen. In erster Ehe war er mit einer Frau verheiratet gewesen, die älter war als er und die er für reich gehalten hatte, er wurde Witwer und heiratete ein junges Mädchen ohne Vermögen, das in einem Pensionat von Rouen eine gewisse Erziehung genossen hatte ... Delaunay verehrte diese Frau, die sich kaum um ihn kümmerte, sondern auf Abenteuer ausging und unersättlich war ... Von Schulden erdrückt, verfolgt von ihren Gläubigern, geschlagen von ihren Liebhabern, für die sie ihren Mann bestahl, erlag sie einem Anfall von Verzweiflung und vergiftete sich.«[6]

Der Weg von Madame Delaunay zu Madame Bovary führt nur in diese Richtung (abgesehen davon, daß Maxime Du Camp die Delaunay-Geschichte bereits als Bovary-Geschichte nacherzählt). Flaubert als Romanautor ist in der Welt Madame Bovarys in keiner Verkleidung denkbar (während ein Roman wie *Madame Bovary* durchaus zu ihrer Lektüre zählen dürfte).

Das ist heute anders. Längst wäre Madame Delaunay respektive Bovary in den Bekenntniskeller von Frau Storkebaum auf Sat 1 oder eine andere Tränensendung geladen gewesen, wo sie freilich nur dann auf Zuschauer hätte rechnen dürfen, wenn sie über Ehebruch und Verschuldung hinaus hätte gestehen können, daß sie, meinetwegen, als Kind jahrelang von ihrem leiblichen Vater mißbraucht worden und eigentlich ein Mann ist, in dem aber die Seele einer Frau steckt, die schließlich durch eine anatomische Operation befreit wurde. Oder so ähnlich. Hätte Madame Bovary gewußt, daß ihr in Gustave Flaubert der Retter erwuchs, der ihrem Leben den Glanz des Romans verliehe ... Heute darf jeder dank des Fernsehens die Viertelstunde erwarten, die er weltberühmt ist.

Karl Kraus hat die Selbstreferentialität der Medien schon anläßlich der Zeitungen gegeißelt; die Phrase gebiert die Welt, ein Bannfluch, der sich einer religiösen Idee der unbesprochenen und ungezeigten Welt verdankt, die wir nicht mehr teilen können. Daß das Fernsehen die Wirklichkeit zu

---

6 Gerd Haffmans/Franz Cavigelli, *Über Gustave Flaubert.* Zürich: Diogenes 1979.

produzieren vermag, die es nur widerzuspiegeln vorgibt, wird im Hinblick auf die Gewaltdarstellungen besonders prekär. Der jugendliche Brandstifter darf sicher sein, daß er am nächsten Tag in allen Nachrichtensendungen ist und der Bundespräsident persönlich ihn als Vertreter eines Deutschtums verurteilt, das Vergangenheit ist, das wir nicht mehr verkörpern. Haargenau so entspricht es auch seiner Überzeugung. Er hat es geschafft, er hat seinem Kriegs- oder Ritterroman die entsprechende Macht verliehen, wie die Reaktion lehrt.

Diese Selbstreferentialität ist es am Ende, die zu erkennen so schwer macht, daß wir uns gleichwohl selber in einem Roman befinden, wenn wir darüber nachdenken, schreiben oder sprechen, daß die Grenzen der Welt die Grenzen des Fernsehens seien und wie wir sie enger ziehen könnten.

Manfred Schneider

Die Erotik des Fernsehsports

Beobachtungen zur Liturgie alltäglicher heroischer Ereignisse

Sporthelden sind von alters her Objekte medial abgestützter Verehrung und Erotisierung. Zwar besteht durchaus ein Unterschied zwischen einem Pindarischen Preisgesang auf den Olympiasieger im Faustkampf des Jahres 490 vor Christus und einer Hommage auf den Berufsboxer Henry Maske im Fernsehen. Doch neben den augenfälligen Unterschieden zwischen einem Vershymnus in Daktylen und einem elektronischen Feature gibt es noch andere bemerkenswerte Differenzen, die uns auch an verschiedene Rätsel unserer eigenen Kultur erinnern. Die antiken Sport- und Militärhelden wurden beispielsweise nicht interviewt. Nachdem Achilles im Kampf um Troja seinen Gegner Hektor dreimal um die Stadtmauer gejagt und ihn anschließend mit einem Schwertstich durch den Hals erledigt hatte, gab er kein Statement ab zu seinen Seelenzuständen während des Duells. Welch kostbares Testament einer Helden-Seele ist uns damit entgangen! Wir können nur spekulieren, welche geflügelten Worte Achilles hätte sprechen können. Vielleicht diese: »Ich habe ein tolles Feeling nach diesem Sieg. Mit Sicherheit war es ein schwerer Fight. Aber bereits heute früh beim Aufwärmen habe ich gespürt, daß ich gut drauf bin!«

Das hätte er sagen können, aber Homer hat keinen seiner Helden zum Interview gebeten. Überhaupt ist die heroische Innenperspektive erst eine Errungenschaft des Industriezeitalters. Sie wurde exakt zeitgleich mit dem modernen Wettkampfsport erfunden. Das ausgehende 18. Jahrhundert verband die Idee, das Maß von Leistungen an Uhren abzulesen, mit dem Kunststück, die Seelen von militärischen, erotischen, athletischen Helden zum Sprechen zu bringen. – Die Literatur kennt ein berühmtes Beispiel. Kaum hatte der Romanheld Werther mit Lotte den ersten Walzer der deutschen Literaturgeschichte getanzt – und das war eine ebenso sportliche wie erotische Ekstase –, da setzte er sich hin, um für seinen Freund das Protokoll der beim Tanz durchlebten Seelenregungen niederzuschreiben. Werthers geflügelte Worte über die Ekstase lauteten: »Ich war kein Mensch mehr ..., alles ringsumher verging«. Das könnte heute auch ein Boxer über seinen letzten K.-o.-Blackout berichten; keineswegs aber ein Held der Antike über ein Siegesglück. Die alten epischen und dramatischen Helden erzählten von ihren Leistungen und Fähigkeiten niemals aus der Tiefe einer Innenperspektive, sondern sie sprachen und dachten völlig im Außen ihrer Loyalitäten. Achilles und Hektor kämpften für ihre Sache, vor allem jedoch für Götter – im Falle des Trojanischen Krieges für Athene und Apollon.

Heute haben wir über die Götter zwar allerlei Dämmerungen gebreitet, doch die Helden stehen noch im hellsten Licht. Und auch unsere zeitgenössischen Helden agieren immer noch als Vertreter; zwar kämpfen sie kaum noch für Athene oder Apollon, sofern nicht gerade eine Limonade so heißt, sondern für Italien oder Deutschland, für Mercedes oder Adidas, für die Deutsche Bank oder Zamek-Suppen. Die heroischen Leistungen unserer Tage stehen in keinen kultisch gesicherten, religiösen oder mythischen Bezügen mehr; die Helden verzehren sich allein für die Welt. Hingegen brachte die Antike körperliche oder auch intellektuelle Verausgabungen stets den Göttern als Opfer dar.[1] Das machte die Taten der Helden für alle Sterblichen überhaupt erlebbar.

Damit heute sportliche Leistungen erlebbar werden, müssen die heroischen Leiber erst einmal aufwendig emblematisiert werden. Solche Embleme verleihen den Körpern der Sportler Schwere und Wert. Die Organe der Athleten speichern nicht nur ein seltenes physisches Potential, sondern sie hüllen sich überdies in ein mystisches Konzentrat, in einen dichten Nebel von Sinn und Wahrheit. Noch bis weit ins 18. Jahrhundert hinein investierten die alten soldatischen Helden ihre körperlichen Kräfte in große symbolische Korporationen: in Gott, den König, das Reich, die Kirche, das edle Blut. Diese Körperschaften verschwanden nach und nach seit dem 18. Jahrhundert zugunsten anderer Organisationen wie Vaterländer, Familien, Firmen, Vereine, von denen wir heute einen zweiten emblematischen Namen erhalten. Doch gelten diese Namengeber als instabile Größen, die kommen und verschwinden. Um dieses Verschwinden wenigstens augenblicksweise anzuhalten, müssen die Helden das Wort ergreifen und die Wahrheit einer Stunde ins Unvergeßliche heben. Das Betriebsgeheimnis dieses Rituals lautet: Gib dem Augenblick einen Rahmen und verleibe ihn dem Gedächtnis ein! Solchen festlichen Momenten verdanken wir die Blicke in die Seelen der Helden von Literatur, Politik, Sport; und aus dem Herzen dieses Kairos empfangen wir die heiligen Nichtigkeiten, die die Reporter über die Lippen der Möllers, Thons, Krabbes, Beckers oder Grafs locken. Die auf ewig verlorene heroische Epoche Pindars, Homers oder auch noch Goethes, der bekanntlich ein leidenschaftlicher Schlittschuhläufer war, übertrug noch den Dichtern die Aufgabe, den Helden zu preisen und ihm geflügelte Worte in den Mund zu legen. Das Unglück des Authentischen, das uns unser Medienzeitalter auferlegt, entreißt dem Helden oder (um eine andere homerische Formel zu zitieren:) dem Gehege seiner Zähne die überwältigend nichtssagenden Mitteilungen aus seinem heroischen Innenleben.

Wo die Götter, der Himmel, das Schicksal als Höhen- oder Tiefendimensionen des Alltags fehlen, dort sorgen wir eben auf andere Weise dafür, daß wir nicht nur auf der Haut der Stunden vegetieren. Mit Hilfe der im Fernsehen bekränzten Sportler und anderer Helden des Alltags ziehen wir über den gleichgültigen Gang der Dinge eine Schicht von künstlichen Ereignissen. Solche Ereignisse unterbrechen die kontinuierliche Zeit, indem sie emblematisierte Körper in Gefahr geraten lassen oder eben auch vernichten. Zwar gibt es allerhand Ereignisse, die im Realen vorfallen wie Unglücksfälle und Verbrechen, aber sie reichen einfach nicht aus für den steigenden Bedarf an Unterbrechungen und Erregungen des Alltags. So muß durch Spiele und

[1] Vgl. Roger Caillois, *Der Mensch und das Heilige.* München: Hanser 1988.

Inszenierungen von Gefahren die Masse solcher Ereignisse, die uns zur Akzentuierung der indifferenten Zeit nötig sind, vermehrt werden.

Der moderne Wettkampfsport, dessen faszinierte Zeugen wir alle sind, schenkt der Welt eine neue Form der physischen Ostentation: Der Körper wird in einem ereignishaltigen Kontext ausgestellt. Die alte aristokratische Darbietung des Körpers beim Reiten, Fechten oder beim Tanz bot dem Zuschauer distinktive, nämlich adlige ästhetische Qualitäten dar wie Schönheit, Eleganz, Grazie. Solche Darbietung ging freilich überaus verschwenderisch mit der Zeit um. Der kulturelle Wandel, der mit der Einführung des Wettkampfsports Ende des 18. Jahrhunderts[2] den Sekundentakt der Uhren an die Stelle von Gottes Ewigkeit rückte und damit die sozialen Systeme in einen andauernden dynamischen Zustand versetzte, läßt sich an dem Wort »Karriere« illustrieren: Ursprünglich bezeichnete »carrière« einen Schauplatz, wo die Pferdedressuren der absolutistischen Hoffeste aufgeführt wurden; an diesen Stätten sollten gleichfalls die aristokratischen Qualitäten Schönheit, Zierlichkeit, Positur und Körperbeherrschung ins Auge fallen. Von solcher Ästhetik zeugt auch noch eine verlorene Nebenbedeutung des Wortes »carrière«: eine Gangart, bei der die Pferde nicht außer Atem geraten. Später nahm das Wort die Bedeutung von Wettkampfrennbahn an und zugleich den uns vertrauten Sinn eines sozialen Aufstiegs durch Investition von Energien und Kapitalien. Der französische Theoretiker der Geschwindigkeit, Paul Virilio, sieht daher die postmodernen Körper und Informationen einer »Logik der Rennbahn« (i.e. Dromologie) unterworfen.

Im Unterschied zur gelassenen, zeitaufwendigen aristokratischen Ostentation der Grazie zielte die neue (bürgerliche) Darbietung des Körpers seit 1800 eher auf Exhaustion, auf die vorübergehende Erschöpfung aller Kräfte, die im Sport spielerisch mobilisiert werden. Doch gingen in diese Spiele des 18. und 19. Jahrhunderts noch eine Reihe ernster Anstrengungen ein, die sich erst seit den letzten Jahrzehnten unserer Zeit zu verflüchtigen scheinen. Der Sport nahm seinen ersten Aufschwung um 1800 im Zeichen von veränderten militärischen Kampfweisen. Mit Napoleon wuchsen nicht nur die Volksheere aus dem geliebten Boden der Vaterländer, sondern neue taktische Prinzipien erlösten den Soldaten von dem stupiden Exerzieren der Vergangenheit. Er verwandelte sich jetzt in einen beweglichen, sportlich trainierten, körperlich leistungsfähigen Kämpfer. So verfolgte jeden Sportler, ob er nun auf seinem Pferd über die Weidezäune hetzte oder ob er auf der Hasenheide Klimmzüge übte, der Schatten eines Soldaten, mit dem er jederzeit durch Rekrutierung und Mobilisierung verschmelzen konnte.

Selbst die spielerischsten Bewegungsübungen jeder Epoche und jeder Kultur verweisen auf symbolische Verhältnisse und harte Regularien innerhalb der sozialen Systeme. So gehörte das aristokratische Ballett zur aufwendigen Selbstrepräsentation der alten Feudalmächte[3], das Turnen der Lands-

---

2 Vgl. Henning Eichberg, *Leistung, Spannung, Geschwindigkeit. Sport und Tanz im gesellschaftlichen Wandel des 18./19. Jahrhunderts.* Stuttgart: Klett-Cotta 1978.

3 Vgl. Rudolf zur Lippe, *Naturbeherrschung am Menschen.* Frankfurt: Suhrkamp 1974.

mannschaften oder der studentische Fußball verwiesen auf die frühkapitalistische Konkurrenz, und so erkennt sich unsere Zeit mühelos in den von den Massenmedien inszenierten Leistungssportarten wieder.[4] Während aber das ritterliche Turnier oder das Turnen auf der Hasenheide auch militärisch nützliche Bewegungsabläufe ins Repertoire nahmen, ist unser Sport an die Stelle des Krieges selbst getreten. Brecht konnte noch in der Schwebe halten, welches das unglücklichere Land sei, eines das keine Helden hat, oder eines, das Helden benötigt *(Das Leben des Galilei).* Wir hingegen können, unbeschwert von jedem Zweifel, behaupten: Unglücklich ist das Unterhaltungssystem, das keine Helden hat. Der Held des Unterhaltungssystems, der Athlet, der Champion bestimmter hochspezialisierter Exerzitien, ist heute kein virtueller Soldat mehr, sondern ein Held im Simulacrum des Krieges. In unserem von Jean Baudrillard proklamierten Zeitalter der Simulationen[5] spielen die sportlichen Kriegsereignisse nicht mehr auf der heroischen Oberfläche von Völkerschaften, die in ihrem Unbewußten Krieg miteinander führen. Heute läßt nur noch der Sport kleine Kriege zu; doch es ist offenbar unvermeidlich, daß dabei von ferne alte feindselige Formeln in die Ereignisse hineinklingen. Der deutsche Fußball kann so viele Dolls und Möllers hervorbringen, wie er will; Berti Vogts' Männer, die sich ja auch selbst gern den Namen einer Truppe geben, werden in Italien weiter »i panzeri« und in England » the tanks« heißen. Und wenn auch die Kontrahenten auf dem Fußballplatz die herzlichsten Freundschaftsgesten tauschen, die Fans, die Hooligans werden dafür sorgen, daß das Kriegsspiel nicht restlos in der Sklerose des Scheins verfällt.

Was aber ist ein Held? Der Held ist ein paradigmatischer Mensch. Und trotz begreiflicher feministischer Einwände bleibt einstweilen gültig, daß ein paradigmatischer Mensch ein Mann ist. Als Held verkörperte stets nur der Mann auf beispielhafte Weise die jeweils kulturell oder militärisch geforderten idealen Eigenschaften. Insofern leben wir dort, wo Helden gezüchtet werden, auch heute noch in einer mythischen Epoche. Der alte Held, der Held der heroischen Zeitalter, konnte Anspruch auf die edelsten Frauen erheben. Könige und Fürsten taten gut daran, ihren erfolgreichen Feldherren die schönsten Landestöchter und die besten Lehen zu vermachen. Das Protokoll der Schlacht von Roncevaux, das im mittelalterlichen *Rolandslied* nachzulesen ist, vermerkt die Anfeuerungsrufe des heidnischen Heerführers: »Ich werde euch edle, schöne Frauen geben, dazu Lehen, Ämter, Ländereien«. So züchtet man Helden. Der Vorzug, den der Held genießt, beruht auf der biologischen Präferenz für einen vermeintlich herausragenden Erbgutträger. Der Held verfügt über jenen Satz von physischen Eigenschaften, die ein soziales System favorisiert. Das hebt ihn heraus zum bevorzugten Objekt der Blicke. Heute erzeugt und verstärkt das Fernsehen die heroischen Qualitäten, weil es selbst eine Attraktion des Sehens ist. Die auf den Helden gerichteten begehrlichen Blicke akkumulieren zweierlei: auf seiten der Frauen das

---

4 Vgl. Gerd Hortleder/Gunter Gebauer (Hrsg.), *Sport – Eros – Tod.* Frankfurt. Suhrkamp 1986.

5 Jean Baudrillard, *Simulacres et simulation.* Paris: éditions galilée 1981.

sexuelle Interesse und auf seiten der Männer das Verlangen, wie der Held zu sein oder zu werden. Der Massenpunkt des Helden ist jedoch sein Name, und Heldennamen begründeten einst Genealogien.

Aus dem Status des Helden, des Namensträgers, dessen Körper alle mit den Augen zu verzehren wünschen, ergibt sich auch die Erotik. Inszenierte körperliche Qualitäten, die Blicke auf sich ziehen, erzeugen erotische Spannung. Die Veränderung und unabsehbare Vermehrung der Erotik in unseren Tagen hängt mit drei offensichtlichen Entwicklungen zusammen.

Erstens: Soziale Systeme, die sich auf immer mehr und immer höheren Leistungen, das heißt Spannungszuständen von immer mehr Mitgliedern errichten, müssen auch die Menge der erotischen und materiellen Prämien für diese Spannungen vermehren. Zweitens: Das Fernsehen ist ein System des Blickens, das immer mehr Helden hervorbringen muß, um den ständigen Bedarf an Spannung, den es zu befriedigen hat, auch auf optisch adäquate Weise zu erfüllen. Drittens: Auf die heroische Szene des Blickens sind längst Frauen getreten.

Gerade der Einzug der Frauen in die Szene des visuellen Heldentums hat die Erotik umgewälzt. Das Neue in unserer Epoche ist die Ausstellung des weiblichen Körpers im Zeichen von sportlichen Risiken. Die alte Geschlechtermythologie bannte den Frauenkörper in zahlreiche symbolische und pragmatische Schutzmaßnahmen. Die Emanzipation des Frauensports ging deshalb einher mit leidenschaftlichen Diskussionen darüber, was der feminine Körper überhaupt auszuhalten in der Lage ist. Der Körper der Frauen wurde ja auch nie für den kriegerischen Verlust bestimmt; nahezu alle Kulturen nahmen die Frauen vom kriegerischen Dienst aus; dieser Arbeitsteilung lag allerdings das Kalkül zugrunde, daß jeder Frauenkörper für das Überleben eines Volkes mehr zählt als ein Mann. Die Zeugung eines Kindes beansprucht die weiblichen Organe wenigstens neun Monate, die männlichen Organe hingegen nur wenige Sekunden. Nach der Zeitrechnung des Talmud (Buch Sota) dauert der männliche Beitrag zur Zeugung etwa so lange, wie man benötigt, um eine Dattelpalme zu umkreisen. Der Weg um die Dattelpalme war die vortechnische talmudische Uhr. Die Umkreisung der Dattelpalme zum Ziel der Vaterschaft ist kurz, der Weg zum Heldentum führt über längere Karrieren: Achill benötigte drei Umkreisungen Trojas, um ein Held zu werden; ein Sportler, der Olympiasieger werden will, benötigt ein Viertel der Stadionbahn bis 25 Umkreisungen.

Das moderne Heldentum des Sports hebt zwar traditionelle Trennungen der Geschlechter auf, aber er beseitigt nicht die Distinktionen der Erotik: Die weibliche Erotik beruht zumeist auf der bewegten Ostentation eines Körpers, der schön, graziös, elegant, jugendlich ist, physische Qualitäten, die sich allenfalls durch Zugaben wie Tugend, Reichtum, Bildung steigern ließen. Die männliche Erotik wohnt nach wie vor im Namen, selbst wenn sein Träger Eigentümer eines Modellathletenkörpers ist. Der Athletenkörper ist trotz aller ästhetischen und erotischen Qualitäten, die er auf seinem Außen verteilen kann, ein Arbeitskörper, ein virtueller Maschinenkörper. Die pure physische Ausstellung des Männerkörpers – sei es beim Striptease oder in Bodybuilding-Shows - wirkt nach wie vor eher komisch, und das Komische ist der geschworene Feind des Erotischen.

Man muß sich auf solche kulturellen Unterschiede in der Ostentation der Geschlechterkörper besinnen, sonst bleibt jene universale Show des Sports unbegreiflich, die ohne Unterlaß kleine Kriegssimulacren inszeniert, um sie in die orbitale Sichtbarkeit des heutigen Fernsehens zu erheben. Der moderne fernsehfähige Sport ist Hochleistungs- und Wettkampfsport. Zahlen und Zeiten bilden seinen Code. Die Wettkämpfe fänden indessen erheblich geringeres Interesse, würden sie nicht durch regionale, nationale, ökonomische oder eben auch personale Emblematiken für das Publikum erlebbar gemacht. AC Mailand gegen Inter, das ist nicht nur der kleine Krieg zweier Vereine und Stadtteile, sondern auch ein Krieg der Unternehmensnamen Berlusconi gegen Fitgar, und bis vor kurzem auch noch der Stellvertreterkrieg Holland gegen Deutschland. Das Duell Schalke gegen Bayern München konfrontiert nicht nur Preußen und Bayern, Vorstadt und Metropole, Schwerindustrie und Elektronik, sondern auch mythisch: Kreisel und Doppelpaß, Kuzorra und Beckenbauer. Die sportlichen Vorzeiten stiften Mythen, die sich wieder in Namen und Emblemen sedimentieren. Von dort schreiben sich dann die homerischen Funktionen der Reporter und Sportjournalisten her. Sie müssen allen Ereignissen auf der Oberfläche der Gegenwart eine mythische Dimension hinzudichten, damit sich ein Kreis von Erlebbarkeit um das kriegerische Simulacrum schließt. Der listige, vielduldende Odysseus und der tapfere, aber eigentlich etwas tumbe Achill kehren wieder in den Beinamen unserer Sporthelden - ob es nun Häßler ist, der fern von Ithaka (Köln) für andere Krieg führen muß; oder eben jener tumbe Mittelstürmer, der trotz Beschwerden an der Achillessehne dem Gegner die meisten Wunden zufügt, der aber niemals ein wirklicher Kriegsführer wird - ob er nun Seeler, Müller, Hrubesch oder Dieter Höneß heißt.

Die mythischen Erinnerungen und Simulacren des Krieges reichen aber noch nicht hin, um den Namen der Helden zu erhärten und um das Verlangen der Blicke auf seinem Körper zu konzentrieren. Im Unterschied zum Frauenkörper, dessen Wert sich nach seiner Ausstellungsfähigkeit bemißt, rechnet die Börse der Männerkörper nach Investitionen. Der männliche Held erwirbt sein Prestige über vitale Risiken: Am höchsten gilt dabei die Investition des Lebens. Auf den Helden früherer Tage regnete der Lorbeer herab, weil er den Tod nicht fürchtete. Zwar droht der Tod heute nur noch in wenigen Sportarten - im Boxen vielleicht, im Motorsport gewiß; aber das Verlangen nach kriegerischen und mörderischen Ereignissen mußte erst durch einen langen Prozeß der Sublimation, ehe todbringende Spiele wie Gladiatorenkämpfe unter Verbote fielen oder bis das äußerste Risiko nicht mehr in Kauf genommen wurde wie in den Wettkampfsportarten Rugby, American Football noch zu Beginn dieses Jahrhunderts. Andrei S. Markovits hat im *Raben* (Nr. 28, Sommer 1990) erzählt, daß gerade eine mediale Verallgemeinerung des American Football, nämlich das Foto eines furchtbar zugerichteten Spielers, die Intervention des Präsidenten Roosevelt 1905 provozierte, der auf eine Reform des Spiels drängte. So blieben die wenigen auch heute noch mit Todesgefahren verbundenen Sportarten im wesentlichen eine Domäne von Männern, die hohe körperliche Investitionen und Risiken auf sich nehmen und mögliche Entstellungen ihres Körpers, Narben, platte Nasen, Krücken nicht fürchten.

Eine Ästhetik der körperlichen Risiken sorgt bis auf den heutigen Tag dafür, daß der Einsatz des Lebens oder der Unversehrtheit von Frauen als obszön gilt. Diese unterschiedliche Ästhetik beeinflußt nicht nur diverse Regelwerke und das Verhalten der Sportler selbst, sondern läßt sich auch an den Reaktionsweisen der Fernsehkamera beobachten. Während der männliche Körper am Rande des Todes, beim Kampf gegen den Schmerz oder gegen den Blackout das Kameraauge magisch anzieht und den Zoom in Aktion versetzt, um die Authentizität und Wahrheit dieses Sterbens sichtbar zu machen, bleibt die Kamera auf Distanz, wenn ihr das Unglück einer Frau ins Auge fällt. Stürze von Frauen aus Zufall oder wegen Verletzungen, weibliche Erschöpfung oder Schmerz evozieren nicht die Erotik des männlichen Heldentums. Die weibliche Exhaustion führt das Auge vielmehr an jene Grenze, die in der Sprache der Erotik der kleine Tod heißt. Im erotischen Roman des 17. und 18. Jahrhunderts rief die weibliche Heldin auf dem Höhepunkt der Lust stets »ich sterbe«.[6] Ein gefallener Mann gewann an Ehre, die gefallene Frau hatte sie verloren. So erzielen die Bilder von erschöpften Sportlerinnen immer noch einen mit sexueller Bedeutung belasteten visuellen Grenzwert – jedenfalls innerhalb der heiligen Echtzeit des Fernseheereignisses.

Während die männlichen Fußballspieler großartige Inszenierungen für reale und fiktive Verletzungen erfinden, halten sich Frauen hier offensichtlich zurück. Als Arantxa Sánchez während ihres Matches gegen Mary Joe Fernandez beim letzten Turnier in Berlin 1992 stürzte und ebenso unglücklich wie unschicklich auf dem Court lag, da verdeckte sie schamhaft ihr Gesicht, um die physiognomische Schmerzreaktion nicht preiszugeben. Die Kamera legte sich immerhin die Zurückhaltung der Halbtotalen auf. Dagegen gibt es beim Boxen nicht die geringste Scham der Kamera. Sie stürzt in die allernächste Nähe, wenn es gilt, einen niedergeschlagenen Fighter in die Großaufnahme zu bannen und die Agonie des Bewußtseins zu beobachten. Andererseits gilt im Männersport der absolute Ausschluß des sexuellen Risikos: Jeder kennt die Schutzgesten der Fußballspieler bei Freistößen. Im Konfliktfall nehmen die Verteidiger lieber die kollektive symbolische Kastration eines Tors in Kauf, als die individuelle reale. Alle männlichen Organe stehen für das Opfer bereit, doch die Grenze bildet die Kastration. Die Boxer dürfen sich den Kopf zerschlagen bis zum Infarkt des Gehirns; hingegen bleibt der Unterleib durch Regeln und Symbole geschützt.

In den Entscheidungen, was, aus welcher Distanz, in welcher Form und zu welcher Tageszeit sichtbar wird, entwickelt das Fernsehen seine Macht und seinen Einfluß auf ganz andere Weise, als es bislang Medienpsychologen behauptet haben. Denn von Bedeutung ist kaum das, was in einer altmodischen

---

[6] Vgl. Manfred Schneider, *Liebe und Betrug. Die Sprachen des Verlangens.* München: Hanser 1992.

Formel der Inhalt heißt, also das, was gesagt wird. Worte fallen sowieso gleich wieder ins Vergessen. Vielmehr liegt die Fernsehmacht bei den Entscheidungen über die Sichtbarkeit, die unsere Kultur prägt und verändert. Denn jede Kultur macht Unterschiede in dem, was sie zu sehen gibt und was nicht. Mögen darüber früher einmal Priester, Politiker im Zusammenspiel mit anderen Regisseuren der Macht entschieden haben; heute liegt diese Normierungsfunktion ganz offensichtlich beim Fernsehen. Man muß ja nicht nur an das medienpädagogische Paradethema der Gewalt denken. So hat die ubiquitäre Sichtbarkeit des Sports beispielsweise dazu geführt, daß Zwitter, Transsexuelle und Sportlerinnen mit extremem Körperbild, wie sie beispielsweise in den sechziger Jahren noch von Ostblockstaaten in die Arenen geschickt wurden, nicht mehr auf den Sportstätten erscheinen. Als das von Athleten produzierte nationale Prestige noch vor allem über Printmedien, Medaillenspiegel und Nachrichtenagenturen verbreitet wurde, da herrschten noch Dominas und Sportlerinnen wie etwa Tamara Press, die leibhaftig einem Fünfjahresplan der alten sowjetischen Schwerindustrie entstiegen zu sein schien; das Fernsehen wies aber hier wie auch anderswo optischen Abweichlern den Weg aus der Sichtbarkeit.

Denn das Fernsehen ist die Implementierung des heute universal gewordenen Wunsches, den der Ruhm hervorruft: die zum Namen gehörenden Körper auch zu sehen. Nur muß das Fernsehen die Szenen für diese Sichtbarkeit mitliefern: den weiblichen Körper in seiner bewegten Ausstellung, den männlichen bei der Arbeit gegen den Tod. So fliegen beiden als Trägern wieder eines anderen Verlangens, nämlich des Konsumverlangens, Blicke und Begehren zu. Daß diese beiden Typen erotischer Inszenierung, der weibliche und männliche, gegenwärtig allgemein sind, das läßt sich auf einer anderen Szene beobachten, die die beiden Geschlechter seit längerem miteinander teilen: auf der Showbühne. Der weibliche wie der männliche Gesangstar simulieren und agieren die Exhaustion, die Erschöpfung, während beide von nichts als dem Verlangen singen. Doch die weibliche Ekstase durch Verausgabung ist stets eine unmißverständlich erotische, während der maskuline Star die Arbeitsmaschine imitiert, die im Kampf gegen den Tod ihr Letztes gibt. Michael Jacksons Erfolg ist der Erotik dieser perfekten Maschinensimulation zu danken. Ganz entsprechend nahm man auch zunächst den Unterschied wahr zwischen weiblichem und männlichem Stöhnen beim Tennis. Jimmy Connors wird von der gesamten Tenniswelt als ehrlicher Arbeiter geschätzt und inzwischen auch heroisiert; sein Ächzen gilt als ein Arbeitsgeräusch; hingegen klingen die Stoßseufzer oder Schlagseufzer beim Tennis – ob sie von Monica Seles oder von Gabriela Sabatini kommen – in den (Männer-)Ohren der Funktionäre eher als erotisches Signal.

Das Fernsehen propagiert und reglementiert ja nicht nur die Erotik des Leistungssports, sondern – was viel folgenreicher ist – überschreibt sie auch auf die Emblematik des zivilen Lebens. Politiker gerieten keineswegs erst durch Attentäter und Terroristen in den Bannkreis des Todes. Auch die Helden der Macht müssen durch Exhaustion ihren Namen befestigen. Während aber noch in den fünfziger und sechziger Jahren der Herzinfarkt das stolze

Emblem der Wirtschafts- und Politikmanager bildete, muß ein Politiker heute durch möglichst exzessives Jogging seine körperlichen Risiken ausstellen. Helmut Schmidt gehörte noch wie Präsident Eisenhower zum alten Typus; indessen demonstriert Helmut Kohl seine Todesverachtung noch altmodischer durch furchtlosen Genuß von fetten Speisen (auch unser Bundeskanzler hatte einmal einen Blackout, aber nicht beim Essen wie Bush).

Aber es war auch das Fernsehen, das mit der von vielen Sportlern und Politikern geförderten Trimm-dich-Kampagne die zivile Mobilmachung der Deutschen in Gang setzte. Der deutsche Wald, dessen Geheimnisse sich jahrhundertelang Jäger, Wanderer und Kräuterweiblein geteilt hatten, mußte sein mystisches Dunkel plötzlich Kolonnen von Dauerläufern preisgeben, die sich auf die Flucht vor dem Stigma des kurzen Atems begaben. Viele Kommentatoren schrieben die Wahlniederlage Jimmy Carters 1980 vor allem der Geiselaffäre im Iran zu; sie vergaßen, daß Carter (wie im vorletzten Jahr auch George Bush) einen Kollaps beim Jogging erlitten hatte, dessen Fotodokument 1980 um die Welt ging. – Politikerkörper dienen ebenso wie Sportlerkörper unserer Kultur als lebendige Karyatiden, und sie können nicht ohne nachhaltige Erschütterung des Publikums kollabieren. So entwickeln sich immer stärkere Interferenzen zwischen dem Sport und der Politik beziehungsweise der Kultur. Wechselseitig beleihen Sport und Politik ihre Designs. Denn viele Helden, die auf diesem Interface der Gegenwart erscheinen, tragen dafür Sorge, daß sie und ihre Körper über ein heroisches Doppel oder ein intellektuelles Reserve-Image verfügen. Der Politiker legt Wert auf ein sportliches Profil wie der Dauerläufer und Drachenflieger Heiner Geißler oder der Fahrradfahrer Norbert Blüm. Zugleich bemüht sich mancher Spitzensportler darum, eine zweite Existenz als Denker zu begründen. Im Kommentar des Boxkampfes zwischen George Foreman und Alex Stuart konnte man noch vor wenigen Monaten hören, daß es sich bei den beiden nicht um Krieger in einer Materialschlacht handelte, sondern um Menschen. Denn sobald sie die Zunge vom Mundschutz befreiten und das Wort ergriffen, fiele die Maske des Totschlägers ab und träten die sokratischen Züge des Philosophen ans Licht. Tatsächlich hatten sich die beiden Boxer so zugerichtet, daß sie schon einen austrainierten philosophischen Verstand benötigten, um am Ende des Wettkampfs noch an die Definition aus Huizingas *Homo ludens* zu glauben, wonach das Spiel als eine Handlung empfunden wird, die »nicht so gemeint« ist. – Auch Boris Becker verwendet das Wort Geist in letzter Zeit so häufig in seinen Statements, daß man eine heimliche Hegel-Lektüre vermuten muß. Schon kommt uns da die Sekundärliteratur zu Hilfe, um den Spieler und Denker Boris Becker zu verstehen. Sogar der Dichter Martin Walser hat sich ganz traditionell zum Panegyriker von Beckers Kunst erhoben (*SZ,* 21./22. März 1992). Das ist auch keineswegs erstaunlich, denn die gelegentliche Dämmerung unseres Verstandes schenkt uns die Einsicht, daß wir unsere Ästhetik immer stärker auf die televisionären Bilder abgleichen. Dabei erliegen wir der erotischen Attraktion und der imaginären Todesnähe des Helden, mit dessen Bild, wie man weiß, der Zuschauer in mystischen Augenblicken verschmilzt.

Die Bilder des Spiels, die bewegten Ikonographien der televisionären Kriege entfalten solche Macht über uns, weil sie die Extremwerte dieser Zeit abstrahlen: Prestige, Ruhm, Reichtum, Schönheit, Risiko. Bereits im 18. Jahrhundert wurde die gültige Ästhetik der Epoche – man denke an Winckelmann, Lessing – aus Bildern des Todes gewonnen. Bekannt ist die Debatte über den sterbenden Laokoon mit seinen Söhnen – die berühmte Marmorgruppe aus dem Vatikanmuseum. Die Schönheit der Statue fand Lessing durch die Beobachtung gesichert, daß Laokoon in der Darstellung nicht zu schreien scheint, sondern vielmehr mit einem »ängstlichen und beklemmten Seufzen« den würgenden Schlangen erliegt. Wichtiger noch wurde ein anderes Kunstwerk für die ästhetische Diskussion des 18. Jahrhunderts: die von unbekannter Hand gefertigte Skulptur des sterbenden Gladiators.[7] Eine ganze Literatur versuchte daran zu erinnern, daß die Gladiatoren nach dem Zeugnis des römischen Biographen Sueton tatsächlich bemüht waren, im Sterben eine elegante Haltung anzunehmen, um nicht noch den Spott oder Protest des Publikums herauszufordern. Von dieser Diskussion war es dann nicht weit zu einer Sport- und Spielästhetik, die Schiller etwas später formulierte. Seine Theorie der Erhabenheit, die gegenwärtig in der Philosophie ihre Wiederauferstehung feiert, nahm Schiller von einer gleichen Szene des gelassenen Sterbens ab.

Die televisionären Bilder der Schönheit und des Todes, auch wenn sie nicht den Tod selbst abbilden, sondern nur seine drohenden Vorboten, den Schmerz, den Blackout, die Exhaustion, ziehen wie schwarze Löcher die Zuschauer in die Tiefe ihres katastrophischen Vakuums. Dazu gehört, daß die gegenüber dem Life-Ereignis an zweiter Stelle stehenden Kommentare oder journalistischen Berichte diesen Bildern eben jene heroische Magie zusprechen, die ihre Bedeutung steigert und das Erleben sichert.

Es sind zwei Prozesse, die die Sakralisierung des Sportlerkörpers vorantreiben. Einmal gehört die psychologische Dramaturgie des Sportereignisses, die wechselnden Intensitäten und Amplituden von psychischer Spannung, zu unserer Alltagserfahrung. Solche Spannungen sind aber nur zu ertragen durch eine kontinuierliche imaginäre Prämierung über erotische Komsumwerte. Man kann also auch so sagen: Der Aufwand, den beide Geschlechter zur Steigerung ihrer erotischen Attraktivität betreiben, Sport, Bodybuilding, Diäten, Sonnenstudios, Kosmetik, gehört zum Design und zur Ökonomie eines Alltages, wo unablässig Spannungen erzeugt und ertragen werden müssen. Dies ist das eine. – Zum anderen ist der Sportlerkörper durch die kollektiven Spannungszustände der Sportereignisse auch ein kollektiver Körper geworden. Wenn Lothar Matthäus in einem Werbespot erst einmal alle kleinen Foltern des Trainings durchleidet, um anschließend die Gatorade-Flasche an den Mund zu setzen, dann tut er dies stellvertretend für unseren gemeinsamen Bedarf an Mystifikation. In dieser Szene wimmeln dann zahllose vergangene Ereignissequenzen, die aus der Tiefe des Fernsehge-

7 Vgl. hierzu Michel Delon, *La Mort du Gladiateur.* In: Rudolf Behrens / Roland Galle (Hrsg.), *Leib-Zeichen.* Würzburg: Königshausen & Neumann 1993.

dächtnisses emporsteigen. Sie verwandeln die Geste der Erfrischung in einen Sakramentalakt, wo der Held den Kelch stellvertretend für die Gemeinde an die Lippen führt: Denn er hat ja auch für alle die Gefahren der Fußballkriege (Elfmeter, Freistöße, Notbremsen, Verletzungen) auf sich genommen. Der Passionskörper des Sportlers verwandelt sich mystisch in unser aller Körper – das ist die Erotik auch dieser Szene.

Eine gleiche mystische Beziehung können wir nicht ohne weiteres zum Körper von Steffi Graf herstellen. Hingegen ist es uns ein leichtes zu glauben, daß der Körper ihrer schönen Rivalin Gabriela Sabatini keineswegs Schweiß absondert, wenn er geschmeidig an das Netz herangleitet; wir glauben vielmehr, daß in ähnlich geheimnisvoller Transsubstantiation ihren Achseln süße Düfte entströmen, die aus gutem Grund auf Flaschen gezogen werden und als edle Parfüms mit Gabrielas Namen in die Welt gehen, um dort für das hygienische Heil der Menschheit zu sorgen.

Der Sport dient – wie viele andere Fernsehereignisse auch – dazu, unsere indifferente Zeit und die eine Dimension unseres glaubens- und schicksalslosen Lebens erotisch und kriegerisch zu emblematisieren. In dem Maße, wie die temporären Makrostrukturen von Mythen und Religionen fehlen, taucht unser Bewußtsein ein in die Mikrostrukturen, in Skansionen kleiner Augenblicke. Das für das bloße Auge unsichtbare Punktraster des Fernsehens entspricht technisch dieser sozialen oder auch theologischen Notwendigkeit. Mit einem Helden und mit einem Heldengesang können wir uns nicht länger als ein paar Minuten zufrieden geben. Die Erotik von Ereignissen besteht nicht nur aus großen Einmaligkeiten, sondern auch aus unablässigen Repetitionen und Erneuerungen. So wie wir die Zeit unseres Alltags nicht auf langen Zeitvektoren durchmessen, sondern die gemächliche Rotation der Erde in zahllose Termine und Informationspixel zerlegen, so müssen auch die mystischen oder eben pseudomystischen Doppel dieses Alltags, die wir aus dem Fernsehen beziehen, aus Punktmengen bestehen. Aber auch damit nicht genug, denn die Menge der Ereignisse und auch die Zahl der Helden ist immer noch zu gering, um unseren Hunger nach Ereignissen und nach Mikrostrukturierung der immer noch viel zu langen Zeit zu stillen. Die Technik macht uns hier zum Glück noch weitere Geschenke, indem sie die Bewegung der heroischen und erotischen Körper in winzige Zeiteinheiten zerteilt: die Super-Slow-Motion bietet unseren Blicken auch das Muskelspiel in den Schenkeln Boris Beckers dar und das sanfte Beben von Steffi Grafs Busen. Wenn alles in die Hypervisibilität der Superzeitlupe gehoben ist, dann ereignet sich eben so etwas wie die mystische Partizipation am heiligen Fleisch der Helden, das wir nicht mehr in Reliquien anbeten, sondern in Bildern verzehren. Machen wir uns aber keine Sorge, daß uns die Frage nach dem Realitätsgrad dieser weltlichen Sakramente womöglich noch einmal in einen Glaubenskrieg stürzen könnte. Warten wir doch nur einen Augenblick, und schon beginnt das Fleisch der Helden zu sprechen. Das ist dann doch wieder der Sinn der Interviews am Ende des kleinen symbolischen Krieges. Gelobt seien die homerischen Reporter mit ihren Kameras und Mikrofonen! Sie dienen dem Frieden der Welt!

Norbert Bolz
Eine kurze Geschichte des Scheins
2. Auflage 1992
138 Seiten, Kartoniert DM 28,–
3-7705-2671-6

Seit die neuen elektronischen Medien und Computertechnologien in die Lebenswelt eindringen, verändert sich unser Wirklichkeitsbegriff. Nun lehrt die historische Erfahrung, daß der Wirklichkeitsbegriff einer Lebenswelt immer dann problematisch wird, wenn sich der Bedeutungsgehalt seines symmetrischen Gegenbegriffs wandelt – also des Scheins. Heute stellen die Technologien der Simulation die traditionelle Differenz zwischen Realem und Imaginärem selbst in Frage. Vor diesem Hindergrund zielt das Buch von Norbert Bolz auf eine philosophische Neubestimmung des Verhältnisses von Sein und Schein. Dabei werden – in einem Schnelldurchlauf der Geschichte des Schein-Begriffs – sechs Positionen akzentuiert:

- Verdrängung und Wiederkehr des Scheins in der Antike
- Folgelasten des biblischen Bilderverbots
- Rechtfertigung des Scheins durch Pascal
- Dialektischwerden des Scheins im deutschen Idealismus
- Umwertung des Scheins durch Nietzsche
- Absolutismus des Scheins in den Simulationstechniken der neuen Medien und Computer.

Aus dem Inhalt

I. Verdrängung und Wiederkehr des Scheins
Der antike Kampf zwischen Schein und Sein – Entbilderungsunternehmen – Politisch-theologische Simulakra – Die natürliche Illusion

II. Das Fabelwesen der wahren Welt
Universalisierung der Rhetorik – Einverleibung des Scheins – Felix Fallax

III. Unwirklichkeiten, in denen wir leben
Bilderflut – Logik der Simulation – Digitale Ästhetik

Wilhelm Fink Verlag
München

Cord Barkhausen

Das Medium der Medien

Ein Versuch über Andy Warhol

Zunächst etwas laut, dann so tun, als suche man den richtigen Pegel, und schließlich leiser unterlegt »All Tomorrow's Parties« (Velvet Underground)

Warhol hatte auch immer Musik laufen, bei der Arbeit oder auch wenn irgend jemand kam, um seine Bilder zu sehen. Dann sogar besonders lärmend, und meist war es ein und dieselbe Platte, die er schier unendlich wiederholte. So wie sich für und bei Warhol überhaupt alles wiederholte. Die Kleider, bis er sein Outfit änderte und dann andere Immer-gleiche-Kleider trug, die Bilder, auch die immer gleich, und schließlich das immer gleiche Essen, bis ein anderes Essen das immer gleiche wurde.

die Musik wird jetzt langsam wieder lauter und dann so laut, daß ich kaum noch zu verstehen bin

Mit dem Reden verhielt es sich übrigens nicht anders. Weil er die Welt und die Leute so toll fand, sagte er immer und wirklich immer nur: wow, phantastisch, gee, wunderbar, wow – hören Sie übrigens auch auf die Musik, ist sie nicht phantastisch? Warhol jedenfalls fand das. Rock hat eben auch viel mit Wiederholung zu tun. Und sie stört doch nicht? Oder würden Sie sagen, daß sie zu laut ist? Können Sie mich noch hören? Wenn nicht, so können Sie auch Ihr Radio abstellen oder einschlafen. Wenn Sie dann wieder zuhören, wird – meine Damen und Herren, das hat Warhol auch dem Publikum seiner so eindringlich eintönigen Filme erklärt – also, dann wird »alles noch da sein«. Oder *wir* stellen *hier* alle Geräte einfach mal und …

es beginnt zu rauschen

Wie wär's, wenn ich was zitieren lasse. Warhol hat einen wunderbaren Stil. Wir könnten uns alle sehr amüsieren. *POPismen, America* und *The Philosophy of Andy Warhol* sind einfach großartige Bücher. Einer meinte mal, vielmehr befürchtete er, daß sie eines Tages noch totenglockenartig das Ende der gesamten amerikanischen Literatur einläuten würden. Einfluß besaß Warhol ja genügend. Und überhaupt war er der Meinung, daß der Film der neue Roman sei. Da hatte er sicherlich recht. Deshalb hat er wohl auch so viele Filme gemacht. Den Medienkonkurrenten aus dem Feld schlagen – wow! Bis er keine Lust mehr dazu hatte.

Dann hat er eben anderes gemacht, zum Beispiel Bücher geschrieben oder vielmehr sie schreiben lassen – das weiß man nicht so genau. Wie man ja auch nicht so genau weiß, wer seine Bilder gemacht hat, die Siebdrucke und all das, hundertmal das gleiche Bild, nur immer andere Farben. Das kann doch tatsächlich jeder machen. Warhol hat es selbst mal gesagt. Und als einmal das Gerücht aufkam, es wären wirklich etliche gefälscht worden – wobei der Begriff der Fälschung unter diesen Bedingungen eigentlich in Frage zu stellen wäre –, da gab's eine große Aufregung unter den Besitzern von Warholbildern. So eine Aufregung wie die damals ist andererseits auch verständlich. Ich hätte natürlich ebenso die Frage gestellt, ob sich's dann überhaupt noch um Kunst handeln kann. Und wer hätte sich schon abspeisen lassen mit der Auskunft, echte und falsche Warhols seien sowieso ununterscheidbar. Ich nicht. Ich hätte es genau wissen wollen, schon allein wegen des enorm wachsenden Wertes dieser Bilder. Zwei Millionen Dollar heute für einen schlichten *210-Cola-Flaschen*-Druck, das schreit doch nach Echtheitsbeglaubigung. Aber zum Glück scheint man es heute genau zu wissen. Jedenfalls haben Warhol und die Leute, die für ihn arbeiteten, alle beruhigt, per Telefon. Es gab so viele Anrufe, vor allem aus Deutschland. Die müssen sich keine Sorgen mehr machen, all die Besitzer von Warholbildern. Im Moment mache ich mir ganz andere Sorgen. Vielleicht nämlich interessiert Sie das alles gar nicht, weil Sie weder solche Bilder besitzen noch besitzen wollen. Womöglich also hören Sie gar nicht mehr zu. Da sollten wir etwas dagegen unternehmen. Zum Beispiel eine Arie der großen Callas einspielen lassen.

es beginnt die »Wahnsinnsarie« der Callas, wieder Einpegelungsprobleme, dann leise unterlegt

In der Factory, jener über Jahre hin legendären Produktionsstätte Warhols, haben sie auch häufig die Callas gespielt, einfach weil sie ihre Stimme total verausgabte. Alle Leute in der Factory waren nämlich dafür, sich nicht zu schonen und alles zu riskieren. Die Intensität bei allem war eben alles. Dafür hatten sie die Drogen, Amphetamine und so und LSD, Warhol schluckte allerdings nur Obetrol. Aber es reichte, um die Welt bunter zu sehen und ihre Vielfalt wahrzunehmen und, natürlich, um pausenlos arbeiten zu können. Zu produzieren, wie Warhol sagen würde: die Bilder, die Filme, das erste Buch – nirgendwo ist damals so viel und vielerlei Kunst produziert worden wie in der Factory. Man war wirklich unglaublich produktiv. Und als Warhol hörte, daß der von ihm wegen seiner Produktivität so hoch geschätzte Picasso, was übrigens auf Gegenseitigkeit beruhte, 4000 Bilder in seinem ganzen Leben gemalt hätte, wollte er zeigen, daß das auch an einem Tag zu schaffen wäre. Aber er kam nur auf 500 oder 200 – er war jedenfalls immer sehr schnell. Auch als er noch gar nicht der berühmte Popkünstler war, sondern noch der gefragteste der New Yorker Werbegrafiker. Er war aber nicht nur schnell, sondern zugleich auch ein großer *Vereinfacher.* Wenn irgend etwas leichter zu machen ging, so hat er es sich eben leichter gemacht. Deshalb begann er mit dem Sieb zu drucken – ein Bild aufs andere. Es war fast ein maschineller Vorgang. Er wäre sowieso am liebsten eine Maschine gewesen. Und das war natürlich ein fürchterlicher Affront, die halbe Kunstwelt stand Kopf. Irgend jemand hat ihn mal Mark Rothko vorstellen wollen – der große Rothko aber schaute nicht mal hin. Einfach weil Warhol alles in Frage stellte, was jemals, vor allem aber nach dem Zweiten Weltkrieg, Kunst hieß und bedeutete.

Nach dem Krieg, da herrschte bekanntlich die Gegenstandslosigkeit. Dieser sogenannte abstrakte Expressionismus versprach den Künstlern künstlerische Freiheit. Das war's, was sie wollten, dem Humanismus wieder Auftrieb geben – der Mensch gegen die Maschine, gegen die Reklamewelt, gegen die Entfremdung überhaupt, letztes Aufbäumen des Subjekts. Warhol langweilte das einfach. Für ihn war das großer Mist oder einfach »Scheiße«. Die Zeichen der Zeit standen längst anders. Und wahrscheinlich war Warhol der einzige Künstler jener Jahre, der alles auch gleich ganz anders machte, ohne diesen sonst üblichen Prozeß, den andere vor ihrem Durchbruch zu was Neuem durchmachen: die Auseinandersetzung mit der Tradition. Warhol war allerdings weder der Erfinder der Pop-art noch ihr »Papst«; er machte es, und andere machten es auch. Pop-art war die Vielfalt selbst, wie die Alltagsgegenstände, die sie zeigte. Doch die anderen blieben dabei dem künstlerischen Ausdruck treu, sie verwendeten diese Gegenstände als Zitate auf ihren Bildern. Warhol dagegen unterlief alle künstlerischen Gesten oder Ausdrucksformen. Er zeigte die Gegenstände *selber,* nicht mehr als Zitat, sondern eben als Abdruck. Als Vorlage dienten immer nur Fotos. Wie Sie wissen: von Campbells Suppendosen, Filmstars, Coca-Cola- und Ketchup-Flaschen, von Unfällen und Politikern, von Dollars und elektrischen Stühlen etc. Und er brauchte nicht einmal mehr zu denken, er arbeitete nur, und zwar unentwegt. Warhol hatte viele Helfer und noch mehr Ideenlieferanten. Er fragte einfach jeden, was er denn als nächstes machen könnte. So einfach kann's funktionieren. Man muß eben nur auf andere hören können und natürlich mit der Idee von Kunst als durchgeistigtem und individuellem Ausdruck der Künstlerpersönlichkeit nichts mehr am Hut haben wollen.

Jetzt aber endlich zu der natürlich unumgänglichen Frage, was Pop-art eigentlich ist. Eine handfeste Definition liefert uns Klaus Honnef. Dieser Begriff, schreibt er, »sollte künstlerische Bestrebungen beschreiben, die sich kritisch auseinandersetzten mit den Artikeln des Massenkonsums, den Markenzeichen und Bildsymbolen der Konsumgüterindustrie, den formelhaften Appellen der Werbung, den schematischen Bildgeschichten der Comic strips, den klischeehaften Idolen des Films und der Musikszene, den flimmernden Lichtreklamen in den Zentren der Großstädte – kurzum: mit dem trivialen Vokabular eingängiger Zeichen und Bilder, zum raschen Verbrauch bestimmt wie die Produkte und Ideologien, die sie vertraten«.

Das ist *eine* Definition. Warhols ist aber eine andere, oder wenigstens ist seine Gewichtung ein wenig anders: »Pop-art ist für alle da. Ich glaube nicht, daß Kunst nur etwas für die Auserwählten sein sollte, ich finde, sie sollte für die Masse der Amerikaner da sein, die die Kunst normalerweise sowieso akzeptiert.«

Und tatsächlich war's ja so, daß sich nur ehrfürchtige Kunstanbeter gepeinigt abwandten – den Supermarkt in der Galerie, das war einfach zuviel für solche Leute. Im übrigen aber gab's jede Menge Warholfans. Seine erste Retrospektive in den Sechzigern drohte sogar zum Eklat zu werden. Die ausgestellten Bilder mußte man damals abhängen, so daß am Ende nicht diese, sondern Warhol und seine inzwischen berühmt-berüchtigte Entourage die Stars des Tages waren, während im Hintergrund lautstark Popmusik dröhnte. Warhol war oder ist einfach der Liebling der Straße. Sein Erfolgsrezept war denkbar einfach: Er sagte, Cézanne habe Äpfel gemalt, er dagegen male eben Suppendosen. Und tatsächlich hatte Ultra Violet, eine von Warhols zahlreichen Superstars, eines Tages eine Frau im Supermarkt beobachtet, »die ihren Einkaufswagen mit mehreren Dutzend Campbell-Suppendosen vollpackte. Ich überlege, ob sie vielleicht eine Pension betreibt. Ich frage sie, weshalb sie so viele kauft. Ohne einen Augenblick zu zögern, sagt sie: ›Es sind Meisterwerke.‹ ›Wie meinen Sie?‹ ›Andy Warhol hat sie kopiert. Ich stelle sie in mein Regal. Neben die Bücher.‹«

Meine Damen und Herren, ist Ihnen eigentlich klar geworden, daß die Welt mittlerweile nahezu warholesk geworden ist oder Warhol die Welt? Das hätte man sich Anfang der sechziger Jahre nicht träumen lassen. Und nun ist es doch so gekommen. Werfen Sie nur einen Blick auf die Straßen, in New York oder so, aber das wird bald auch egal sein, wo man auf die Straße blickt, weil es überall gleich geworden sein wird. Für Ultra Violet jedenfalls, als sie nach Warhols Beerdigung auf die Straße trat, war sofort klar, daß alles, was sie da sah, von Warhol auf irgendeine und zugleich sehr spezifische Weise erfunden oder wahrgenommen und abgesegnet worden war.

leise und zurückhaltend unterlegt »Lob der Unsterblichkeit Jesu« (Olivier Messiaen)

Diese Musik hat man nämlich auch bei der Zeremonie damals laufen lassen, wegen der angeblichen Unsterblichkeit Warhols, manche behaupten ja, er sei tatsächlich noch nicht tot – also, Ultra Violet war fasziniert von ihrer Beobachtung, damals, 1987, als sie von dieser Beerdigung kam: »Die ›vox pop‹ draußen auf der Straße und die leuchtenden Farben handeln alle von Warhol: die hupenden gelben Taxis, die roten und grünen Ampeln, die schön aufgemachten Frauen, der blaue Himmel, die gehenden, redenden Leute, die knallenden, poppenden Blitzlichtbirnen, das Gelächter, die Blue Jeans, das hennarote Haar, die Schriftzüge auf den Fassaden, die Siebdruckfotos auf den Magazinen ... die Füße der Leute, die auf dem Pflaster wie in Tanzdiagrammen gehen, fast die gleichen Diagramme beschreiben, die Andy damals, 1961, in *Fox Trot* und 1962 in *Tango,* zweien seiner frühesten Popgemälde, malte, die beiden Händchen haltenden Schwulen, die großen Marilyn-Monroe-Lippen der Kiss-Anzeige für eine Rundfunkstation an der Seite eines Busses.«

Warhol selber hat es festgestellt, das war auf einer Reise nach Kalifornien – da haben sie plötzlich alles mit anderen Augen gesehen, vor allem die Highways, die hatten es ihnen angetan, das besaß für sie mit einemmal nicht mehr dieselbe Selbstverständlichkeit wie für den Rest der Welt: Es soll, als wär's von Zauberhand berührt worden, alles nach Pop ausgesehen haben. »Wenn man Pop erst einmal ›intus‹ hatte«, sagte Warhol, »konnte man ein Zeichen einfach nicht mehr wie vorher sehen. Und wenn man erst einmal ›poppig‹ dachte, konnte man Amerika nicht mehr mit den gleichen Augen sehen. In dem Moment, in dem man etwas etikettiert, macht man einen Schritt – ich meine, man kann nie mehr zurückgehen und es ohne Etikett sehen. Wir sahen die Zukunft und wir waren uns völlig sicher ... das Geheimnis war weg, das Erstaunen aber setzte gerade erst ein.«

Ja, so ist das. Der zurückhaltende ewig passive Warhol war soo scharfsinnig. Unter seinen Augen hat die Welt sich tatsächlich, tatsächlich gewandelt. Sagen Sie nicht, Sie hielten das für ein Märchen und daß die Welt die Welt bleibt, ob wir sie nun so oder so beschreiben. Sagen Sie es nicht, das ist was für Naive. Warhol jedenfalls wußte genau und Sie haben es ja gehört, daß ein neues Beschreibungsprogramm genau das hervorruft, was es beschreibt. Ultra Violet hatte das übrigens auf phantastische Weise begriffen. Warhol hatte sie Anfang der sechziger Jahre durch Dalí kennengelernt, wie immer in irgendeinem Lokal, wo man sich so zu treffen pflegte. Sie war, wie überhaupt alle, sofort beeindruckt von ihm. Er lud sie dann in die Factory ein – auf die gleiche Weise, wie er all die *boys and girls* anlockte: durch das Angebot oder Versprechen, beim nächsten Film mitspielen zu dürfen. So einfach ging das, drei Worte, und schon tauchte ein neues Gesicht dort auf. Ultra Violet hat er dann später noch erklärt, sie solle doch die Finger von Dalí lassen, der sei einfach nicht mehr auf der Höhe der Zeit. Und das just in jenen Jahren, da Dalí noch als die Provokation schlechthin galt.

War Warhol tatsächlich ein Kritiker, so wie es die europäischen Pop-art-Künstler gewesen sein mögen oder noch sind? Gewiß nicht. Dies vor allem europäische Mißverständnis, was nicht die Pop-art allgemein, aber Warhol selber angeht, gilt es schnellstens zu vergessen. Kritik, ach Gott, was für ein Mythos. Oder wollte tatsächlich jemand behaupten, daß Kritik es je vermocht hätte, irgend etwas zum Besseren zu führen? Ich jedenfalls würde das nicht so sehen. Kritik hat einfach nur den einen und langweiligen Effekt, uns an genau das zu binden, was wir gerade kritisieren wollen. Man kommt genauso gut und besser ohne sie aus. Und was Warhol angeht: Er hat nie kritisiert. Hatte auch niemals einen Anspruch darauf. Er war vielmehr, um an das Wort Nietzsches zu erinnern, durch und durch ein »fröhlicher Positivist«.

»Überall sieht man Häuser, den grünen Rasen, die automatischen Rasensprenger, die Kletterbäume hinter dem Haus, die Kinder, wie sie mit dem Rad zur Schule fahren, den Briefträger, der mit einem Lächeln vorbeikommt, eine Frau, die Lebensmittel aus dem Kombi lädt, und man sagt sich, ›Das ist das wahre Amerika‹. Man stellt sich vor, daß all die Leute, die man so lange nicht gesehen hat, dieses regelmäßige, langweilige Leben führen, und daß es friedlich ist ... Aber dann erfährst du Einzelheiten. Du findest 'raus, daß der nette Mann, der immer ein Stück Kaugummi für dich hatte, völlig ausgerastet ist und seine Frau umgebracht hat, daß der ehemalige Pfarrer der Gemeinde, in der du aufgewachsen bist, jetzt ein Säufer ist, der schon drei Autos zu Schrott gefahren hat. Du erfährst, daß die Eltern deines besten Freundes, die immer so toll miteinander ausgekommen waren, sich scheiden lassen, daß die Frau, von der du immer gedacht hast, sie sei die allernormalste Hausfrau, mit einem anderen Mann nach Kanada verschwunden ist. Du erfährst, daß das Mädchen, in das du in der Grundschule verliebt warst, mittlerweile als kahlgeschorenes Sektenmitglied in Indien lebt ... In Amerika führt niemand ein normales Leben.«

Und das nicht nur in Amerika nicht. Der fröhliche Positivist aber läßt sich von allem und zumal von der Vielfalt der Dinge selbst faszinieren. Warhol hat das jedem, der es genau wissen wollte, bestätigt oder bewiesen: »Die Welt ist schön, was immer sie sonst noch sein mag. Ich bin einverstanden mit allem, was die Leute tun; da irgend jemand gesagt hat, es sei richtig, muß es schon richtig sein. Ich würde über niemanden ein Urteil fällen. Ich fand Kennedy großartig, aber sein Tod schockierte mich nicht; er ereignete sich, das war alles. Es ist nicht meine Sache, darüber ein Urteil abzugeben. Ich hatte vor, einen Film über die Ermordung zu machen, aber ich hab's nie getan. Ich bin außerordentlich passiv. Ich nehme die Dinge hin, wie sie sind. Ich schaue bloß zu, ich beobachte die Welt.«

Und natürlich hielt dieser undogmatischste aller Künstler das, was er beobachtete, so oder so, auf die eine oder andere Weise fest – für alle Zeiten. Deshalb konnte einer namens Robert Rosenblum, und nun greife ich ins Repertoire seriöser Sekundärliteratur, post mortem auch berechtigterweise schreiben: »Wenn aus der Zeit von 1962 bis 1987 nichts übrig bliebe als eine Warhol-Retrospektive, stünde den Historikern und Archäologen der Zukunft eine Zeitkapsel zur Verfügung, wie sie sie in keinem Werk eines anderen Künstlers dieser Jahre vollständiger finden könnten ... Warhols Werk zeigt eine unmittelbar verständliche Chronik dessen, was für die meisten von Belang war.«

Henry Geldzahler, früher Freund und Förderer Warhols, schreibt: »Eine seiner Schlüsseleinsichten war, daß unsere Zeit die erste ist, auf der der Fluch eines totalen Gedächtnisses lastet«. Und Künstlerkollege Robert Rauschenberg sagte: »Er gab seine Unschuld nie preis, und dennoch gelang es ihm in seinem kurzen Leben, von der Sprachlosigkeit zur Schaffung eines universalen Kommunikationsnetzes zu gelangen.«

Warhols psychische Disposition mag ja das Resultat einer Reihe rein zufällig zusammengekommener Faktoren sein, unter Medienbedingungen aber – und Sie haben ja diese Stichworte »totales Gedächtnis«, »Kommunikationsnetz« eben gehört –, unter Medienbedingungen aber lassen sich Psyche oder Pathologie und technischer Stand der Dinge nicht mehr voneinander unterscheiden. Beide funktionieren auf die gleiche oder austauschbare Weise. Warhol jedenfalls, solange er selbst noch federführend an seinen Filmen beteiligt war, zog es vor, ohne Drehbuch zu arbeiten. 200 Filme soll er auf diese Weise gedreht haben, einfach weil er von bedeutungsaufgeladener Handlung und irgendwelchen moralischen Positionen, diesen notwendigen Folgen durchgeplanter Filme, nichts hielt. Und nun wäre es doch ganz schön, einmal zu hören, wie das so lief, bei *Women in Revolt* etwa. Darüber hat der Schauspieler Frank Cavestani etwas berichtet. Bei Beginn der Dreharbeiten kannte er nur den Titel des Films und wußte darüber hinaus tatsächlich nicht mehr, als daß er irgendeinen Bauarbeiter spielen sollte: »Wir begannen auf der Straße zu drehen, nicht weit von der Factory entfernt. Andy war auch da. Ich sagte: ›Was soll in der Szene passieren?‹ Worauf Andy antwortete: ›Gee, ich hab' keine Ahnung. Frag Paul.‹ Also sagte ich: ›Paul, was soll in der Szene passieren?‹ Er antwortete: ›Gee, ich hab' keine Ahnung. Frag Jackie.‹ Also dachten Jackie und ich uns die Szene aus. Plötzlich riß mir Jackie, die ich ziemlich gut kannte, meinen Helm vom Kopf und schlug mich ins Gesicht. Ich sagte: ›Jackie, du Miststück!‹ und wollte auf sie losgehen. Sie zog ihr Kleid hoch und rannte die Straße hinunter. Als ich am Ende des Blocks angelangt war, wurde mir plötzlich klar, wie hysterisch das Ganze war, und ich kam zurück. Andy begrüßte mich mit den Worten: ›Oh, das war wirklich einfach wunderbar!‹ Im nächsten Moment kommt ein Cop angeschlendert und sagt: ›Habt ihr Jungs eigentlich eine Genehmigung?‹ Ich drehte mich um, und da sauste Andy auch schon mit Paul die Straße entlang, und sie verschwanden um die nächste Ecke. Wir kehrten in die Factory zurück und drehten die zweite Szene.«

Wissen Sie, meine Damen und Herren, was Warhol – ich komme wieder auf die Medien zurück – eines Tages erklärt hat? In dieser seltsamen Art, die so wunderbar eingängig ist und gleichzeitig unter die Haut geht, einfach weil es wie ein Befehl klingt oder ist, wenn er sagt: »Es gibt kein Böses; gut ist alles, was in die Presse kommt.« »Nimm alles auf.« Dieser Imperativ war natürlich zuallererst an ihn selber ergangen. Weshalb er – als guter Nominalist – auch kurz und bündig erklären konnte, er sei das »Medium der Medien«. Meine Damen und Herren, er war es buchstäblich. Haben Sie nicht die vielen Fotos von ihm gesehen? Warhol in der Öffentlichkeit, Warhol in China und wer weiß nicht wo – und immer trug er Polaroidkamera und Tonbandgerät mit sich herum und nahm – befehlsgemäß – alles und jeden auf, mit oder ohne dessen Einverständnis, auf Film oder Tonband (woraus sogar einmal ein Buch entstanden ist, der Tonbandroman *A*). Und dann das Fernsehen, Warhol war ein Fernsehnarr, immer lief irgendwo ein Fernseher, auch noch in den letzten Stunden vor seinem überraschenden Krankenhaustod nach einem Routineeingriff – und dann die Zeitungen und Zeitschriften und die vielen Pressefotos, nach denen er seine Bilder machte. Er war wirklich so etwas wie ein Durchgang, ein absolut durchlässiger Filter, der nur aus der unabzählbaren Menge der durch die Medien vermittelten oder vielmehr geschaffenen Ereignisse jene auszuwählen brauchte, die am besten wiedergeben, was tagtäglich läuft und wodurch die Leute am meisten bestimmt werden. Sie, ich, er, wir alle ... Ah, übrigens, es ist jetzt Halbzeit, wir sollten überlegen, also ... vielleicht könnte man es sich so einfach wie möglich machen und alles, was bisher gesagt wurde, gerade noch einmal wiederholen.

leise und doch vernehmlich »Burning Down the House« (Talking Heads)

Das wäre *für mich* einfacher, und Sie könnten die Erfahrung eines Glücks machen, das mit dem Wiedererkennen stets verbunden ist, auch wenn wir alle wahrscheinlich ein bißchen blöd dabei würden. Aber diesen Wiedererkennungs- oder Wiederholungseffekt sollte man wirklich nicht unterschätzen. Sie wissen doch, welche Lust es allen Kindern der Welt bereitet, tausendmal dieselbe Geschichte oder denselben Film wiederholt zu bekommen. Und überhaupt, in Ihrem Leben wiederholt sich doch alles – immer wieder die gleichen Schwierigkeiten, der gleiche Ärger und immer wieder die gleiche Freude, wenn's noch mal so toll ist, wie's schon mal war. Auch wenn alles dabei jedesmal ein bißchen verändert ist. Warhol meinte denn auch, wir wären wie die Kühe, wir würden andauernd wiederkäuen. Grundlos, einfach nur aus Lust. Daher soll seine Kuhkopfserie, dieser unzählig oft reproduzierte Kuhkopf mit Augen, die die Leere selbst sind, auch buchstäblich einen und nur einen Effekt evozieren: »Je öfter man dasselbe sieht, desto mehr verschwindet die Bedeutung, und desto besser und leerer fühlt man sich.«

Machen wir doch einfach mal die Probe darauf. Bilder kann ich allerdings keine zeigen, sondern nur jemand anderen erzählen lassen. Nämlich Julia Warhola, diese ruthenische Immigrantin aus dem Karpatenort Mikova: »Wenn Sie Andy nicht gekannt haben, meinen Andy, ob ich ihn da für Sie als Phänomen zusammenfassen kann? Oh, ich denke, ich könnte es, es ist nicht leicht ... wegen dieses europäischen Blutes in ihm, aus der Tschechoslowakei, wo ich herkam und eine kurze Zeit meines Lebens verbrachte und dann nach Amerika gekommen bin, er verkörperte zu einer Zeit, als Amerikaner und Europäer sich verbanden, und er war sehr, sehr interessiert und empfänglich für alles, was in der Welt vor sich ging, und er nahm es auf wie – wissen Sie, eine fotografische Platte, die aufnimmt, was in der Welt, in der Stadt, auf dem Times Square vor sich geht ... und jemand hat mir einmal gesagt, wenn du in Europa geboren bist und du nach Amerika kommst, hast du so rote Backen, und nach zehn Jahren bist du bleich, du bist bleich, hast kein Blut mehr, aber Andy, er ist jetzt bleich, aber er hat inwendig noch immer rote Backen, und daher hat er seine Energie, diese tolle Energie, und er geht raus, und er nimmt alles auf, und er macht das alles, und er wird alles. Der Allesmann. Filme und Bücher sind Dichtung und Bilder und Fotografien, alles, was er macht, ist toll. Ich liebe ihn. Ich liebe meinen Andy, oh ich bin so stolz, daß ich seine Mutter bin. Er ist großartig. Das, was ich gemacht habe, das, wissen Sie, das ist wirklich eine Schöpfung, glauben Sie nicht, daß es eine Schöpfung ist, Andy Warhol hervorzubringen? Ich, Mrs. Warhol, ich glaube es manchmal nicht, daß ich es tun konnte, aber Sie sehen ja alles, was er macht, das Gute und das Schlechte und das Lausige und das Schockierende, Furchtbare und die Schwulen und Mädchen und Jungs und die Drogen. Es ist alles da, alles in ihm, und er gießt es aus und gibt von allem, und deshalb ist er ein großer Künstler. So würde ich ihn zusammenfassen.«

Warhol als Fotoplatte, Warhol, der Allesmann, besser kann man ihn wirklich nicht beschreiben. Beneidenswert, man hätte seine Mutter einfach öfter interviewen sollen. Warhol selbst erzählte jedem über sein Leben etwas anderes und anderen, je nachdem, noch ganz anderes darüber. Deshalb auch das große Rätselraten um sein Geburtsdatum. Man hat sich jetzt allerdings auf den August des Jahres 1928 einigen können. Und geboren wurde er ganz sicher im Ausländer- oder sogenannten Soho-Viertel für Osteuropäer in Pittsburgh, das steht fest, auch wenn Warhol darauf bestanden hatte, von nirgendwoher zu kommen – übrigens ist das sicherlich nur so eine Attitüde von ihm. Aber ich versichere, es ist trotzdem eine ernstzunehmende, denn nirgendwo, das ist überall. Und überall trinkt jeder Coca-Cola. Warhol tat es und alle tun es, noch. Nein, auch Sie, meine Damen und Herren, auch Sie sind nicht anders als alle, und wenn Sie das trotzdem behaupten und auf Ihrer *Individualität* bestehen wollen, dann unterstelle ich Ihnen einfach mal, natürlich mit Warhol, daß Sie es sind, die so was wie »Abweichung auch am heftigsten ablehnen«. Was übrigens nicht heißt, daß es irgendwann auch umgekehrt sein könnte. Aber, was ich nun sagen wollte: Warhol tat überhaupt alles, was alle tun, nur ein bißchen mehr. Er hat nämlich ganz einfach gezeigt, daß jeder und jede das gleiche tun, und »eines Tages werden alle einfach das denken, was sie denken wollen, und dann werden wahrscheinlich alle das gleiche denken; darauf scheint es hinauszulaufen.«

Im Westen, so oder ähnlich sagte er noch, brauche man dafür nicht einmal den Kommunismus. Ist das nicht wunderbar, daß einer das gezeigt hat? Und das schon zu einer Zeit, als wirklich noch niemand daran dachte. Wenn nicht sogar wahrscheinlicher ist, daß auch heute noch niemand daran denkt. Aber das erstaunlichste ist ja, daß man es nicht einmal denken muß und es trotzdem so ist. Natürlich hat jeder Phantasien, zum Beispiel über Amerika. Dieses Phantasie-Amerika aber »hat man sich zusammengestückelt aus Filmszenen, Melodien und Büchern«. Laut Warhol kommt eben alles von außen. Weshalb er einen so starken Affekt gegen den »Innerlichkeitskult« der abstrakten Expressionisten hatte. Was war's überhaupt, das die gemacht hatten? Warhols Spott läßt da nichts zu wünschen übrig: sie, die es in den Städten nicht mehr aushielten, seien aufs Land gezogen, hätten nicht getrunken und dann einfach nur einen »Sturm« hingemalt. Oder irgend so einen Tiefsinn, Hauptsache, solche Bilder weisen über sich selbst hinaus. Hauptsache, sie eröffnen Horizonte, die wieder auf andere Horizonte verweisen und immer so weiter, bis daß der Sinn wieder Sinn ist. »Die Welt der abstrakten Expressionisten war total macho ... Dabei mußte Jackson Pollock so sterben, wie er starb, und sein Auto zusammenfahren«, sagte Warhol da bloß.

Meine Damen und Herren, sollten Sie also irgendeinen Sinn oder Tiefsinn in dieser Sendung vermissen ... was soll ich sagen ... da kann ich Sie überhaupt nicht trösten. Bis zum bitteren Ende dieser Stunde nicht. Bei Warhol, diesem Sinnverächter, ist da einfach nichts drin. Wirklich nicht. Ich mache keine Witze. »Das Leben ist wie Kino. Wissen Sie, was der Sinn ist? Ich weiß es nicht«, hat er gesagt. Nur einem, der damals im Sterben lag und noch eine letzte Frage hatte, warum er nämlich »ausgerechnet diese Suppendosen« gemacht hätte, hat Warhol dann auch mitteilen lassen: »Sag ihm, ich wollte nichts malen. Ich suchte etwas, das die Quintessenz von nichts war, und das war's dann.«

So also hatte alles begonnen – nach der Verwandlung vom Werbegrafiker zum Künstler. Sein Kommentar zu diesem Berufswechsel: »Im Gegensatz zu heute mußte ich damals einfallsreich sein.« Damit war es nun also vorbei – mit der Kreativität und so. Wissen Sie, was er an China denn auch so sehr liebte: daß man dort erst gar nicht an die Kreativität glaubte und daß überall nur ein und dasselbe Bild zu sehen war. Er wollte eigentlich auch nur *ein* Bild machen – als Original und dieses dann immer wieder und immer gleich, so daß Original und Kopie voneinander ununterscheidbar sind. Auf 2000 Mao-Kopien brachte er es schließlich auf einer Ausstellung. Jeder Besucher sollte da auf den ersten Blick erkennen, woran er war. Je berühmter etwas, desto leichter ließ sich dieser Effekt erzielen. Ob Marilyn Monroe, Elvis Presley, Marlon Brando, Mick Jagger, Liz Taylor, Hammer und Sichel, die Mona Lisa, der Clan des Schahs von Persien oder Warhol selber – der Wiedererkennungseffekt war stets gesichert und durch Multiplikation intensiviert. Aber dieser Wiedererkennungseffekt ist eben nicht alles.

Woran der Betrachter dieser Bilder nämlich vor allem war oder ist, das ist, wie gesagt, die Quintessenz von *nichts* – in Gestalt und Effekt von »Quantität und Wiederholung« und, nicht zu vergessen, den Farben. Woraus nur folgt, daß Warhol keine Symbole dargestellt hat, weder auf den Disaster- oder Unfallbildern noch mit der Monroe etc. etc. Daran läßt er selbst übrigens überhaupt keinen Zweifel: »Ich finde nicht, daß ich auf einigen meiner Bilder – etwa auf denen von Marilyn Monroe oder Elizabeth Taylor – die großen Sex-Symbole unserer Zeit darstelle. Für mich ist die Monroe nichts anderes als eine Person unter vielen. Und was die Frage angeht, ob es ein symbolischer Akt ist, die Monroe in derart grellen Farben zu malen, so kann ich nur sagen: Mir kam es auf die Schönheit an, und sie ist schön; und wenn etwas schön ist, dann sind's hübsche Farben. Das ist alles. So oder ähnlich verhält sich die Geschichte. Das Monroe-Bild gehört zu einer Todes-Serie, an der ich arbeitete – einer Serie über Menschen, die auf verschiedene Arten ums Leben gekommen waren. Es gab keinen tieferen Grund für mich, eine Todes-Serie zu machen; mir ging's nicht darum, ›Opfer ihrer Zeit‹ darzustellen, der einzige Grund, den ich hatte, betraf die Oberfläche.«

Einfach nur schauen, was passiert, und wenn's vorbei ist, etwas anderem zuschauen, so wie die Leute früher am Fenster zu sitzen pflegten und das Straßengeschehen stundenlang verfolgten, auch wenn fast nichts passierte – auch Warhols Konzept vom Film lief genau darauf hinaus: Oberflächen und nichts als Oberflächen zu zeigen. Sechs Stunden einem Schläfer zuschauen, sieben bis acht Stunden dem Empire State Building, bis die Sonne unter- und das letzte Licht ausgegangen ist, dann einem Bananenesser eine lange Ewigkeit lang oder zwei Leuten, die nichts anderes tun, als sich miteinander zu unterhalten – und schließlich dem zunächst unbewegt gleichgültigen, allmählich aber in unmißverständliche Zuckungen übergehenden Gesicht eines Mannes, an dem, für Zuschauer unsichtbar, ein *blow job* ausgeübt wird. Bei all dem kein Kameraschwenk, kein Zoom, einfach nur eine laufende Kamera – bis sich mal Filmkritiker darüber beklagten und der erfindungsreiche Warhol den »Strobe-Schnitt« – Kamera an/aus – erfand, um dem Film, wie er erklärte, mehr Textur zu geben. Die Filme selbst – für Journalisten gab's immer gute Antworten – sollen fertig gewesen sein, wenn sie aus der Drogerie zurückkamen. Warhol denkt nicht, sowenig wie eine Kamera, die einfach nur aufzeichnet. Seine Filme und allen voran sein Film *Kitchen* – drei Leute in irgendeiner Küche machen da irgend etwas – sind so künstlich oder wirklich »wie das echte Leben«: »unlogisch, ohne Motivation oder Form und vollkommen lächerlich«.

Jetzt lassen Sie, meine Damen und Herren, mich aber doch mal raten, was Sie im Augenblick noch so tun. Man hört immer, die Leute würden beim Radiohören am liebsten bügeln oder auch putzen oder so was ... Da wär's doch eine phantastische Idee, mal Warhols detaillierten Bericht über einen akribischen Putzvorgang im Radio vorlesen zu lassen – 30 lange Seiten über den

»strahlenden Glanz«. Natürlich könnte man dann bei Ihnen einen Reporter vorbeischicken, dem Sie erzählten, wie Sie es machen und welche Putzmittel, Staubsaugermarke oder Besenart Sie bevorzugen, und alle andern Leute hören per Live-Schaltung mit – und sind beruhigt, weil sie es genau gleich machen wie Sie. Das wäre doch toll. Oder jeder erzählt mal, wie er seine Unterhosen kauft. Nichts interessanter als das. Wirklich. Das können Sie mir glauben. Es verrät so viel von einem. Warhol ist uns da beispielhaft vorausgegangen, indem er einen seiner Unterhoseneinkäufe nachgerade liebevoll beschrieb. Er hat's dann Literatur oder Philosophie genannt. Schon deshalb, weil *kaufen* überhaupt einfach sehr viel amerikanischer ist als *denken.* Damit hat er ja so recht. Und nun wird die ganze Welt auch immer amerikanischer. Warhol aber wollte alles, alles wissen oder beobachten, um alles, alles, was der Fall ist, aufzuzeichnen – nur das, nicht mehr, also ohne das alte Spiel freier Einbildungskraft – einfach das befolgend, was bekanntlich gemeint war, wenn gesagt wurde, daß eine Rose eine Rose eine Rose eine Rose sei. Deshalb hat man den großen Gertrude-Stein-Fan Warhol auch zu Recht den Spiegel seiner und wohl auch noch unserer Zeit nennen können. Warhol aber hat lakonisch gefragt: »Man nennt mich immer einen Spiegel, und wenn ein Spiegel in einen Spiegel sieht, was ist dann zu sehen?«

Natürlich »nichts«, gleichwohl ist alles da. Das ist Pop in seiner knappsten und besten Definition. Oder wie Warhol auch sagt: »Man nehme einfach das Äußere und setze es auf das Innere oder nehme das Innere und setze es auf das Äußere.« Ein Dahinter oder eine Tiefe gibt es nicht, nur Oberflächen. Deshalb sind Warhols Bilder auch allesamt so plakativ oder zweidimensional und seine Porträts derart frei von Charakterzeichnung – selbst noch die späteren Porträts der Berühmten und Reichen, von Willy Brandt und all solchen Leuten, die die 25 000 Dollar dafür auf den Tisch legten. Es war eben einfach das Höchste, von Warhol porträtiert zu werden. Er aber hat sie alle gehaßt: Was man haßt oder fürchtet, läßt sich auch und gerade bannen, indem man es festhält oder archiviert, wie es ist. Man muß nur cool genug sein und wahrscheinlich ein Fremder im eigenen Lande und in den verschiedenen Welten wie Warhol mit seinem wertfreien und daher geschärften Blick des Ethnologen. Deshalb, aber nicht nur deshalb, die auffällige Kälte seiner Porträts. Wenn er allerdings den späteren noch irgendwelche handgemalten Ornamente – Strichzeichnungen, Schwammspuren oder ähnliches – hinzufügte, dann, weil man es so wollte. Warhol war da sehr entgegenkommend. Schließlich würde man dann nachmals auch wissen, was die Leute damals noch so wollten. Die Gesichter aber waren und blieben plakativ – wie er das mache, fragte einer; seine Antwort: er mache das gar nicht, sondern der Fotoapparat. So technisch also löst sich das ganze Geheimnis.

Der berühmte Künstlerkollege De Kooning nannte ihn den »Killer der Kunst«. Andere, weniger aggressiv, eher ratlos, vermißten auf den Bildern die Einstellung des Künstlers. Aber wenn überhaupt etwas eingestellt war, so waren es eben all die Apparate, die er benutzte. Erst die öffentlichen Fotoautomaten, vier Bilder 25 Cent, später die eigene Polaroidkamera, mit der er es genauso machte – Scheinwerfer aufgestellt und dann klick und klick und klick. Daß das Medium die Botschaft nicht bringt, sondern selber ist, hat Warhol also exemplifiziert, noch bevor Marshall McLuhans Erkenntnis Weltberühmtheit erlangen sollte. Aber schon Nietzsche wußte, daß »unser Schreibzeug an unseren Gedanken mitarbeitet«. Bildende Künstler sind von dieser Gesetzmäßigkeit nicht ausgenommen. Im Medienzeitalter heißt das: die Medien diktieren, und das Medium, Warhol also, führt aus. All die Schritte nämlich, die vom vorgegebenen Foto bis zum fertigen Leinwanddruck notwendig sind. Als hätte es das Programm der Zukunft formuliert, heißt eins seiner frühen Bilder denn auch anspielungsreich *Tanzdiagramme.* Darauf geben Fußabdrücke die Schritte eines Tanzes vor. Nicht anders die aus derselben Zeit stammenden Bilder *Do-it-yourself* oder *Vorschlag für Sonntagsmaler.* Da handelt es sich um Umrißzeichnungen mit genauen Angaben oder Befehlen fürs Ausmalen. Solche Befehle »entziehen«, wie Werner Spies schreibt, »den Maler einer subjektiven Entscheidung« – so wie die Tanzdiagramme den Tänzer und die Medien Warhol. Der Rest, und das heißt das Ideen-Findungsproblem, ist dann nur noch eine Frage der Pragmatik.

ab hier unterlegen »Street fighting man« (Rolling Stones), bis Ende – wenn nötig auch ein zweites Mal wiederholen

Rein theoretisch kokettierte Warhol allerdings mit der Vorstellung, einen Boß zu bekommen, der ihm sagte, was zu tun sei. Das passendste wäre in seinem Job natürlich ein Computer gewesen, der alles hätte berechnen und einkalkulieren können, von den Finanzen über die »komischen Angewohnheiten«, wie Kreativität, Wutanfälle, Talent, Minderwertigkeitskomplexe, bis hin zu den »gewünschten Zuwachsraten« und schließlich sogar noch die Marktchancen von Ideen – denn es gilt ja: *the greatest art is making money.* Dieser Ideal- oder geträumte Boß aber ist in der Tat nichts anderes als die Vision einer technischen Perfektion alles dessen, was sowieso schon lief: nämlich, wenn Sie sich erinnern, Warhols Delegationspraxis: »Es war mir nie peinlich, irgend jemanden rundheraus zu fragen: ›Was soll ich malen?‹ Denn Pop kommt von außen, was ist der Unterschied, ob ich jemanden nach Ideen frage oder in Zeitschriften danach suche? Harry verstand das, aber ein paar Leute fanden das verächtlich, wenn du sie um Rat fragtest – sie wollten nichts davon wissen, wie du arbeitest, du solltest deine Aura behalten, so daß sie dich anbeten konnten, ohne mit Details belästigt zu werden.«

Immer aber diese *personation,* dieser Zwang, zu sagen, wer man ist und wer was gesagt hat. Warhol dagegen hat wie kein anderer vor oder nach ihm mit *depersonation* gerechnet. Sein Kopf, so hat er geschrieben, sei wie ein Tonband mit nur *einer* Taste: Löschen. Was also anderswo gespeichert ist, muß er selbst nicht noch einmal in seinem Gedächtnis speichern. So konnte er alle Tage vergessen und noch vergessen, daß er vergaß – denn alles kommt von außen und kehrt dahin auch wieder zurück – Oberflächen, nichts als Oberflächen: »Wenn ihr alles über Andy Warhol wissen wollt, braucht ihr bloß auf die Oberfläche meiner Bilder und Filme und meiner Person zu sehen: das bin ich. Dahinter versteckt sich nichts.«

Neue Medien, alte Hoffnungen

Von Niels Werber

Am südlichen Rand der Galaxis lebte einst der diplomierte Dieb Mäuler. Gelangweilt von den Schätzen, welche er von leichtsinnigen Raumfahrern erbeutet hatte, war dieser Dieb einzig fixiert auf den Raub von Informationen. Eines Tages nahm er den Konstrukteur und Omnipotentiator Trurl und seinen klugen Freund Klapaucius samt Raumschiff gefangen und verlangte Lösegeld. Doch »reines Gold«, das Trurl ihm offerierte, wollte er nicht. Daten sollten es sein: »Ich entwende«, so der Wegelagerer, »wertvolle Geheimnisse, Schätze der Wissenschaft, authentische Wahrheiten, überhaupt jede Information von Wert. Aber nun her damit ...« Zufällig hatten die beiden Konstrukteure nicht genug Informationen an Bord, um Mäuler zufriedenstellen zu können, denn dieser wollte nichts Geringeres als »Alles!«. Darauf schlugen ihm die Freunde einen Handel vor: »Wenn du einen großen Schwur tust und schwörst, daß du uns dann gleich freiläßt, geben wir dir die Information über die Allinformation, das heißt, wir bauen dir eigenhändig einen Dämon Zweiter Ordnung, welcher magisch, thermodynamisch, unsklavisch und statistisch ist und dir aus einem alten Faß oder auch nur aus einem Niesen Informationen über alles extrahieren und sammeln wird, was war, was ist, was sein kann und was sein wird.«

Der »Großmäulige« schlägt ein, und die Freunde machen sich ans Werk. Sie nehmen aus der Räuberhöhle ein paar Prisen faule Luft, deren Moleküle und Atome sich »blindlings und rein zufällig« bewegen. Trurl geht davon aus, daß es zwar unwahrscheinlich ist, blindlings auf eine Mauer zu schießen, um ein Gedicht zu erhalten, aber diese Produktion von Ordnung »im Atomgas alltäglich und stetig« ist, wenn auch hochgradig inkonstant. Diese Ordnung muß beobachtet und gespeichert werden. »Der ganze Witz liegt also darin, daß man einen Selektor baut, der all das auswählt, was in dem Hin und Her der Atome sinnvoll ist. Das ist die Idee des Dämons Zweiter Ordnung«. An diesen Selektor wird dann ein Drucker mit Endlosband angeschlossen, der arbeitet, »bis der Kosmos aufgehört hat«.

Gesagt, getan: Der Dämon wird auf ein Faß fauliger Luft gesetzt und beginnt das Informationsband mit einer »Geschwindigkeit von dreihundert Millionen Informationen in der Sekunde« zu beschriften. Er überschüttet den hungrigen Mäuler mit Daten, die er mit hundert Augen gierig aufsaugt, so daß keines mehr auf die Konstrukteure fällt, die rasch flüchten. Der Dämon spuckt Wichtiges und Unwichtiges, Vergangenes und Zukünftiges möglicher, wirklicher, fiktiver und unmöglicher Welten aus, »und der Räuber glaubte, er werde nun gleich ungehörte Dinge erfahren, ... also las er alles, was ... hervorsprudelte«. Er liest alle möglichen Anfänge des *Dschungelbuches,* alle Namen auf M eines fernen Planeten usw., bis ihn die Daten überfluten und er entsetzt die Augen schließt. »So hockt jener Mäuler bis auf den heutigen Tag«, ohne Rettung den Informationen des Dämons ausgeliefert, denn »so streng haben ihn die Konstrukteure für seinen räuberischen Überfall bestraft«.[1] An die Volksweisheit, daß Reden Silber und Schweigen Gold sei, hatte Mäuler nicht gedacht, als er Reden ohne Schweigen als Lösegeld wählte.

Liest man Lems *Kyberiade* als mediensoziologische Fabel, dann entspricht

[1] Stanislaw Lem, *Kyberiade.* Frankfurt: Insel 1992.

dem Dämon zweiter Ordnung die Gesellschaft als Kosmos sinnvoller Kommunikationen überhaupt. Die Gesellschaft besteht aus Kommunikationen, in ihrer Umwelt herrscht das Chaos des Rauschens all jener Molekülbewegungen, die Lems »Selektor« nicht als Information dekodiert. Wenn man in der Systemtheorie versucht, sich einen perspektivenlosen, beobachterunabhängigen Blick auf die Gesellschaft vorzustellen, dann könnte sie sich so darstellen, wie Mäuler sie erlebt: als ein undifferenziertes, endloses, hyperkomplexes, kontingentes Universum von unspezifischen Kommunikationen, die alle potentiell sinnvoll, aber kontextlos ohne Anschlußfähigkeit sind. Mäuler mangelt es an dem, was die moderne Gesellschaft auszeichnet. Er verfügt nicht über Filter, die unter funktionalen Kriterien aus dem Pool vorhandener Informationen aussondern, was für spezialisierte Systeme informativ ist, das heißt: anschlußfähig für die eigene Selbstreproduktion. Mäuler bekommt schlicht »Alles« präsentiert, was innerhalb einer beliebigen Perspektive »Sinn« machen könnte. Dem Dieb selbst mangelt es an der Fähigkeit, mit einer Differenz die Kommunikationen auf dasjenige abzutasten, was für ihn bedeutungsvoll ist. Mäuler hätte sich in Funktionsrollen binnendifferenzieren müssen, etwa in einen Historiker, Botaniker, Kunstkenner oder Diagnostiker, die dann codegesteuert all jene Informationen *nicht* weitergeben, die für diese Rolle unwichtig sind. Er hätte also entweder einen Dämon erster Ordnung benötigt, der als Systemcode nur spezifische Daten seines Kollegen übermitteln würde (Fremdselektion), oder er hätte sich selbst in eine in Systeme und ihre Funktionsrollen differenzierte Gesellschaft verwandeln müssen, um tatsächlich »Alles« verarbeiten zu können (Selbstselektion). Aus der Simultanpräsenz unspezifischer Informationen wäre jedoch in jedem Fall die Verarbeitung von für jeweils bestimmte Systeme spezifizierten Sinns geworden.

Daß man nicht mehr »Alles« wissen kann, sondern nur etwas, und deshalb etwas anderes nicht, weiß man seit dem ausgehenden 18. Jahrhundert. Spezialisten haben den Polyhistor abgelöst. Dieser Trend zur Spezifikation wird von den Zeitgenossen als Verlust der Ganzheit oder als Auflösung von Identität reflektiert. So schreibt etwa Schiller 1795 in seinen *Briefen über die ästhetische Erziehung des Menschen:* »Auseinandergerissen wurden jetzt der Staat und die Kirche, die Gesetze und die Sitten; der Genuß wurde von der Arbeit, das Mittel vom Zweck, die Anstrengung von der Belohnung unterschieden.«

August Wilhelm Schlegel bemerkt 1802 in seiner *Allgemeinen Übersicht des gegenwärtigen Zustandes der deutschen Literatur,* daß die in der Antike von Mythos und Religion integrierten Sphären der Moral, Wissenschaft, Poesie und Kunst sich im Laufe der Geschichte mehr und mehr voneinander sondern. Waren sie »anfangs ineinander gewickelt und verwebt«, so kann nun »keines dieser Dinge ... von dem anderen abgeleitet« werden. Die Systeme erfreuen sich »gleicher Dignität«. Diese funktionale Differenzierung der Gesellschaft in autonome Kommunikationssysteme hat gravierende Folgen für die Selbstbeschreibungen der Einzelpersonen, denn Individuen werden nicht mehr als ganzer und unteilbarer Mensch an der Kommunikation beteiligt, sondern nur insoweit es die hochspezialisierte Kommunikation erfordert. Menschen sind für die Wirtschaft nur als Kunden interessant, nicht als Katholiken oder Protestanten; vor Gericht geht es allein um die Zurechenbarkeit von Straftaten auf Personen, nicht um gutes Aussehen oder hohes Einkommen, und in der Kunst sind letztlich allein einfallsreiche Künstler und geschmackvolle Rezipienten wichtig. Die Vielzahl der Rollen einer Person kann nirgends mehr als Einheit in ein Kommunikationssystem eingebracht werden. »Der Mensch« im pathetischen Sinne des deutschen Idealismus zerfällt in eine Pluralität von Funktionsrollen.

Ein Zeuge des Jahrhunderts

596 Seiten,
Leinen mit Schutzumschlag,
Fadenheftung,
DM 68,– / öS 530,– / sFr 69,80
ISBN 3-608-93194-5

Von dem Tagebuch, das Ernst Jünger nach seinem siebzigsten Geburtstag zu schreiben begonnen und das er seither ohne längere Unterbrechung weitergeschrieben hat, wird hier der dritte Band vorgelegt, der die Jahre von 1981 bis 1985 umfaßt.
Den Stoff liefert die Einlassung mit dem Nächsten und dem Fernsten: mit Haus und Garten und Feld und Wald und mit Großstädten und fremden Weltgegenden, mit dem Glück der subtilen Jagd und mit den Verwüstungen der als unvermeidbar erkannten Technik, mit Freund und Feind, mit Leben und Tod. Ein Aufnahmevermögen, das durch die Erfahrungen eines langen Lebens und durch einen Schub immer stärker sich einmischender Träume geschärft ist, erfaßt die Symptome einer gewaltigen Veränderung, die Jünger als den Großen Übergang von der Welt- zur Erdgeschichte deutet.

»Ich führe Tagebuch, weil es mir ein Bedürfnis ist. Das Gefühl, daß mir einer dabei über die Schulter blickt, halte ich insofern für eine Bereicherung, als es die Verantwortung erhöht.« *Ernst Jünger*

Bei Klett-Cotta lieferbar:

Siebzig verweht I
DM 54,– / öS 421,– / sFr 55,50
ISBN 3-608-95145-8

Siebzig verweht II
DM 56,– / öS 436,– / sFr 57,60
ISBN 3-12-904321-7

Klett-Cotta

EXILFORSCHUNG
in der edition text+kritik

Exilforschung
Ein internationales Jahrbuch

Herausgegeben von Claus-Dieter Krohn, Erwin Rotermund und Lutz Winckler unter Mitwirkung von Wulf Köpke

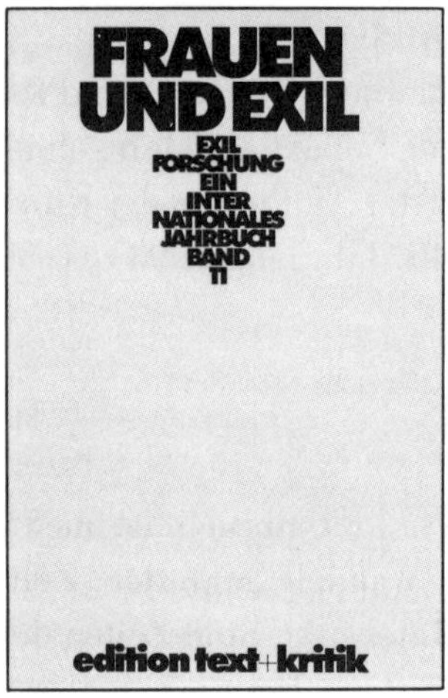

Band 11/1993
Frauen und Exil
etwa 250 Seiten, ca. DM 50,--
ca. öS 390,-- / sfr 51,--
ISBN 3-88377-446-4

Der Band trägt zur Erforschung der Bedingungen und künstlerischen wie biographischen Auswirkungen des Exils von Frauen bei. Literaturwissenschaftliche und biographische Auseinandersetzungen mit Lebensläufen und Texten ergänzen feministische Fragestellungen nach spezifisch »weiblichen Überlebensstrategien« im Exil.

Bisher sind erschienen:

Stalin und die Intellektuellen
391 Seiten, DM 34,--
öS 265,-- / sfr 35,--
ISBN 3-88377-142-2

Erinnerungen ans Exil – kritische Lektüre der Autobiographien nach 1933
415 Seiten, DM 36,--
öS 281,-- / sfr 37,--
ISBN 3-88377-178-3

Gedanken an Deutschland im Exil
400 Seiten, DM 38,--
öS 297,-- / sfr 39,--
ISBN 3-88377-205-4

Das jüdische Exil
310 Seiten, DM 38,--
öS 297,-- / sfr 39,--
ISBN 3-88377-244-5

Fluchtpunkte des Exils
260 Seiten, DM 37,--
öS 289,-- / sfr 38,--
ISBN 3-88377-263-1

Vertreibung der Wissenschaften
243 Seiten, DM 38,--
öS 297,-- / sfr 39,--
ISBN 3-88377-286-0

Publizistik im Exil
249 Seiten, DM 42,--
öS 328,-- / sfr 43,--
ISBN 3-88377-321-2

Politische Aspekte des Exils
243 Seiten, DM 44,--
öS 343,-- / sfr 45,--
ISBN 3-88377-366-2

Exil und Remigration
263 Seiten, DM 51,--
öS 398,-- / sfr 52,--
ISBN 3-88377-395-6

Künste im Exil
212 Seiten, zahlr. Abb., DM 48,--
öS 375,-- / sfr 49,--
ISBN 3-88377-421-9

Verlag
edition text + kritik
Levelingstraße 6a
81673 München

»Ewig nur an ein einzelnes Bruchstück des Ganzen gefesselt, bildet sich der Mensch selbst nur als Bruchstück aus ..., wird er bloß zu einem Abdruck seines Geschäfts, seiner Wissenschaft«, ja zum bloßen »Formular«, klagt Schiller, und leistungsfähigere Filter als Formulare sind kaum denkbar, machen sie doch aus dem Menschen ein Bündel anschlußfähiger Kommunikationen. Die Gesellschaft ist in entsprechende Funktionsrollen differenziert, die sich zueinander weitgehend indifferent verhalten. Das Individuum ist zum Dividuum geworden. Dies wird gemeinhin beklagt, allerdings nicht ohne auch zu bemerken, daß die Beschränkung auf »Bruchstücke des Ganzen« innerhalb dieser Bereiche die erreichbare Komplexität enorm steigern hilft. Schiller: »Wie viel auch für das Ganze der Welt durch diese getrennte Ausbildung der menschliche Kräfte gewonnen werden mag, so ist nicht zu leugnen, daß die Individuen, welche sie trifft, unter dem Fluch dieses Weltzwekkes leiden.«

Die Kunst und die sie reflektierende Semantik reagiert auf diesen »Fluch« der Zersplitterung einhellig mit Strategien der Entdifferenzierung. Ob Schiller, Schlegel, ob Hölderlin oder Novalis – sie alle erhoffen sich von der Kunst, sie könne den Menschen wieder in die Gesellschaft integrieren und die arbeitsteilige Differenzierung aufheben oder vergessen machen. Seit der Erfindung des Buchdrucks konzentrieren sich dabei die Hoffnungen besonders auf eine interaktive, symmetrische Kommunikation, welche die Trennung in Funktionsrollen und die Distanzierung durch Kanäle vergessen machen soll. Bereits »in den ersten gedruckten Büchern wurde der Leser aufgefordert, selber zu antworten, seine eigenen Erfahrungen etwa mit Kräutern, an den Autor des Buches weiterzugeben. Der Leser wurde sogar aufgefordert, selbst Bücher zu schreiben.«[2]

Zielt Schillers »ästhetische Erziehung« auf die soziale Reharmonisierung durch die künstlerische Veredelung des Menschen, so fügt Friedrich Schlegel seinem Projekt der Poetisierung des Lebens noch die Idee der kollektiven Produktion und Rezeption im Medium der »Sympoesie« hinzu. Somit »diviniert« diese Semantik des späten 18. Jahrhunderts in doppelter Hinsicht die Hoffnungen der jüngeren Theorien der neuen Medien: Sie hält die Differenzierung der Gesellschaft in Systeme im Medium der Kunst für auflösbar, und sie beschreitet erste Wege zu einer Resymmetrisierung der asymmetrischen Funktionsrollen von Produzent und Rezipient; statt den einsamen Autor eines Kunstwerks einem anonymen großen Publikum gegenüberzustellen, fallen in der kollektiven »Sympoesie« Produktion, Rezeption und Werk in eins.

Das 18. Jahrhundert hat die erfolgreiche Ausdifferenzierung der Gesellschaft konstatiert und sich dennoch vergeblich ihre Entdifferenzierung gewünscht. Nachdem stets neue »neue Medien« wie Film und Radio den entdifferenzierenden Programmen der Avantgarden, Brechts oder Benjamins, nicht zur Verwirklichung verholfen haben, stellt sich heute die Frage, ob nicht die Vernetzung der Welt in einen gigantischen, alle Kommunikationssysteme erfassenden Computerverbund den Sprung in die Postmoderne ausgelöst haben könnte, den Sprung in eine Epoche also, welche ein zentrales Merkmal der Moderne – ihre funktionale Differenzierung – nicht länger aufweist. Am standardisierten Terminal scheinen die altbekannten Differenzen zu verschwimmen. Es gibt anscheinend keine klaren Anhaltspunkte mehr, Wissenschaft, Literatur, Politik, Wirtschaft oder Moral noch zu trennen, weil alle in diesen Systemen organisierten Kommunikationen allein noch in Gigabyte adäquat gemessen und in Algorithmen beschrieben werden können.

2 Niklas Luhmann in einem Interview der Zeitschrift *Symptome,* Nr. 10, Dezember 1992.

Der ungeheure wie gleichgültige Datenkonsument Mäuler wäre dann zur adäquaten Selbstbeschreibungsformel einer Mediengesellschaft geworden, die hypnotisiert wie verständnislos auf die Bildschirme starrt.

Der Medientechnologe Friedrich Kittler hat die Ablösung allen Denkens durch die Datenverarbeitung längst verkündet. Nach Turings Beweis von 1936 könne die digitale Technik als diskrete und damit universale Maschine »alle anderen Maschinen (oder Menschen) ersetzen«. Mit Gottfried Benns früher Einsicht geht Kittler davon aus, daß das »Gedankliche ... in den Roboter geht«. Das »Denken« des Menschen werde von der »Kybernetik« übernommen. Sein Fazit ist, daß »Menschen als Beobachter überflüssig« würden.[3] Damit wäre die Epoche der Moderne beendet, die ohne den Menschen als Beobachter kaum denkbar ist. Denn gerade regelgeleitete Beobachtung, das heißt Beobachtungen von Beobachtungen, sind ein Signum der modernen Gesellschaft und liefern eben jene Filter, die Mäuler allein hätten retten können. Hilflos stünde ohne sie der Mensch vor der unendlichen Informationsflut der Maschinen, ohne noch in der Lage zu sein, diese Hyperkomplexität zu reduzieren. Ohne zu beobachten und also: ohne zu selegieren, könnte der Mensch nur noch Informationen rezipieren, die nicht länger informativ sein würden, da keine Operation sie zu anderen Informationen in ein Verhältnis (wahr/falsch, gut/böse, schön/häßlich etc.) setzen könnte. Die Hoffnungen, die sich an dieses »Aufschreibesystem 2000« knüpfen, erinnern überraschend an die utopischen Entwürfe der Romantik.

Es ist, als würde man auf die Klagen Schlegels und Schillers ein spätes Echo hören, wenn Marshall McLuhan 1964 in *Understanding Media* schreibt: »Synästhesie oder ein integriertes Sinnes- und Vorstellungsleben war westlichen Dichtern, Malern und Künstlern im allgemeinen als ein unerreichbarer Traum erschienen. Mit Besorgnis und Verachtung hatten sie die bruchstückhafte und verarmte Vorstellungswelt des alphabetischen Menschen im 18. Jahrhundert und in der folgenden Zeit betrachtet.«[4]

McLuhan hält dieses romantische Vorhaben durch die elektronischen Medien für realisiert. Hat die Welt des Buchdrucks »die erhabene und distanzierte Rolle des alphabetischen westlichen Menschen« geschaffen, so zwinge uns nun die »elektrische Implosion ... ohne Rücksicht auf ›Standpunkte‹ zum Engagement und zu aktiver Beteiligung. Der seiner Natur nach partielle und spezialisierte Standpunkt wird ... im Zeitalter der Elektrizität nicht mehr genügen.« Im Rückgriff auf die Tradition der Romantik entfaltet McLuhan seine Entdifferenzierungsutopie, die er durch eine rein technische Innovation für realisiert hält; und die Künstler »wollten es nicht hinnehmen, daß ihre Träume im Alltag von Radio und Fernsehen verwirklicht werden«.

Die bislang »strenge Trennung der Sinne« könne den »Fernsehwellen nicht standhalten«. Fernsehen führe neben der Reintegration aller Sinne verblüffenderweise auch zu einer stärkeren Einbeziehung des Publikums, als der Buchdruck sie je leisten könnte. Das Fernsehen als ein »kühles Medium« gebe »dem Hörer oder Benutzer viel mehr zu tun als ein heißes Medium«. Daher ergebe sich »eine starke Beteiligung des Publikums«. Diese kreative Einbeziehung des Publikums findet sein Äquivalent in der Selbstentfaltung des Fernsehschauspielers als Person. »Die Bedingungen des Fernsehens zwingen ihn, spontan zu improvisieren und jeden Satz und jede Nuance mit Mimik und Gestik abzurunden, um den sehr engen Kontakt zum Publikum nicht zu verlieren, der auf der riesigen Leinwand oder der Bühne gar nicht

[3] Friedrich Kittler, *Die Nacht der Substanz.* Bern: Benteli 1989.

[4] Marshall McLuhan, *Die magischen Kanäle.* Düsseldorf: Econ 1992.

möglich wäre.« Dieses »gesamtpersönliche Erfaßtsein«, diese »Art engagierter Darbietung« bleibe der »Buchform« verschlossen.

Die Persönlichkeit, die in der hochtechnisierten Moderne in Kontonummern, Guthaben, Adressen, Aktenzeichen, Mitgliedschaften zerfallen ist, werde ausgerechnet durch das Fernsehen als »Gesamtpersönlichkeit« reintegriert. Daß die »Verbindung zweier Medien« – Radio und Film zum Fernsehen – »ein Moment der Wahrheit und Erkenntnis« produziert, das mit synästhetischer Synergie uns »plötzlich aus der narzißtischen Narkose herausreißen« wird, glaubt allerdings heute wohl niemand mehr, selbst wenn es theoriegeschichtlich gleichsam Brecht und Benjamin im Quadrat ist. Man muß nicht vor Radio, Film und Fernsehen warnen, um zu bezweifeln, daß von ihrer Technik die Integration des Menschen in die Gesellschaft und die Aufhebung entfremdender Differenzierungen zu erwarten sei.

Doch ist diese Utopie selbst enttäuschungssicher, denn sie wandert stets einfach ein Medium weiter: diesmal zum Computer. Frank Poppers kleine Geschichte der »High Technology Art« ist – wie schon die Medientheorien Brechts und Benjamins – unbewußt vollständig am Leitfaden zunehmender Integration des Rezipienten in die Kunst orientiert.[5] Von den ersten Lichtskulpturen, deren Sensoren auf Geräusche reagieren, bis zur rechnergestützten Installation werden die interaktiven Anteile der Betrachter immer weiter ausgebaut. Ein »globales Netzwerk« stelle von Distribution auf »Zwei-Wege-Kommunikation« zwischen Autor, Werk und Publikum um, so daß eine »intensive Beteiligung« ermöglicht wird. »Dieser Prozeß kann nur durch neue technologische (high-tech) Mittel verwirklicht werden«: Brechts Radiotheorie im Zeitalter des Computers. Nicht von ungefähr heißt ein Prototyp dieser neuen Kunst *Le champ d'interaction,* in dem die Asymmetrie der Rollen interaktiv uniert wird. Gerade von der verstärkten Nutzung von Mikroprozessoren verspricht sich Popper noch interaktivere Werke, bei denen gar der Künstler sein Rezipient sein werde und umgekehrt.

Es ist Peter Weibels Verdienst, das *Champ d'interaction* mit High-Tech-Einsatz weiter bereichert zu haben. In einer Installation für die Kölner Galerie Tanja Grunert legt er einen Fußboden mit 32 Tasten aus, deren Berührungen durch den Zuschauer computergenerierte Bilder auf einer großformatigen Projektionsfläche erzeugen, die selbstredend virtuell real sind. Weibel geht davon aus, »daß das Bild und der Beobachter sich gleichzeitig und gegenseitig verändern ... Mit der Computertechnologie wird das Bild durch den bloßen Akt des Beobachtens verändert. Es gibt diese Möglichkeit, daß dieser Beobachterzustand elektromagnetisch gespeichert wird und sofort wiederum das Bild beeinflußt.«[6]

Obschon die Installation nichts anderes ist als ein bunter und mehr oder minder unterhaltsamer Einsatz von Bewegungsmeldern, die eben nicht mit dem Blaulicht einer Alarmanlage verbunden sind, sondern mit einem Unix Computer von Silicon Graphics mit Grafikanimation in Echtzeit und Videobeamer, verkündet ein Thomas Dongo auf einem *handout* der Galerie gleich, die »Trennung der Welt« in Natur und Geist, Subjekt und Objekt werde in »virtueller Realität überwunden«. Die Symmetrie- und Entdifferenzierungsutopien der Romantik haben mit der Techno-Semantik nur einen neuen Jargon gefunden: »Die voneinander isolierten Welten des Geistes und der Objekte verschmelzen in

[5] In: Florian Rötzer (Hrsg.), *Digitaler Schein. Ästhetik der elektronischen Medien.* Frankfurt: Suhrkamp 1991.

[6] In: Robert Fleck (Hrsg.), *Zur Rechtfertigung der hypothetischen Natur der Kunst und der Nicht-Identität in der Objektwelt.* Köln: König 1992.

der Immaterialität des Cyberspace und ermöglichen erstmals die unmittelbare Interaktion zwischen der res cogitans und der res extensa.«

Ein Traum mit utopischer Valenz. In seinem Beitrag zu *Digitaler Schein* entwirft Weibel, Leiter der Städelschule für Neue Medien in Frankfurt, ein entsprechendes Manifest zur »Techno-Ästhetik«, das von der Vision einer rechnergestützten Entdifferenzierung und Neuordnung der Gesellschaft im Medium der Techno-Kunst getragen wird. Sein Aufsatz geht davon aus, »daß die durch die technischen Medien hervorgebrachte Kunst eine in vieler Hinsicht radikal andere ist als die Kunst davor ... Statt auf einem statischen Seinsbegriff baut die Techno-Kunst auf einem dynamischen (interaktiven) Zustandsbegriff auf.« Sie wird, so prophezeit Weibel, »auch Werke ohne Wahrheit schaffen, nur Hypothesen, Hybride und Simulationen. Sie wird sogar Kunst ohne Werke schaffen und Kunst ohne Kunst, die nicht mehr als solche kognisziert wird, anonyme, kollektive Kunst, ohne Originalgenies. Künstliche Kunst, ohne Natur und ohne Geist, ohne Sein und ohne Wahrheit, eine ›Kunst‹ jenseits von Kunst.«

Die Techno-Kunst enthülle das Sein als Schein, die Macht hinter der Wahrheit, die Natur als Kontingenz und jedwede Ontologie als Konstrukt. Kein Wunder, daß eine solche Kunst nicht ohne eine soziale Morgenröte bleibt, wie sie Schiller von der »Ästhetischen Erziehung« und die Frühromantik von der »Neuen Mythologie« erhofften: »Die Techno-Kunst ist der Vorschein dieser dynamischen Kunst, welche die Parameter der klassischen Kunst grundlegend umstürzen und umformen wird, in Synergie mit technischen, territorialen, politischen und sozialen Umwälzungen.«

Zweihundert Jahre nach Schlegels Projekt der Entdifferenzierung des Sozialen und der Poetisierung des Lebens in Gestalt der Sympoesie erneuert Weibel diese Tradition auf der Basis von Computertechnik. Wiederum ist es das neueste Medium, das in einem großen, diesmal synergetischen Effekt die Differenzen von Autor, Werk und Publikum tilgen und damit die verkrustete Moderne endgültig zerschlagen und in eine dynamisch-fluktuative Postmoderne überführen wird. Realisiert ist von dieser Utopie noch nicht allzuviel.

In seinem Beitrag zu *Digitaler Schein* ist Hans-Joachim Müller denn auch bei einer kritischen Lektüre der Manifeste der neuen Medienkunst ihre »futuristische Erzählstruktur« aufgefallen. Schon Schiller und Schlegel haben ihre Projekte mit dem Index des Zukünftigen versehen. Tatsächlich deuten alle hier skizzierten Entwürfe einer nachmodernen Aufhebung funktionaler und codegesteuerter Differenzierung zumindest ein leises Noch-Nicht an. Diese Futurisierung macht aus den Theorien und Analysen letztlich Prophezeiungen, die implizit zugestehen, daß ihre Zeit noch nicht gekommen ist. Gewiß erhält die Kunst neue Medien, die sie formen kann, wodurch die Vielfalt der Gattungen und Formen steigt. Hörspiele, Fernsehfilme und Computeranimationen sind interessante Innovationen der Kunst – aber eben nur innerhalb der Kunst und als solche in Differenz zu anderen Kommunikationsformen stets erkennbar. Wenn freilich die Techno-Kunst als Kunst gar nicht mehr zu identifizieren ist, wie Weibel prätendiert, dann hat sie ihre Systemgrenzen zerstört und bevölkert den gesamten Kosmos der Kommunikation. Doch diese Kunst hätte eben den Nachteil, daß sie nach dem Verlust ihrer Differenz zu anderen Systemen keinen Horizont mehr hat, vor dem sie sich unterscheidet, und keinen Beobachter mehr, der sie wahrnimmt. Sie wäre eine Kunst für Mäuler. Sie wäre endlich an ihr oft beschworenes Ende gelangt – allerdings würde dies niemand mehr »kogniszieren«.

Bis auf weiteres aber bleibt die Gesellschaft modern und die Kunst in ihr ein Sozialsystem von vielen. Die Differenzierung in Funktionssysteme mit spezifisch kodierten Kommunikationen hat sich auch *in* den neuesten technischen

Medien erhalten. *In* Zeitungen, Radio, Film, Video, Computer zerfallen die Beiträge in wahre oder falsche, interessante oder langweilige, informative oder obsolete, verkaufsfördernde oder -schädigende. Jeder Versuch einer Epochengliederung der Sozialgeschichte nach technischen Medien ist zum Scheitern verurteilt. Die Differenzierung der Systeme ist härter als die der Medien. Alle Systeme nutzen nach ihren spezifischen Bedingungen die neuen Techniken als Kommunikationsmedien, ohne um ihre Identität fürchten zu müssen. Auch an der funktionalen Asymmetrie der Kommunikationsrollen hat sich bis heute nichts geändert. Es gibt Künstler, Programmierer, Journalisten, Propheten, Wissenschaftler und ihre Rezipienten: einer schreibt, viele lesen. Lems Alptraum entdifferenzierter Informationsüberflutung bleibt als ein interessanter Beitrag zur Literatur vorläufig ohne positiven Realitätskontakt, wie auch Weibels Traum interaktiver Auflösung sozialer Differenzierung ein Beitrag zur Kunst ist und nicht zur Soziologie. Ob er interessant genug ist, um wenigstens innerhalb der Kunst Anschlüsse zu provozieren, bleibt abzuwarten.

Eine neue Einbildungskraft?

Über Vilém Flusser

Von Frank Lucht

In seiner Autobiographie *Bodenlos* berichtet Vilém Flusser, wie er, der 1920 in Prag geborene Jude, über England nach Brasilien emigrieren mußte und dabei die für ihn maßgebende Erfahrung machte, die Erfahrung des Absurden. Er erfuhr an sich die völlige Relativierung politischer Programme, historischer Zeiten und geographischer Räume, so daß er bald glaubte, dem Wahnsinn nahe zu sein und sich zeitweise am Rande des Selbstmords befand. Die Erfahrung der Bodenlosigkeit bedeutet für Flusser beides, das erschreckend Absurde und die verheißende Utopie. In seinen essayistischen Arbeiten hat er beides bis zur Unkenntlichkeit gegeneinander verschliffen. Es hat ihn dahin geführt, für seine Autobiographie das unpersönliche »Man« zu wählen, während er in seinen Essays die Ich-Form verwendet. Flusser ist bei sich, wo er bei der Sache ist: in seiner Autobiographie verloren im »Man« – oder aber bei den anderen, den Freunden –, ist er in seinen sachlichen Texten ganz er selbst: bodenlos.[1]

In Flussers essayistischen Schriften gibt es keinen Halt. Man macht mit ihnen mit, was Flusser mitmachte, die Erfahrung der Bodenlosigkeit. Sie lesen sich wie Anwendungen auf den Konstruktivismus. Was sie aufbauen, reißen sie am Ende wieder ein, sie existieren nur virtuell, sie spielen nur durch. Ihre These demonstrieren sie noch einmal an sich selbst, daß in der Welt des digitalen Scheins die Mittel über die Zwecke triumphiert haben. »Die Mittel sind derart

[1] Von Vilém Flusser sind u.a. erschienen: *Für eine Philosophie der Fotografie* (1983), *Ins Universum der technischen Bilder* (1985), *Die Schrift. Hat Schreiben Zukunft?* (1987), alle bei European Photography in Göttingen; *Vampyroteuthis Infernalis* (Göttingen: Immatrix Publications 1987); *Krise der Linearität* (Bern: Benteli 1988); *Ende der Geschichte, Ende der Stadt?* (Wien: Picus 1992); *Eine neue Einbildungskraft.* In: Volker Bohn (Hrsg.), *Bildlichkeit* (Frankfurt: Suhrkamp 1990); *Gesten* (1991), *Bodenlos* (1992), beide bei Bollmann in Düsseldorf.

gescheit geworden, daß sich bei ihnen aller Zweck erübrigt. Sie werden Selbstzweck. Selbstzweckwerden aller Mittel und Überflüssigkeit aller Zwecke meint ›Medienkultur‹.« *(Die Schrift)* Flussers theoretisierende Schriften sind pfiffige Apologien dieses Unsinns, die sich zuweilen den Anschein einer Kritik geben. Unglücklicherweise hielt sich Flusser für philosophisch begabt. Seine Stärken waren die Kybernetik und das Fabulieren. In seinen Feuilletons wie *Die Schrift* ist er manchmal hinreißend. Da schildert er eine Szene an seinem Schreibtisch. »Wenn ich an meinem Schreibtisch sitze und schreibe, befinde ich mich in einem bewundernswerten Kosmos: Alles ist an seinem Platz und zu Diensten. Ich bin dabei sowohl der Aristoteles als auch der Newton meines Schreibtisches ... Wenn ich aber vor mir selbst und meinem Schreibtisch zurücktrete und das verzwickte Verhältnis zwischen ihm und mir überblicke, dann werde ich immer heisenbergischer: Was ich als Ordnung auf meinem Schreibtisch betrachtet hatte, entpuppt sich als eine grobe Vereinfachung, die ich selbst auf den Schreibtisch projiziere.« Tritt man in Abstand zu Flussers Schriften, wird einem ebenfalls immer heisenbergischer zumute.

Flussers Beschäftigung galt, zumindest seit der Zeit, als er den Lehrstuhl für Kommunikationstheorie in São Paulo innehatte, bis zu seinem Tod vor zwei Jahren, den Fragen menschlicher Kommunikation und ihrer technologischen Revolutionierung. Sie gipfeln in der Forderung nach einer Philosophie der Fotografie: »Wir beobachten allerorts, wie Apparate jeder Art daran sind, unser Leben in sturer Automation zu programmieren; wie die Arbeit von Menschen auf Automaten abgewälzt wird und wie die Mehrheit der Gesellschaft beginnt, im ›tertiären Sektor‹ mit dem Spielen mit leeren Symbolen beschäftigt zu werden; wie sich das existentielle Interesse von der dinglichen Welt auf die Universen der Symbole überträgt und wie sich die Werte von den Dingen auf die Informationen übertragen. Wie sich unsere Gedanken, Gefühle, Wünsche und Handlungen robotisieren; wie ›leben‹ bedeutet, Apparate zu füttern und von ihnen gefüttert zu werden. Kurz: Wie alles absurd wird. Wo gibt es da noch Raum für menschliche Freiheit?«

Das klingt pathetisch; aber es ist sardonisch. Man meint, hier handle es sich um ein Problem; man stellt im Gegenteil fest, hier wird die Lösung aller Probleme entdeckt. Das ist noch ätzender, als in den neuen Technologien ein Problem zu sehen. Flusser problematisiert, um zu zeigen, daß es künftig keine Probleme mehr geben wird. Dabei reitet ihn das Prinzip. Wenn es wahr ist, daß der Mensch nur da ganz Mensch ist, wo er spielt, dann ist er vor dem Terminal gut aufgehoben. »Die Philosophie der Fotografie ist notwendig, um die fotografische Praxis ins Bewußtsein zu heben; und dies wiederum, weil in dieser Praxis ein Modell für die Freiheit im nachindustriellen Kontext überhaupt aufscheint.« Dieses Vorhaben ist der reine Bluff, weil auch nach verschärftem Nachdenken über Flussers Ausführungen ganz unklar bleibt, was eine Philosophie der Fotografie an Dringlichkeit von einer Philosophie der Pfandflasche unterscheidet. Flusser sieht das allerdings anders. Während man in der Industriegesellschaft noch fragte, frei wovon, so muß man heute fragen, frei wozu. Viele Menschen denken jetzt: »Stimmt. Wozu eigentlich?« Und Flusser antwortet ihnen: »Na, um zu spielen, natürlich.« Ein Philosophiestudent springt auf und ruft: »Das steht doch alles schon bei Hegel! Daß Freiheit nicht einfach heißen kann, frei von etwas, sondern erst recht, frei zu etwas, und daß sich daran dann die Freiheit relativiert. Weil die Freiheit nur eine Möglichkeit bedeutet. Die Wirklichkeit aber ist das Leben.«

Flusser legt, mit imponierender Großspurigkeit, die Entwicklung der Menschheit so zurecht: Gegen die Magie des Bildes erfanden die Menschen die Schrift. Der »alphanumerische Code« (Buchstaben und Zahlen) führte sie aus der Zirkularität des Mythos ins Offene der Geschichte. Er setzt sie erstmals in den Stand, sich über ihre eigenen Zwekke zu verständigen und Geschichte aus freien Stücken zu machen. Aber die Aufklärung hat jederzeit ihre Dialektik. Die technische Rationalität gebiert aus sich eine Magie zweiter Ordnung, ein »Universum der technischen Bilder«, in denen die Errungenschaften der Rationalität aufs Spiel gesetzt erscheinen. Die Einheit des »alphanumerischen Codes« zerbricht, der numerische Code verselbständigt sich und ermöglicht eine neue Generation von Bildern. Indem die Magie zweiter Ordnung, von der Fotografie bis zum Computerbild, Platz greift und die Schriftkultur einer Bildkultur weicht, ist der Pessimismus (oder Optimismus?) des Betrachters nicht weit. Wir befinden uns in einem Posthistoire, in dem der kybernetische Geist über den historischen gesiegt hat und die vollends aufgeklärte Erde im Zeichen triumphalen Unheils strahlt. Oder? »Die technischen Bilder sind keine Spiegel, sondern Projektoren. Sie entwerfen Bedeutungen auf trügerischen Oberflächen, und diese Entwürfe sollen für ihre Empfänger zu Lebensentwürfen werden.« Flusser diagnostiziert infolgedessen die Vereinzelung vor dem Terminal und die Gleichschaltung der so Vereinzelten im Sinne einer neuen Sozialisierung. »›Bündel‹ heißen lateinisch ›fasces‹. Die Struktur der von technischen Bildern beherrschten Gesellschaft ist demnach fascistisch, und zwar ist sie fascistisch nicht aus irgendwelchen ideologischen, sondern aus ›technischen‹ Gründen. So wie die technischen Bilder gegenwärtig geschaltet sind, führen sie ›von selbst‹ zu einer fascistischen Gesellschaft.« *(Ins Universum der technischen Bilder)*

Flusser sieht dieser Gefahr gleichsam mit einem lachenden und einem weinenden Auge entgegen. Kaum hat er uns Schauer über den Rücken gejagt, versöhnt er uns mit einer wunderbaren Utopie: Der Homo faber der Industriegesellschaft könnte abgelöst werden durch den Homo ludens der Informationsgesellschaft. Endlich könnte jeder mit jedem richtig frei kommunizieren. Es ist nur eine Frage der Schaltung. »Eine derart miteinander durch Bilder hindurch dialogisierende Gesellschaft wäre eine Gesellschaft von Künstlern. Sie würde, dialogisch, unvorhergesehene und unvorhersehbare Situationen in Bilder setzen.« »Der künftige Mensch wird beim Schaffensprozeß zum Selbstvergessen mitgerissen werden. Er wird im Spiel mit allen anderen mittels der Apparate aufgehen. Es ist jedoch falsch, dieses Selbstvergessen als ein Sichverlieren im Spiel anzusehen. Im Gegenteil, der künftige Mensch wird sich selbst im Spiel finden, er wird sich selbst darin konkretisieren.« Die vollends aufgeklärte Erde strahlt im Heil einer elektronischen Kommunion. Mit anderen Worten: Flusser wechselt derart behende zwischen Grandhotel Abgrund und Villa Sonnenschein, daß sich grüne Fundamentalisten genauso an ihm begeistern können wie der Arbeitgeberclub. »Ich sagte zu Ende des vorangegangenen Kapitels, daß dieses Umbiegen der technischen Bilder in dialogische Funktionen ziemlich bald zu geschehen hat, weil es sonst zu spät wäre. Die telematischen Vorrichtungen zeigen, daß es sehr bald, vielleicht sogar sofort geschehen kann. Das gegenwärtige dumme Herumspielen an diesen Vorrichtungen zeigt aber eben auch, daß es möglich ist, den gebotenen Zeitpunkt zu verpassen.«

Was diese Sätze so diskret charmant macht, ist nicht nur Flussers Gabe zur Prophetie, sondern zumal die konziliante, geradezu FDP-hafte Form, in der er uns so tief blicken läßt. Was aber trügt, ist der Eindruck der politischen Brisanz. Flusser mokiert sich einmal mit einem sanften Seitenhieb auf die Frankfurter Schule über den Ansatz, der Marx-Orthodoxie entsprechend Technik und Wissenschaft als neutral zu deklarieren, um die Schuld an ihrem Mißbrauch oder auch nur ihren schädlichen Folgen bei irgendwelchen kapitalistischen Agenten zu suchen. Es ist aber noch naiver, das Politikum durch faszinierte Blicke in irgendwelche Apparate entdecken zu wollen. Flusser hat sich zwar für eine Philosophie der Fotografie stark gemacht; er hat sie aber nicht geschrieben. Eine solche ist Roland Barthes (der es bei *Bemerkungen zur Photographie* beließ) mit *Die helle Kammer* gelungen. Barthes hat in einem früheren Aufsatz über die *Rhetorik des Bildes* ein einleuchtendes Argument gegen die Rede einer Bildkultur vorgebracht, die die Schriftkultur abgelöst haben soll oder im Begriff ist, das zu tun. Aus einer einfachen Überlegung heraus. Wenn Bilder nämlich gedeutet sein wollen, und sie werden es durch Sprache und Schrift, dann wird sich im selben Maß, wie sich die Bilder vermehren, das Bedürfnis nach ihrer Interpretation erhöhen: »Wir sind weiterhin, und mehr als je zuvor, eine Schriftkultur, weil die Schrift und das Wort immer vollwertige Glieder der Informationsstruktur sind.«

In einem seiner besten Texte, einer kurzen Abhandlung mit dem Titel *Eine neue Einbildungskraft,* prägt Flusser den Satz: »Bilder sind Mediationen zwischen dem Subjekt und der objektiven Welt und als solche einer inneren Dialektik unterworfen: sie stellen sich vor die Gegenstände, die sie vorstellen sollen.« Die Probleme, die Flusser angesichts jener neuen Einbildungskraft, die nicht mehr in unserem Kopf nistet, sondern in Computer ausgelagert wurde, anschneidet, sind durchweg von klassischem Zuschnitt; sie verweisen zurück auf die Probleme der Tradition mit der alten Einbildungskraft, der Fähigkeit des Menschen zur Imagination. Flusser bestreitet das. »Eine neue, der alten entgegengesetzte Einbildungskraft ist entstanden«. »Die erste Art von Bildern ist Abbild von Sachverhalten, die zweite von Kalkulationen. Die Bedeutungsvektoren der beiden Einbildungskräfte weisen in entgegengesetzte Richtungen, und die Bilder der ersten Art müssen anders gedeutet werden als die der zweiten. Das ist der eigentliche Grund, warum die traditionelle Bildkritik an den neuen Bildern vorbeigeht.«

Dies scheint einleuchtend. Man muß aber bedenken, daß Flussers technologische Unterscheidungen einer humanistischen Thematik dienen. Dabei stehen technische Erklärung und philosophische Interpretation schief zueinander; der Gegensatz, den Flusser zwischen menschlicher und maschineller Einbildungskraft aufstellt, ist technisch korrekt, aber schon im Vorfeld menschlichen Belanges Unsinn. Denn man sollte die Bedeutung eines Bildes nicht mit seinen Herstellungsbedingungen verwechseln. Ob ich mir einen Apfel vorstelle oder meinen Computer so füttere, daß das Bild eines Apfels erscheint, so handelt es sich beide Male um einen Apfel oder um das, was ich damit symbolisieren will. Frage ich dagegen nach den Entstehungsbedingungen des menschlichen beziehungsweise maschinellen Apfelbildes, muß ich im einen Fall die Hirnforschung in Anspruch nehmen, und sie wird mir noch keine endgültige Erklärung geben können; im anderen Fall kann ich das Kalkül, dem sich das maschinelle Apfelbild verdankt, ganz und gar erklären. Deshalb kann Flusser sagen: »selbst der orthodoxeste Epistemolog hätte dagegen nichts einzuwenden, weil derartige Bilder ihren Simulationscharakter nicht verhüllen. Sogar Platon hätte nichts dagegen zu sagen, weil derartige Bilder ›reine Ideen‹ sind und ihre Betrachtung daher ›Theorie‹ ist ... Aber wenn man so etwas meint, dann hat man die Radikalität des Umkehrens der Einbildungskraft bei diesen Bildern noch nicht gewürdigt.« Die Radikalität gipfelt für Flusser in einer technisch erstmals realisierbaren »reinen Ästhetik«, einem L'art pour l'art. Erst jetzt »kann Homo faber von Homo ludens abgelöst werden«. In einer solchen Lebensform, die sich Selbstzweck ist, hat die Frage Wozu?, die Flusser in den Mittelpunkt seiner Betrachtungen hebt, ausgedient.

Der französische Paläontologe André Leroi-Gourhan hat Mitte der sechziger Jahre in seinem Werk *Le geste et la parole* – auf deutsch unter dem Titel *Hand und Wort* erschienen – die Vermutung ausgesprochen, daß unter der Vorherrschaft der audiovisuellen Medien die »persönlichen Vorstellungsvarianten« verschwinden werden. »Die Situation, die sich jetzt einzustellen beginnt, müßte danach eine Perfektionierung bedeuten, weil sie die Anstrengung der Imagination ... ökonomisiert. Aber die Imagination ist eine fundamentale Fähigkeit der Intelligenz, und eine Gesellschaft, in der die Fähigkeit zur Schöpfung von Symbolen nachließe, verlöre zugleich ihre Handlungsfähigkeit.« Auch wenn sich diese Befürchtung als unbegründet herausstellen sollte, so ist auf Leroi-Gourhans Werk schon deshalb hinzuweisen, weil hier in eindrucksvoller Weise die Entwicklung von Technik, Sprache und Kunst aus dem Ineinandergreifen von technischer Geste und sprachlichem Symbolismus gedeutet wird. Bei Flusser zerfällt dieser Ansatz in einen Versuch über Gesten, den man kaum anders als dilettantisch bezeichnen kann, und in den Versuch, aus dem Geist einer Art existentialistischen Infotainments heraus die segenspendenden Wirkungen der technischen Einbildungskraft zu propagieren.

Wer hat Angst vorm Cyberspace?

Eine kleine Apologie für gebildete Verächter

Von Norbert Bolz

Intellektuelle reagieren auf Populäres meist nur gereizt. Natürlich: Cyberspace ist zunächst einmal eine PR-Parole der amerikanischen Militärtechnologie und Unterhaltungsindustrie. Was wir darüber zu lesen bekommen, stammt aus den ungelenken Federn kalifornischer Garagenmillionäre, ermüdet uns in seiner aufgeblasenen Geschwätzigkeit oder reizt bestenfalls zum Lachen wie die Wahnmonologe des vom Medium Droge auf die Droge Medium umgestiegenen Timothy Leary. Die wenigen, die tatsächlich Erfahrungen mit diesem neuen Medium machen konnten, bemerken zu Recht: Viel Lärm um fast nichts!

Aber halten wir fest, daß wir es hier mit einem neuen Medium zu tun haben. Und immer wenn neue technische Medien erfunden werden, wissen die Menschen zunächst einmal nichts damit anzufangen. Nur Nonsens wurde von den ersten Grammophonen gespeichert, von den ersten Telefonverbindungen übermittelt. Man mußte und muß zuallererst die Bedürfnisse lernen, deren Befriedigung neue Medien sein können. Der mit diffuser Angst gemischte Spott der Intellektuellen ist deshalb eine Konstante der Mediengeschichte.

Wer hat Angst vorm Cyberspace? Der amerikanische Psychotherapeut Craig Brod hat den Begriff Cyberphobie geprägt, um Streß-Symptome zu bezeichnen, die bei der Arbeit mit computergesteuerten Systemen auftreten. Bei Licht betrachtet, steckt hinter der Angst vor Computern aber nichts anderes als die Angst der humanistisch Gebildeten, mathematische Analphabeten zu sein. Der billige Spott über Cyberspace und Virtual Reality ist also eine Art Abwehrzauber der Intellektuellen gegen die Welt des Rechnens. Heute sind tatsächlich Zahlen und Figuren Schlüssel aller Kreaturen. Und auf das Zauberwort, bei dessen Erklingen dieses »verkehrte Wesen« verfliegen soll, warten die Romantiker vergebens.

Mathematik statt Romantik! Das ist eine notwendige, aber keine hinreichende Bedingung, um die neuesten Medien zu verstehen. Das Wesen der Technik – der Weise vom Todtnauberg wußte es –

ist nichts Technisches. Von den Software-Ingenieuren können wir nicht erfahren, was es mit Cyberspace auf sich hat. Deshalb adressiere ich diese kleine Apologie an die Gebildeten unter den Verächtern des neuesten Mediums Cyberspace. Immerhin geht es hier um einen alten Menschheitstraum: in anderen, möglichen Welten wirklich zu sein. Bisher mußte man diese anderen Welten phantasieren, heute kann man sie errechnen. Cyberspace heißt ja nichts anderes als »kybernetischer Raum« – Informationsprozesse, Rückkopplung und Steuerung in drei Dimensionen. So wird etwas lange schon Geträumtes technisch möglich: in Bilder einzutreten. Kollektive Halluzinationen sind so alt wie die Kultur – aber Cyberspace macht sie erstmals bewußt gestalt- und steuerbar. Die Faszination, die davon ausgeht, hat große Ähnlichkeit mit der Hippie-Faszination durch psychedelische Drogen. *Lucy in the Sky with Diamonds,* der LSD-Song der Beatles, wird heute durch den *Star Gate Corridor* aus Kubricks *2001* ersetzt. Man könnte sagen: Cyberspace verhält sich zur seriösen Künstlichen Intelligenz wie die Popmusik zur klassischen Kultur.

Auch der ultrapostmoderne Cyberspace hat seine Vorgeschichte. Das Panorama war das erste technische Medium, das auf Allsichtigkeit zielte: Eroberung der Welt als integrales Bild. Dieses Pensum hat dann das Kino übernommen. Und wir können heute sehen: Es blieb bei der Verwirklichung jener Allsicht-Träume noch ein weiterer Schritt zu tun – der Eintritt des Beobachters in den Bildraum. Eben das vollzieht sich gegenwärtig unter dem Titel Cyberspace.

Man will im Bild sein. Panoramatische Apperzeption sprengt die Rahmenschau. Seither sind Schauspiele langweilig – man will selbst im Gesehenen sein. Und willig schrumpft der Beobachter zum blinden Fleck des integralen Bildes. Es tritt ihm nicht mehr als imaginäre Entität gegenüber. Im Panorama nicht anders als im Cyberspace ist der Beobachter von Bildern umschlossen, und er konstituiert ihre Totalität, indem er sich um die eigene Blickachse dreht. Ein Sein-im-Bild verdrängt das hermeneutische Sein-zum-Text. Das propagiert nicht erst die PR-Agentur der Cyberspace-Industrie, sondern schon Alexander von Humboldt, der sich in seiner Weltbeschreibung *Kosmos* nach »Lichtbildern« sehnt, die »einen magischen Effekt hervorbringen«, und deshalb das Panorama als neues Leitmedium ausruft, »weil der Beschauer wie in einen magischen Kreis gebannt und aller störenden Realität entzogen« sei. Vom Panorama bis zum Cyberspace verwandeln sich Reisen, Entdeckung und Abenteuer in eine technisch implementierte Halluzination. Und in Anlehnung an eine berühmte Definition der Aura könnte man sagen: Diese Phantasmagorien sind technisch reproduzierbare Beschwörungen einer Ferne, so nah sie sein mag.

Dramatisch verändern sich Materialität und Ort des Erscheinens von Bildern: vom Pigment zum Pixel; von der Leinwand über den Bildschirm zur Holographie. Die immateriellen Pixelkonfigurationen der errechneten Bilder auf den Bildschirmen der Computer kennen, außer den technischen Standards, prinzipiell keine Grenze der Gestaltwerdung und Bildmanipulation. Die Geschichte dieser Bildschirme hat nicht nur einen klaren Terminus a quo, sondern auch einen sich deutlich abzeichnenden Terminus ad quem: Die ersten Bildschirme waren Radarschirme, die den Luftkrieg überwachten und steuerten. Und bald können Menschen computergesteuerte Minibildschirme, superleichte Flüssigkristall-Monitore wie Kontaktlinsen tragen. Damit wäre das Design der Benutzerschnittstelle ästhetisch optimiert. Die neue Zauberformel Virtual Reality zielt genau auf diesen Sachverhalt.

Computer aided software engineering – also die computergestützte Gestaltung von Computerprogrammen – kürzt man mit dem Akronym CASE ab. Eine Gestalt gleichen Namens ist der Held des neuen kybernetischen Raums. Case – aus William Gibsons genialem Werk *Neuro-*

mancer – ist der Bastian der Unendlichen Computergeschichte einer Weltflucht in den Cyberspace. »The matrix« – der Schaltplan eines Weltrechners, der die konsensuelle Halluzination körperloser Bewußtseine ermöglicht – »has its roots in primitive arcade games, in early graphics programs and military experimentation with cranial jacks.« Case ist verloren im Datenraum und folgt nun dem Traum der Programme. All das ist Science-fiction nur in dem Maße, als Fiktion selbst zum Aggregatzustand von Wissenschaft geworden ist. Denn die Cyberspace-Matrix ist in der Tat nicht nur aus dem Geist militärischer Gehirnchirurgie, sondern auch aus dem Geist primitiver Computerspiele geboren. Das Abenteuer eines Computerspielers ist eine Reise durchs Gehirn des Software-Designers. Die ihm entsprungene Welt des Rechners ist logisch konstruiert, aber prinzipiell unüberschaubar. So entsteht beim Spieler die Sucht, immer weiter zu entdecken, also Licht in die Black box zu bringen. Kurzum: Der gute Spieler macht sich zum Algorithmus – nichts anderes heißt heute ein Abenteuer bestehen.

Klar, daß unter solchen Bedingungen weder Subjektivität noch Intersubjektivität unversehrt bleiben. Die Verlustrechnung wird heute in jedem Feuilleton aufgemacht. Doch menschliches Dasein läßt sich sehr wohl auch – und ich meine: besser – ohne diesen metaphysischen Schmuck darstellen. Das hat schon eine Existentialontologie der späten zwanziger Jahre erfolgreich versucht. Damals hieß der Mensch ein »entwerfend Sein zu einem Seinkönnen«. So steif und künstlich die Formel klingt – sie entspricht doch genau unserem Begriff von den neuen Medienbedingungen. Denn auch ästhetisch betrachtet, ist der Mensch unendlich mehr Möglichkeit als Wirklichkeit. Das Selbst ist nur ein Knotenpunkt virtueller Realitäten, begreifbar nicht mehr als Subjekt in einer objektiven Welt, sondern als Entwurf im Projektionsraum eines rechnenden Denkens, den man heute Cyberspace nennt. Das gelingt schon jetzt – also mit noch sehr bescheidenen Rechenleistungen – verblüffend gut, weil das Zentralnervensystem unaufhörlich daran arbeitet, Wahrnehmungslücken zu schließen. Unser Gehirn ist ein natürlicher Verbündeter des Cyber-Tech-Zaubers.

Und was ist aus dem Zoon politikon geworden? Mögen unsere Ahnen einmal liberal räsonierende Bürger gewesen sein – wir sind schon seit Jahrzehnten Fernsehzuschauer, Subjekte allenfalls als Untertanen des Medienverbunds. Die virtuelle Realität der elektronischen Gemeinschaft tritt nicht einfach in Konkurrenz zur bürgerlichen Öffentlichkeit, sondern schließt sie aus. Der politische Raum schrumpft zum telematischen Netz. Wo Glasfaserkabel liegen, gibt es kein Forum mehr. Mehr noch: Jedes Festhalten an den Formen bürgerlicher Öffentlichkeit schlägt um in blanke Ignoranz.

Auch unsere alltägliche Umwelt hat sich strukturell gewandelt. Virtual Reality, Telepräsenz und Cyberspace sind Techniken einer Visualisierung des Immateriellen und Ungegenwärtigen. Hier macht sich ein ungegenständliches Genießen fest. Es geht uns nicht mehr um Zweck und Funktion, sondern um Erlebnis und Emotion. Zweitausendfünfhundert Jahre abendländische Kulturgeschichte und nur eine Wirklichkeit? Das genügt uns heute nicht mehr. Die Pointe dabei ist: Wer wirklich etwas erleben will, sucht dieses Erlebnis eben nicht mehr in der empirischen, sondern in der virtuellen Realität; sie ist formbar und weniger störanfällig. Und wer tief fühlen will, geht ins Kino.

Schon Kino und Erlebniskonsum also tauchen uns in eine Welt der virtuellen Ereignisse – alles andere, nämlich das empirisch Reale, die Welt »da draußen«, ist zu riskant. Und auf den unvermeidlichen Kontakt mit der Außenwelt bereiten wir uns in virtuellen Räumen vor. Es ist uns ja längst zu gefährlich geworden, ungeschützt »Erfahrungen« zu machen. Statt dessen üben wir den Außenweltkontakt in Simulationskabinen. Eine unverächtliche Technik, denn es wird in

Zukunft immer wichtiger werden, Menschen für Situationen auszubilden, denen Menschen nicht gewachsen sind; etwa Astronauten, Kampfflieger, Herz- und Gehirnchirurgen. Der Cyberspace wird zum Fitneß-Studio der postmodernen Professionen.

Was auch immer sie zeigen mögen – Computerbildschirme präsentieren virtuelle Realitäten. Man kann hier nicht mehr von Abbildung sprechen, weil jedes Pixel auf dem Bildschirm einzeln berechnet und manipulierbar wird. Als die Fernsehbilder vom Mond kamen, mußten die Daten erst verarbeitet werden, um Sichtbarkeit zu erreichen. Das nennt man *picture processing.* Gemeint ist eine digitale Emendierung fototechnisch schwacher Funkbilder. Zum andern ist es aber auch eine Technik der spurlosen Fälschung: Funkbilder und Fotos werden mit einem Scanner abgetastet und in digitaler Form, das heißt als diskrete Zahlenreihe, im Computer gespeichert. Nun kann man retuschieren, ohne daß Spuren bleiben, denn die Pixel des Monitors sind kleiner als die Filmkörnung. Man kann es auch so sagen: Daß jedes Bild als Matrix von Codes manipuliert werden kann, hat den Effekt, daß es keine »Effekte« mehr gibt. Am Endpunkt dieser Entwicklung wird die Kamera durch die direkte Videosynthese numerischer Bilder ersetzt werden.

Elektronische Bildverarbeitung korrigiert und verknüpft digital gewandelte Bilder von jedem einzelnen Pixel aus. Techniken wie die Fourier-Analyse ermöglichen ein *image enhancement,* das beispielsweise Satellitenbilder überhaupt erst interpretierbar macht: Die Fotos werden gleichsam gesäubert, ihre Datenstruktur wird optimiert – Oberflächen erscheinen dann geglättet, Kanten scharf konturiert. Bei dieser elektronischen Nachbearbeitung von Bildrohdaten verliert der Begriff Manipulation seinen kritischen Sinn. Elektronische Bilder sind weniger diskrete Gegenstände als vielmehr Zeitsegmente eines kontinuierlichen Signals. Ihr bestimmendes Verhältnis zueinander ist deshalb nicht mehr das von Schnitt und Montage, sondern von Metamorphose und digitaler Transformation. Weil elektronische Bildverarbeitung aber per se Manipulation ist, wird es unter Computerbedingungen kaum mehr technische Möglichkeiten der Authentifizierung von Fotografien geben – bleibt nur, wie Ted Nelson mutmaßt, das Vertrauen in den, der das Foto geschossen hat. Es gibt prinzipiell in der Welt elektronischer Dokumente eben kein Äquivalent zum Wasserzeichen, keine Marke der Echtheit. Elektronisch synthetisierte Bilder bestehen den Turing-Test.

Die heute modische Rede von der Herrschaft der bloßen Effekte und Simulationen, die das Realitätsprinzip außer Kraft setze und im Raum der elektronischen Bilder das Faktische mit dem Virtuellen fusioniere, hat einen harten technischen Kern: Daß wir zunehmend mit synthetischen Wahrnehmungen versorgt werden und Sehmaschinen die Analyse der Wirklichkeit übernehmen, setzt zum einen voraus, daß das Reale in seiner Zufallsstreuung digitalisierbar ist, zum anderen aber auch, daß unsere Wahrnehmung prinzipiell digitalisierbar ist. Menschenaugen sehen eben 25 Bilder pro Sekunde als Bewegung in Echtzeit, und Menschenohren hören nichts jenseits von 20 000 Hertz. Deshalb sind Bilder und Töne quantisierbar. Und deshalb kann es ein neues digitales Alphabet geben, das für Bilder, Wörter und Klänge gleichermaßen gilt.

Ganz gleichgültig, was auf den Bildschirmen unserer Rechner erscheint – es sind numerische Bilder, die per definitionem nur virtuelle Realitäten präsentieren können. Repräsentation und Abbildung sind einfach deshalb unmöglich geworden, weil jedes Pixel auf dem Monitor einzeln berechnet und manipulierbar wird. Die hybriden Wirklichkeiten auf den Bildschirmen der Rechner ahmen nicht mehr nach: Realität ist nicht mehr hinter den Bildern, sondern allein in ihnen. Die Medienwirklichkeit wird konkret zum Apriori unserer Weltwahrnehmung. Unter Computerbedingungen heißt eine Sache verstehen: sie mit errechneten Bildern simulieren können. Aus dieser Perspektive – die im übrigen identisch ist mit der des radikalen Konstruktivismus – erweist sich dann auch die sogenannte natürliche Realität als Datenkonfiguration, als Spezialfall der medienspezifischen Grundoperationen mit *computable numbers*.

Wichtiger als die spielerische Simulation virtueller Wirklichkeiten scheint mir die sich hier eröffnende Möglichkeit, bestimmte Realitäten durch andere zu ersetzen. Nicht zufällig sind die in diesem Bereich entscheidenden technologischen Entwicklungen den Forschungsabteilungen des Konzerns McDonnell Douglas und der NASA zu verdanken. Es handelt sich einmal um den *data glove*, zum anderen um eine Maske, die im wesentlichen aus zwei Kleinstmonitoren besteht, die die Bilddaten direkt vor die Augen des Benutzers projizieren. Marshall McLuhan hatte ja schon vor dreißig Jahren am Lichtimpuls-Bombardement des Fernsehens erkannt, daß der Betrachter selbst zum Bildschirm geworden ist. Heute schließen sich Monitor und Netzhaut kurz.

Der NASA-Kontext ist eindeutig: Geplant ist, einen Menschen so in eine Feedback-Schleife einzubauen, daß er einem Roboter bei Reparaturarbeiten im Weltraum helfen kann. Durch Orientierungssensoren ist die Kopfbewegung des Menschen mit der Schwenkbewegung der Roboterkamera exakt koordiniert. Nun bedarf es nur noch einer exakten Koordinierung der Greifwerkzeuge des Roboters mit dem Datenhandschuh. Dann könnte man tatsächlich in der virtuellen Realität errechneter Bilder Manipulationen am unendlich weit entfernt Realen durchführen.

Die Couch-potatoes vor den Monitoren sind ruhmlose Brüder jener Militärtechniker und Weltraumingenieure, deren virtuelle Körper im Raum errechneter Bilder eine Menschen unerreichbare Empirie manipulieren – sei's auf der Venus, sei's im Vulkankrater, sei's in radioaktiv verseuchten Gebieten. Und wer ist nun der Mensch? Jener vor dem Bildschirm sitzende, mit *data glove* und *headmounted display* ausgestattete Körper – oder sein »afferent angeschlossener Doppelgänger« in der virtuellen Realität? Stanislaw Lem hat diese neue synergetische Medienwirklichkeit der virtuellen Realität schon vor 30 Jahren in seinem Buch *Summa technologiae* präzise als »Teletaxie« beschrieben. Sie ermöglicht es, »den Menschen an einen beliebig gewählten Ausschnitt der Realität derart ›anzuschließen‹, daß er sie so erlebt, als befände er sich tatsächlich in ihr«.

In der neuen Medienwirklichkeit ist der Mensch nicht mehr der Herr seiner Daten. Menschen werden mittlerweile selbst in Rückkopplungsschleifen eingebaut, beispielsweise ein Astronaut, der als kybernetischer Organismus seiner Kapsel funktioniert – Cyborg *(cybernetic organism)* nennt man solche halbsynthetischen Wesen. Vor diesem Hintergrund behaupte ich, daß alle Identitätsprobleme und auch alle ethischen Fragen unserer humanistischen Kultur aus den Anforderungen einer neuen Mensch-Maschine-Synergie entstehen. Das wird von Begriffen wie Interface und Benutzeroberfläche deutlich angezeigt.

Die neue Zauberformel Virtual Reality bezeichnet einen Grenzwert der ästhetischen Optimierung im Design von Benutzeroberflächen. Es geht hier um die bestmögliche Zusammenarbeit von Menschenhirn und Rechenmaschine. Zunächst mußte man ja alphanumerische Codes eingeben – eine neue Geheimwissenschaft. Douglas Engelbarts Maus und Apples Macintosh machten es dann möglich, Programme durch schlichtes Anklicken von *icons* (Piktogramme) zu bedienen. Im Cyberspace können wir den Computer schließlich mit »natürlichen« Gesten bedienen – wir müssen keine Programme mehr schreiben, sondern bewegen uns in einem anschaulichen Datenraum. Es genügt jetzt, mit dem Finger zu zeigen.

Der Finger – lateinisch *digitus*. Wenn wir etwas an den fünf Fingern einer Hand abzählen, unterscheiden wir diskrete Werte. Eine klare, geordnete Welt: Der Vorrat an Zeichen ist endlich, die Elemente sind deutlich unterschieden, und nur ein Sprung führt vom einen zum anderen. Der Computer ist eben eine Maschine, die mit diskreten Zuständen operiert. Er »digitalisiert« die Welt, macht sie fünffingerförmig, genauer gesagt: zweifingerförmig, denn er beschränkt sich ja auf zwei diskrete Zustände – eben: *binary digits,* Bits. Doch die Finger sind nicht nur zum Zählen, sondern auch zum Zeigen da. Schon die Maus kann als technische Implementierung dieser Zeigefunktion begriffen werden. Im Cyberspace navigiert man schließlich mit Hilfe einer zeigenden Hand, die in Echtzeit auf die Bewegungen der vom *data glove* umschlossenen Hand reagiert.

Der kybernetische Organismus, der heute vor allem noch Science-fiction-Filme wie *Terminator II* bevölkert, ist nur ein spektakulärer Spezialfall des Sachverhalts, daß der Mensch heute in ganz neue synergetische Verhältnisse zu Maschinen tritt. Man muß diese Entwicklung aber noch prinzipieller und radikaler verstehen: Wir können erste Ansätze zu einer allgemeinen Vermischung von Organischem und Anorganischem beobachten. Man kann Proteine heute mit Metall verbinden und neu designen, um die Architektur der Computerchips zu verfeinern. Das heißt im Klartext: Die Natur tritt als ein Konstruktionselement in die Technik ein. Ein eindrucksvoller Film mit Arnold Schwarzenegger, *The Total Recall,* handelt vom *wireheading,* der direkten Stimulation von Hirnregionen mit Elektroden und Implantaten. Dieser Zugang zum Gehirn ermöglicht psychedelische Effekte, die leicht zu einer Art elektronischer Drogenabhängigkeit führen. Der Rausch wird nicht mehr chemisch, sondern elektronisch erzeugt.

Seit der deutsche Psychiater Hans Berger 1924 Platindrähte in die Kopfhaut seines Sohnes einließ, perfektioniert man die Abtastung der Gehirnströme. Vom EEG zu den *mind-machines,* an die man sich heute in den Metropolen so selbstverständlich anschließt, wie man ein Sonnenstudio besucht, ist es nur ein Schritt. Den nächsten Schritt führt der Film *Bis ans Ende der Welt* vor Augen: den Kurzschluß zwischen Gehirn und Kamera – *brainscanning.* Wenn man aber Bilder der Außenwelt unter Umgehung der Augen direkt ins Gehirn einspeisen kann, muß es auch umgekehrt möglich sein, die endogenen Bilder des Traums durch *brainscanning* auf Monitoren zu materialisieren. Freud hat das Unbewußte ja den »anderen Schauplatz« genannt. Bilder der physischen Realität verblassen neben den technisch reproduzierten Bildern von diesem »anderen Schauplatz«, den High-Definition-Videos des Traums. Das ist das Menetekel, worauf jener Film von Wim Wenders zuläuft.

Man kann die Bilder der Träume technisch reproduziert auf Videomonitoren sehen – eine medientechnische Rückkopplung des Unbewußten. Unter Umgehung der Organe wird Information unmittelbar auf den Nervenbahnen abgetastet und in sie eingespeist. So tritt das Zentralnervensystem in direkte Wechselbeziehung zur virtuellen Realität. Schon in den sechziger Jahren hatte Stanislaw Lem dies als »Phantomatik« erträumt: »eine Kunst mit Rückkopplung«. Das »Ich« wird hier zur Droge. So wie LSD immer schon Kopfkino war, erweist sich heute umgekehrt Video als Halluzination im Zeitalter ihrer technischen Reproduzierbarkeit. Wenders inszeniert diesen »anderen Schauplatz« in einer High-Tech-Version der Platonischen Höhle. Das Unbewußte tritt ins Zeitalter seiner technischen Reproduzierbarkeit ein.

Das mag heute noch Science-fiction sein. Selbstverständliche neue Medienwirklichkeit sind aber seit längerem elektronische Vergnügungsparks und interaktive Wissenschaftsmuseen. Zugegeben: Auch diese Erfahrung ist ernüchternd. Interaktivität ist meist nur eine Werbevokabel. Je entwickelter nämlich die entsprechenden Computerprogramme sind, desto mehr (Vor-)Entscheidungen übernehmen sie, die dann in Bildform präsentiert werden; sie machen das Symbolische vergessen. Der Leser wird zum Zuschauer. Indem er, statt zu lesen, in ein Environment eintaucht, unterliegt er der Suggestion, Erfahrungen durch Wahrnehmung zu machen. Hier zeigt sich eine zweite, technische Bedeutung des Begriffs virtuelle Realität. Ein interaktives System verschleiert die technische Wirklichkeit seiner Datenstruktur und Programmierung, um den Anwender in einen stabilen Schein einzuschließen. Software-Design müßte demnach mit der Gestaltung einer konzeptuellen und psychologischen Umwelt beginnen, die dann Virtualität heißt und allem Programmieren vorausgeht. Was auf der Oberfläche des Interface erscheint, ist wichtiger als das, was in der logischen Tiefe des Rechners geschieht. Ich will ja auch, wenn ich einen Film betrachte, nichts von der Wahrheit der 25 Einzelbilder wissen.

Verheißungsvoller scheinen mir aber die sogenannten Hypermedien – gemeint sind Computersysteme, die die Leistungen unterschiedlichster Medien auf einer einzigen Benutzeroberfläche integrieren. In ihrem Entwurf einer Psychophysik der Hypermedien[1] deuten Peter Michael Fischer und Heinz Mandl das Präfix »hyper« als Marke der Differenz zu passiven Multimedia-Applikationen. Es indiziert eben die Virtualität des Mediums, das heißt die Tiefe der Information und die Wahlfreiheit des Anwenders. Mit anderen Worten: Die Information von Hypermedien ist immer Produkt einer Interpretation – sie ist (inter-) aktiv. Das läßt sich zur Zeit aber nur in statischen zweidimensionalen Medien wie Text, Bild und Grafik implementieren. Gerade der Stolz der Multimedia-Baukästen: Sound, Video und 3D-Grafik, können in Hypersystemen nur als passive Supplemente dienen. Interaktives Video kann es erst geben, wenn Computer in der Lage sind, Bilder in Echtzeit zu verstehen.

Die vertrauten grafischen Benutzeroberflächen der Computer lagern Bildflächen über Bildflächen, öffnen Fenster in Fenstern – Stichwort »Windows«. Die dargebotenen Daten sind also angeordnet, als ob sie einen Raum füllen würden. Die Dimension dieser Darstellungen liegt zwischen zwei und drei – man könnte sie deshalb »fraktal«-dimensional nennen. Und heute erobert das Wissensdesign sogar die dritte Dimension: Virtual Reality und Cyberspace ermöglichen »begehbare« Wissensstrukturen. Denn auch wenn erfolgsverwöhnte Phantasten wie Jaron Lanier von einer »postsymbolischen Kommunikation« schwärmen – rein technisch gesehen fällt im Cyberspace keine Vorentscheidung gegen die Kulturtechniken des Lesens und Schreibens. Man kann die Virtual Reality des Rechners auch semiotisch gebrauchen: Statt Schrift in Bildern aufzulösen, erscheinen dann umgekehrt die Multimediazaubereien als Elemente eines synästhetischen Texts. Das verspricht ein Lernen, das zugleich Vergnügen bereitet: *edutainment*.

Komplexe Sachverhalte werden auch einfacheren Gemütern verständlich, wenn es dem Wissensdesign gelingt, die Struktur dieser Sachverhalte sinnlich erfahrbar zu machen. In diesem Zusammenhang hat das Projekt Cyberspace einen prägnanten Sinn: nämlich als mehrdimensionale Versinnlichung eines Wissenssystems. Komplexität verständlich zu machen, ist die große Herausforderung für die Intellektuellen der Zukunft. So heißt es im Editorial der neuen kalifornischen Medienzeitschrift *Wired* prägnant: »In the age of information overload, the ultimate luxury is meaning and context.«

Da Hypermedien uns in die Lage versetzen, heterogene Daten in virtuellen Perspektiven anzuordnen und Multi-

---

1 In: David H. Jonassen/Heinz Mandl (Hrsg.), *Designing Hypermedia for Learning*. Berlin: Springer 1990.

mediatechniken die Simulation menschlicher Kommunikation ermöglichen, kann der Cyberspace als Design eines Hypermediensystems begriffen werden, das dem mit Sensoren ausgestatteten Anwender die stabile, operative Illusion vermittelt, integraler Bestandteil einer simulierten dreidimensionalen Welt zu sein – statt nur Beobachter eines Bildes. Von Bedeutung ist dabei nicht das von der Unterhaltungselektronik geförderte eskapistische Spiel in anderen denkbaren Welten, sondern die Möglichkeit einer instruktiven, gestaltprägenden Überblendung von empirischer durch virtuelle Realität. Beispiele? Computer entwerfen heute exakte Landkarten der genetischen Strukturen; sie designen maßgefertigte Moleküle für die chemische Industrie. Eine Gehirn- oder Herzoperation aus Tausenden von Kilometern Entfernung – Virtual Reality macht's möglich.

Lassen Sie sich also vom Begleitlärm dieser Medienrevolution nicht ablenken. Es geht nicht um Telespiele, sondern um Telemedizin; nicht um Cybersex, sondern um Corporate Vitual Workspaces, in denen die komplex vernetzten Produktionsprozesse der Zukunft gesteuert werden. Es geht nicht um den Vollrausch im Computerspiel, sondern um ein intelligentes Management von Datenkomplexität. Und immer dann, wenn Sie die Cyberphobie erfaßt, sollten Sie daran denken, wie einfach Ihnen das Telefonieren fällt und daß Sie es um keinen Preis missen möchten. Denn das Telefon war die erste technische Implementierung einer virtuellen Realität. Und Cyberspace ist die Fortsetzung der Telefonie mit multimedialen Mitteln.

Das Reine und das Unreine

Zu Boris Groys und Pierre Bourdieu

Von Thomas Hölscher

Eine Ästhetisierungswelle hat die Gesellschaft erreicht, Kultur, Design, Werbung und Medien werden immer wichtiger, und die Ökonomisierung der Kunst- und Kultursphäre ist weiter vorangeschritten. Investitions- und gewinnintensive Großereignisse der Kultur, neue Formen der Sponsoren- und Sammlertätigkeit von Großunternehmen greifen um sich, der Kunstmarkt mit Auktionen, Händlern, Kunstmessen gerät in heftige Bewegung.

Handelt es sich bei diesen Phänomenen eher um eine Ökonomisierung des Kulturellen oder um eine Kultivierung des Ökonomischen? Die Soziologen der Postmoderne berichten uns von den gesellschaftlichen Ästhetisierungspotentialen im Sinne einer Vergesellschaftung des Ästhetischen, von der »Entdifferenzierung« ehemals getrennt gehaltener Bereiche wie Kunst und Ökonomie, Kunst und Unterhaltung. Die Kulturgesellschaft wurde ausgerufen.

Pierre Bourdieu ist kein Soziologe der Postmoderne, doch er hat ein umfassendes Konzept einer Kultur- und Kunstsoziologie entwickelt, das einen schärferen Blick auf die heutigen Verhältnisse erlaubt. Boris Groys ist Kulturphilosoph. Jegliche Kultursoziologie ist ihm Anathema, was ihn nicht hindert, mit seinem neuen Buch den »Versuch einer Kulturökonomie« vorzulegen. Beide gelangen zu einer komplexen Darstellung der Situation der kulturellen Phänomene heute, des Verhältnisses von Kultur und Ökonomie, von Kultur und sozialer

Welt. Das Folgende sei der Versuch einer Bilanzierung der Positionen dieser so unterschiedlichen Theoretiker.

Wie hängen Mode, Ready-made und die christliche Zwei-Naturen-Lehre zusammen? Mit solcher surrealistisch anmutenden Zusammenstellung zielt Groys auf das »Herzprinzip« unserer Gesellschaft. Geht es in *Über das Neue. Versuch einer Kulturökonomie*[1] nur darum, noch einmal die Ökonomie als das Herz von Kultur und Gesellschaft zu erweisen? Oder eher »umgekehrt« (Groys' Lieblingswort), ist »Herz« eine Erläuterung von »Ökonomie«? Dann wäre zumindest das Verhältnis von Kultur und Ökonomie verschoben, neu verortet: Das verbirgt sich hinter dem prima vista paradoxen Ausdruck »Kulturökonomie«. Denn damit ist bei Groys nicht ein Spezialgebiet der Nationalökonomie gemeint, keine profanökonomische Betrachtung der Kultur, sondern Eruierung der spezifischen Ökonomie der Kultur selber. Das klingt nach einfachem Herumdrehen des Spießes: gegen den materialistischen Vorrang der Ökonomie über die Kultur nunmehr die Dominierung der Ökonomie durch die Kultur, mit dem Bestreben ihrer Kultivierung, ihrer Nobilitierung?

Einen ähnlichen Zwitter wie »Kulturökonomie« trifft man bei Bourdieu: »Ökonomie der kulturellen Güter«. Es handelt sich jedoch um eine sehr klare, methodisch erweiternde Anwendung der Begriffe »Ökonomie«, »Kapital« und »Markt« auf andere gesellschaftliche Funktionsbereiche oder »Felder«, wie Bourdieu sagt. So gibt es neben dem Markt der ökonomischen Güter und Kapitalien einen Markt der sozialen, politischen, der kulturellen, der symbolischen Güter, welche die entsprechenden Profite an »sozialem«, »kulturellem« usw. Kapital erbringen und eine jeweilige Ökonomie bilden, die entsprechender wissenschaftlicher Untersuchung durchaus zugänglich ist. Das Verhältnis des profanökonomischen Feldes zu den übrigen Feldern ist durch eine Art Analogie bestimmt, nimmt man das Wort in einer alten Bedeutung: »ähnlich bei um so größerer Unähnlichkeit«; ohne von ihm trennbar zu sein, fallen die übrigen Felder doch mit dem profanökonomischen Feld nicht zusammen, und das heißt bei Bourdieu »relative Autonomie«.

Damit ist jeglicher ökonomistischer Reduktionismus hinfällig. Denn der Ökonomismus ist selber als ein Reduktionsprodukt erkannt, das aus der Beschränkung der Ökonomie auf den profanökonomischen Bereich und der Erklärung alles übrigen zur ökonomiefreien Zone resultiert. Bourdieus verallgemeinerte Ökonomie korrigiert diesen Irrtum. Das bedeutet nicht, daß das Machtpotential und die Durchschlagskraft der Konzentration des ökonomischen Kapitals auf die anderen Felder vernachlässigt würde. Es erhält vielmehr seinen präzisen historischen Index, je nach seinem Zustand; und der momentane Zustand der Kapitalverwertung zielt auf Globalisierung. Hier weichen die gewohnten Dichotomien von innen und außen, Kultur und Gesellschaft, Struktur der symbolischen Systeme und sozialer Struktur. Ihr Zusammenhang ist kein mechanischer und auch keiner der bloßen Widerspiegelung, sondern etwas sehr Komplexes: »Es gibt nicht die Gesellschaft und dann den Symbolismus. Die Gesellschaft ist zwangsläufig symbolisch, weil die Menschen verschieden sind. Nur lassen sich diese Unterschiede nicht ausschließlich auf der symbolischen Ebene erklären«.[2] Werden diese komplexen Zusammenhänge auseinandergerissen, dann

1 Boris Groys, *Über das Neue. Versuch einer Kulturökonomie.* München: Hanser 1992.

2 Pierre Bourdieu, *Satz und Gegensatz.* Frankfurt: Fischer 1993. Siehe auch *Rede und Antwort* (Frankfurt: Suhrkamp 1992), *Die verborgenen Mechanismen der Macht* (Hamburg: VSA 1992), außerdem Bourdieus Aufsätze *Einführung in eine Soziologie der Kunstwerks* (in: *Die Intellektuellen und die Macht.* Hamburg: VSA 1991) und *Die historische Genese einer reinen Ästhetik* (in: Gunter Gebauer / Christoph Wulf (Hrsg.), *Praxis und Ästhetik.* Frankfurt: Suhrkamp 1993).

entstehen einander entgegengesetzte einseitige Betrachtungsweisen, und beide bekämpft Bourdieu. Die eine ist der schon erwähnte »Ökonomismus«, der alle Kapitalformen für letztlich auf das ökonomische Kapital reduzierbar hält, wodurch er die spezifische Wirksamkeit der anderen Kapitalarten ignoriert. Die andere ist der »Semiologismus«. Er reduziert die sozialen Austauschbeziehungen auf Kommunikationsphänomene und ignoriert die brutale Tatsache der genannten Durchschlagskraft des ökonomischen Kapitals.

Das Buch von Groys muß man gegen den Strich lesen. Unter dem Titel des »Neuen« ist die Rede von etwas anderem. Das Neue kristallisiert sich exemplarisch in der Kultur und dort wieder besonders deutlich in der Kunst (aber auch in der Theorie, im Denken). Was aber kristallisiert sich seinerseits im Neuen, was ist es, das es, gerade heute, »unausweichlich, unvermeidlich, unverzichtbar« macht? Es ist bei Groys lapidar die Rede davon, daß das Neue schlichtweg »die Realität« der Gesellschaft sei, ihre irreduzible Faktizität. Wie diese Realität charakterisiert wird – als »das Unausweichliche, Unverfügbare, Unverzichtbare« –, das erinnert an alte Bestimmungen Gottes. Diesen obersten Garanten gibt es nach aller Metaphysikkritik und Dekonstruktion nicht mehr. In seine »Realitäts«-Position rückt die »Innovation« ein. Sie ist der säkularisierte göttliche Kern der Gesellschaft. »Säkularisiert« heißt jedoch hier, daß es sich um eine unvermeidliche Wirklichkeit für die Gesellschaft handelt, die aber in neuer Form gedacht werden muß. Die neue Form, die die Idee eines höchsten Wertes ablöst, ist die »Ökonomie«: der Austausch von Gütern, aber nicht im bloßen Differenzenspiel (wie die Postmodernen meinen), sondern wertbestimmt, als Austausch, Wechsel, »Umwertung« von Werten. Und der besonders ausgezeichnete, wenn auch eben nicht »höchste« Wert, der in diesem Wertespiel entsteht, ist »das Neue« in Kultur und Kunst: eine höchst flüchtige, ephemere, riskierte, instabile, ereignishafte Entität, die Groys in immer neuen Varianten beschwört. Groys' ganzes Buch dreht sich um die Isolierung und nähere Bestimmung dieser hochfragilen und unserer heutigen Gesellschaft doch zugleich essentiellen, eben »unverzichtbaren« Subtilität: wie ihre Bildung notwendig wurde und welches die Verfahren ihrer Gewinnung sind.

Das Neue tritt bei Groys auf als Korrelat der technisierten Archive des gesellschaftlich für bewahrenswert Gehaltenen. Solange die Tradition der Modus der Bewahrung von Werten war, bildeten modifizierende Erneuerung und Überlieferung keinen Gegensatz. Dies fällt bei den technischen Archiven aus: Das Langdauernde und das vollständig kurzfristige Neue polarisieren sich und bleiben darin aufeinander angewiesen. Das Neue ist demnach die posttraditionale, den Archiven entsprechende, von ihnen produzierte nötige Form der Tradition. Und die Frage nach dem »Lebenselixier« der heutigen Gesellschaft bezieht sich genau darauf, wie bei ihr die Tradition in einer nach- und nichttraditionalen Zeit funktioniert. Groys' Diagnose, in einem wahren Furor der Abräumarbeit erbracht, lautet, daß alles bisherige Neue (einschließlich des durch die Moderne vertretenen) noch jenen traditional-substantialistischen Touch an sich hat, der es in einem wie auch immer gearteten Wesentlichen außerhalb seiner selber fundieren soll, um das, was es ausmacht, nicht anerkennen zu müssen: Neues um des Neuen willen zu sein. Daraus ergibt sich die Frage nach dem heute zeitgemäßen Neuen, einem Neuen, das weder substantialistisch verstanden noch postmodern für unmöglich erklärt wird. Das ist die zentrale Fragestellung von Groys' Buch, mit einem Ausdruck Lyotards: Welches ist der Zustand des »sozialen Bandes« heute?

Lyotard setzte auf den fragmentierten, heterogenen Charakter der avantgardistischen Poetiken. Ihnen billigte er Vorbildcharakter für die Umstrukturierung des »sozialen Bandes« zu. Ähnlich findet

Groys in den künstlerischen (und denkerischen) Avantgarden die Charakteristiken und vor allem die Herstellungsverfahren des Neuen als dem gesellschaftlich notwendigen subtilen Gut. Im Zentrum seiner Untersuchungen steht das Ready-made als (von Duchamp gefundenes) universales Prinzip der Herstellung von Neuem. Es bildet den Kern der »Logik der Kulturökonomie«. Neues entsteht in der Absetzung vom Archiv und in seiner gleichzeitigen Fortsetzung: Gegen das Archiv als der Sphäre der hohen Werte werden aus dem Bereich des Profanen bezogene niedere Werte oder Wertlosigkeiten strategisch so mobilisiert, daß das Wertvolle und das Wertlose aufeinanderstoßen. Dadurch findet sich das Wertvolle ab- und das Wertlose aufgewertet, so daß die ihrem jeweiligen Verlauf nach höchst veränderliche, in sich aber niemals auflösbare Grenze zwischen den Wertextremen markiert wird. Hier genau entsteht das Neue. Es vermag sich in den wechselnden Konstellationen der Werte immer wieder anders neu zu bilden. Im Status seiner Flüchtigkeit, Fragilität und Kurzfristigkeit ist es allein mit der Mode zu vergleichen. Je gelungener das Neue sich darstellt, um so mehr erwirbt es sich den Anspruch auf spätere Aufnahme in die Archive, zu seiner Bewahrung in der Erinnerung – und ein neuer Innovationsschub kann in Absetzung von diesem archivierten, auf Dauer gestellten Neuen in Gang kommen. An vielen und sehr unterschiedlichen Beispielen vermag Groys diese Logik zu demonstrieren. Für die Struktur des Neuen als Ressource, in Hinblick auf das soziale Band, ergibt sich, daß sie durch einen modeähnlichen Effekt gekennzeichnet ist. Dieser ist nicht nur »radikal antiutopisch und antitotalitär« und von »radikaler Geschichtlichkeit«, wie Groys schreibt, das, was »am radikalsten zeitgebunden ist«; er inkorporiert in seiner gleichzeitigen Bewegung von Absetzung und Fortsetzung der Tradition gegenüber die eigentümliche Figur einer Ineinanderblendung von Abbruch und Anknüpfung, Bruch und Kontinuität. Für das soziale Band bedeutet das, daß es immer von beiden Seiten bestimmt ist: Nie darf es sich in endgültiger Kontinuität gerettet wähnen, braucht sich aber auch nicht in vollständiger Dispersion zerfallen selbst zu erfahren, weder Exil noch Reich.

Das Ready-made-Prinzip fordert die Verspannung des Wertvollen mit dem Wertlosen in seinen möglichsten Extremen, und zwar so, daß sie weder voneinander trennbar noch zu einer Synthese miteinander verschmelzbar sein sollen. Ihre Verbindung soll sich nicht in eines der beiden Glieder auflösen und auch nicht in irgendwelche höhere Ununterscheidbarkeit aufgehoben werden. Das heißt, daß es niemals den Weg ins purifizierte Reine geben kann. Es mag so subtil sein, wie es Groys vor Augen führt, nie ist es etwas Absolutes, immer ein Bedingtes.

Das heißt aber auch, daß sich hier ein ferner Nachhall der christlichen Zwei-Naturen-Lehre findet. Als nämlich das Konzil von Chalkedon im 5. Jahrhundert das Verhältnis von göttlicher und menschlicher Natur in Jesus Christus in der Formel »nicht getrennt und nicht verschmolzen« bestimmte, wurde damit der Nachwelt ein weitreichendes Instrumentarium an die Hand gegeben. Es hat nicht nur in der Bildtheologie der Ikonen im byzantinischen Bilderstreit des 7. und 8. Jahrhunderts Verwendung gefunden (mit Folgen für das gesamte künftige Bild- und Kunstdenken auch des Westens), sondern reicht bis in das Ready-made-Prinzip Duchamps, des exemplarischen Avantgardisten des 20. Jahrhunderts, und liefert auch noch einen komplexen Differenzbegriff, mit dem man zugleich Dekonstruktion betreiben und die dekonstruktionistische Kritik empfindlich dekonstruieren kann. Solche Zusammenhänge spielen auf verschiedenen Ebenen und Deutlichkeitsgraden in Groys' Buch ihre Rolle. Wenn Duchamps Ready-made in der Tat als Säkularisation der Zwei-Naturen-Lehre verstanden werden kann, so wirft dies schwerwiegende Fragen nach dem Charakter einer solchen »Säkularisation« auf. Wenn sich für Groys damit nicht die negative Vorstellung einer aufklärerischen Abwicklung, sondern ein positiver Sinn verbindet, so liegt dieser nicht in einer Rekonstruktion alter theologischer Herrlichkeiten, denn dem ist das gesamte Konzept der Umwertung, der »Logik der Kulturökonomie« ja gerade entgegengerichtet. Er liegt in der Realität einer konstruktiven konstitutiven Wirksamkeit des Nicht-Rationalen in der modernen Gesellschaft. Die flüchtige Essenz des »Neuen« steht dafür, das im übrigen keine irrationale Angelegenheit ist, sondern sich ausdrücklich kontrollierenden Verfahrensweisen verdankt.

Wundert es beim Kulturphilosophen Groys nicht, auf ein ganzes mehr oder weniger explizites Netzwerk quasi-sakraler Bezüge zu stoßen, so läßt ein sehr ähnlicher Befund beim Kultursoziologen Bourdieu aufhorchen. Bei kaum einem anderen modernen Soziologen dürfte sich eine derartige Durchdringung säkularer sozialer Phänomene in einer religionssoziologischen Perspektive finden wie bei Bourdieu, der diesen Dingen zudem nicht nur theoretisch, sondern auch in empirischen Untersuchungen nachgegangen ist. Zur Behandlung der Akteure, Positionen und Kämpfe in den kulturellen Feldern griff er auf Max Webers Religionssoziologie zurück. Vor allem hat er ein außergewöhnliches Sensorium für die quasi-magischen Effekte entwikkelt, die die modernen aufgeklärten Gesellschaften systematisch durchsetzen. Sie gelten ihm nicht als bloße unbewältigte Restbestände, sondern als konstitutiv. Die Wirkungsweisen der Glaubens- und Anerkennungspraktiken und des symbolischen Kapitals stellen einen die ganze Gesellschaft zusammenhaltenden notwendigen Kitt dar. Von der Irreduzibilität dieser »symbolischen« Effekte war schon die Rede. Im Unterschied zu Groys' intuitiv-spekulativer Behandlung dieser Phänomene bemüht sich Bourdieu um eine umfassende, kohärente und realistische. Entsprechend unterschiedlich fällt der Rekurs auf die gemeinsamen Mittelsmänner aus: George Batailles Opfer-Ökonomie und Theorie der Verschwendung meidet Bourdieu eher, während der Ethnologe Marcel Mauss und dessen Theorie der Magie für Bourdieu, der selber von der Ethnologie zur Soziologie kam, eine große Bedeutung hat.

Für die Herausbildung der höchsten gesellschaftlichen Subtilitäts- und Reinheitszonen – des »Neuen« bei Groys, des Avantgardismus der »reinen Kunst« bei Bourdieu – ergibt sich ein an Komplementaritäten und Asymmetrien reiches Bild. Groys und Bourdieu sind keine Reduktionisten, beide vertreten eine – wenn auch in sich erheblich unterschiedlich aufgefaßte – Form von »Verallgemeinerter Ökonomie«; bei Bourdieu konsistenter in der Reihe seiner verschiedenen Ökonomien, Märkte und Kapitalformen; bei Groys in der mehr rhapsodischen Unterscheidung von Warentausch, Ökonomie des Opfers (der Gewalt, der Eroberung, der Verausgabung) und der Absorbierung der Profanökonomie in die Kulturökonomie. Vor allem vertreten sie eine Art Holismus des Sozialen und Kulturellen beziehungsweise des Ökonomischen und Kulturellen, wiederum mit beträchtlichen Unterschieden in der Gewichtung der beiden Komponenten, die sich nunmehr als interne Differenzen behandeln lassen. Bourdieu beschreibt eine Art von alchimistischem Purifizierungsprozeß von der profanen Materie der Sozialrealität zu den subtilsten ihr erreichbaren Zügen. Zusammenhang und Transzendierung des Zusammenhangs liegen in derselben Logik. Bei Groys handelt es sich um eine immanente kulturökonomische Logik, die sich des Außerkulturellen (der profanen Ökonomie wie der Sozialrealität) lediglich als »Material« bedient: eine induktive Bewegung – von unten nach oben – das eine, eine deduktive oder besser anagogische Bewegung von oben nach unten das andere. Man könnte sagen: Bei Bourdieu geht es um »order from chaos«, bei Groys um »order from order«.

In Groys' Sicht vollziehen damit beide Konzeptionen zusammengenommen die Verspannung des hohen und des niederen Wertbereichs nach Art des Readymade. Und Groys' eigenen Maßstab einer umwertungsökonomisch möglichst großen Spannweite zwischen den Extremen erfüllt eher Bourdieu, und zwar aufgrund des Umfangs, über den seine »kulturökonomische« Theorie sich im Vergleich zu der von Groys artikuliert.

Gegenüber dem »subtilen« Groys erscheint Bourdieu als von handfester Statur. Schon der Sprachduktus scheint das zu erweisen: geschmeidig, leicht, fast elegant der eine, in syntaktischen Verschränkungen der andere. Aber man soll sich nicht täuschen. Bourdieus Weg zu den Subtilitäten ist ein anderer. Zwar nicht so entschlossen freischwebend wie Groys, aber seinerseits nicht nur auf Subtilitätengewinnung aus, sondern noch den Typ ihrer Beschreibung, wie ihn Groys verkörpert, zum Thema machend. Das tut nun Groys seinerseits: Ein Unternehmen wie das von Bourdieu muß ihm nicht nur als jene »niedere« Variante in der Tauschökonomie der Interpretationen von Kulturökonomie selber, entgegen seiner eigenen »hohen« Variante, erscheinen. Vor allem muß er den Versuch einer wissenschaftlichen Außenbeschreibung der in seinen Augen selbstreferentiellen Kulturökonomie als ein aussichtsloses Unterfangen, als schlimmsten Reduktionismus, auffassen. An diesem Punkt seiner vorgeblich größten Schwäche zeigt Bourdieu (übrigens auch ein Faktum der Umwertungsökonomie) seine eigentliche Stärke. Die Probleme einer theoretizistischen, objektivistischen Beschreibung der sozialen Realität »von außen« sind von ihm vollständig durchreflektiert und in seine Sozialtheorie integriert. Es ist diese Selbstreflexion, die ihn die hermetisierende Verzerrung von Autopoiesis sowie den Gegensatz von Intern- und Extern-, von Teilnehmer- und Beobachterbeschreibung bei Groys explizit überwinden läßt. Die Pointe ist, daß solche Selbstreflexion Bourdieu ein höheres Maß an Freiheit und Leichtigkeit, also Befreiung von historischen und soziologischen Materien erlaubt, als sie dem Theoretiker der Subtilitäten Groys zur Verfügung steht.

Noch einmal anknüpfend an Groys' Suche nach dem Neuen als kritischer gesellschaftlicher Sinnressource, ergibt sich die beide Theoretiker auch beschäftigende Hauptfrage: Welche Funktion hat das gesellschaftlich Funktionslose, Freischwebende (Neues um des Neuen willen; reiner Blick und reine Kunst) für die Gesellschaft? Bourdieu beantwortet sie, indem er die gesellschaftliche Herausbildung, die Gewinnung des Funktionslosen konkret aus dem gesamten Gesellschaftskörper aufzeigt. Groys hingegen bezieht sich auf den bloßen Bereich der Kultur, generalisiert, ja totalisiert ihn zwar, blendet aber den Rest des Sozialkörpers aus, bleibt also letztlich doch bei einer Apriorisierung des Momentanen, Ereignishaften, Kurzzeitigen stehen (entsprechend seinem Vorwurf an Hegel, dessen Diskurs der Historisierung, der Verzeitlichung setze sich selbst eben dieser nicht aus). Genau in diese letzte Bastion von Apriorisierung stößt Bourdieu mit seinem Konzept der Radikalhistorisierung vor – wenngleich seine Subtilitäten gröber bleiben als die von Groys, kennt er doch nichts von deren konstitutiver Ambivalenz (Ready-made-Prinzip), sondern nur den strikten (Quint-)Essentialismus seiner Avantgarden, genau jenes »Gold durch den Stein der Weisen«, das bei Groys das Kunstwerk dem Ready-made-Prinzip entsprechend eben nie erreicht. Sein Interesse bleibt auf die Standard- und Normativaspekte dieser Zonen beschränkt, ist mehr auf ihren »Archiv«- als ihren »Mode«-Status gerichtet.

Das »Unreine«, das Kontingente anstelle des »Reinen«, des Absoluten: Soweit sind sich Groys und Bourdieu einig. Beide unterwerfen das »Reine«, das Autonome – jeder auf andere Weise – heteronomen, »unreinen« Umständen – aber um es zu retten. Aber während Groys' kulturökonomischer Standpunkt die

Bedingung seiner eigenen Konstitution »vergißt«, und nach Bourdieu völlig notwendig und zu Recht vergißt, kann dieser mit seiner soziologisch-historizistischen Methode Innen- und Außenstandpunkt profilieren und gegenüberstellen. Zugleich aber findet sich diese Tatsache des Außenstandpunkts als »Theoretizismus« noch in die Theorie integriert, dort jeweils noch einmal reflektiert. So daß man bei Bourdieu letztlich eine Komplexbildung aus Teilnehmer- und Beobachterperspektive hat, während Groys es bei der Auszeichnung des Teilnehmers in scharfer Dichotomie zum Beobachter beläßt.

Man erlebt ja sonst nichts

Wirklicher als die Wirklichkeit: Wirklichkeitsfernsehen

Von Matthias Rüb

Zynisch, menschenverachtend, geschmacklos; Gipfel der Verrohung, emotionale Selbstverstümmelung, Mehrung des Gaffertums; obszön, widerwärtig, gefährlich. Es muß so ziemlich das Gräßlichste sein, was die Welt seit dem Fall des Kommunismus gesehen hat: »Reality-TV«, Wirklichkeitsfernsehen. Wie sonst ist zu erklären, daß so schweres Geschütz aufgefahren wird: Kirchen und Kritiker im Verein mit konservativen und progressiven Politikern, dazu die öffentlich-rechtlichen Fernsehsender samt Hilfsorganisationen und Polizei würden dem Spuk am liebsten ein Ende machen. Die einen fordern Beschränkung, die andern Verbot, und alle wissen, daß man dem Unglück wehren muß.

Das Unglück hat mehrere Namen, heißt zum Beispiel bei RTL *Auf Leben und Tod* (gesehen von durchschnittlich knapp 3 Millionen Zuschauern), *Augenzeugen-Video* (3,6 Millionen) und *Notruf* (5,1 Millionen); bei SAT 1 bietet man *Retter* (3,4 Millionen) oder *K – Verbrechen im Fadenkreuz* (3 Millionen) mit Altmeister Eduard Zimmermann, der mit *Aktenzeichen XY ungelöst* die bis heute erfolgreiche Vorform des Wirklichkeitsfernsehens schuf. Kein Zweifel, das Wirklichkeitsfernsehen ist ein Erfolg, auch ein finanzieller Erfolg. Daß die privaten Fernsehveranstalter zwischen den einzelnen Episoden auch noch mit Werbeblöcken gutes Geld verdienen, verzeiht ihnen die Schar der Empörten am allerwenigsten. Obwohl natürlich das Geldverdienen die *raison d'être* eines kommerziellen Fernsehkanals ist; obwohl natürlich niemand daran Anstoß nimmt, daß auch in Zeitungen, Zeitschriften und Illustrierten die Reklame nicht nach ethischen Gesichtspunkten plaziert wird, sondern dort steht, wo es der Werbekunde wünscht und das Erforderliche bezahlt. Merkwürdig ist zudem, daß sich der öffentliche Disput ums Wirklichkeitsfernsehen auf die Sparte Unfall und Tod beschränkt. Gewiß machen Schwerstverletzte und Tote, Brandopfer und Selbstmörder das meiste Spektakel. Aber es sind noch andere Stationen des Menschenlebens als immer nur die letzte, die das Fernsehen für sich entdeckt hat und sozusagen im Verhältnis eins zu eins abbildet. Da gibt es Kennenlernsendungen (*Herzblatt* beim ZDF) und Heiratshows (*Flitterabend* bei der ARD), Suchsendungen (*Bitte melde dich!* auf SAT 1) und Scheidungsshows (eine solche plant RTL nach italienischem Vorbild). Nicht zu vergessen sind die unendlich vielen Talkshows (auf allen Kanälen). Daß auch sie zur Gattung des

Wirklichkeitsfernsehens gehören, wird oft übersehen, obwohl sie hierzulande und auch anderswo die vertrauteste und wohl noch immer populärste Form des Wirklichkeitsfernsehens sind.

Seit der Zulassung privater kommerzieller Fernsehstationen hat sich das Angebot auf den Bildschirmen gewaltig vermehrt. Zum einen was die Zahl der Sendungen betrifft; zum anderen aber auch im Blick auf die Sendeformen. Auffallend ist, daß der Typus Wirklichkeitsfernsehen stark überproportional vertreten ist – sieht man von Sportübertragungen ab, dem rührenden Urahn des Wirklichkeitsfernsehens, der sich trotz fortgeschrittenen Alters, aber dank mancher Frischzellenkur sehr wacker hält.

Was zeichnet den Typus Wirklichkeitsfernsehen aus? Er zeigt, wie der Name sagt, Wirkliches. Die Kennenlernshow zeigt zwei wirkliche Menschen, die sich durch Vermittlung einer Fernsehredaktion wirklich kennenlernen. Meistens werden die beiden, so sie zueinander passen (was durch die Anwendung von so etwas wie einem Witzdetektor ermittelt wird: dabei wird eingeübte Schlagfertigkeit abgefragt), auf eine gemeinsame Reise geschickt. In einer der folgenden Sendungen wird dann kontrolliert, ob »es« wirklich passiert ist. Dem Vernehmen nach passiert »es« nicht so oft wirklich, aber es waren immerhin zwei wirkliche Menschen, die es wirklich versucht haben. Mögen sich zwischen dem armen Frédéric und seiner Madame Arnoux auch die spannendsten Dramen des Sich-Näherns und Sich-Entfernens abspielen, so wirklich wie die fesche Friseuse aus Unterhaching und der stramme Monteur aus Grafenwöhr haben sie es nicht probiert. Für die Heiratsshow gilt das nämliche: Mögen die Widerfahrnisse des Barons Eduard und seiner Gattin Charlotte für Abertausende von Eheleuten so bedeutsam sein, wie sie nur wollen, so wirklich wie das Glück oder das Unglück, in welches zu stürzen die im *Flitterabend* vorgestellten Hochzeitspaare im Begriffe stehen, sind sie nicht und nicht.

Es ist das Fernsehen und nichts als das Fernsehen, dem es gegeben ist, wirklich die Wirklichkeit zu zeigen und nichts als die Wirklichkeit. Man muß nicht hinausgehen, um in die Wirklichkeit zu kommen, die Wirklichkeit kommt selber herein. Weil wir den Umgang mit dem Fernsehen gewohnt sind, gerät leicht in Vergessenheit, daß das Fernsehen unsere Wahrnehmung auf eine neue Stufe gehoben hat. Diese Stufe ist von geradezu anthropologischer Bedeutsamkeit und macht eine neue Erkenntnistheorie erforderlich, die freilich noch keiner angegangen hat. Schon mit den noch im vergangenen Jahrhundert eingeführten Kommunikationsmitteln Telegraphie und Telephon begann eine Entwicklung, die mit der Television schließlich einen qualitativen Sprung erfuhr. Die Menge der Information über Vorgänge in der Welt nimmt rapide zu. Mit dem Telephon und dem Radio können Geräusche, die weit entfernt sind, zum Zeitpunkt ihrer Entstehung vernommen werden. Das vermag die Reproduktion von Tönen auf Schallplatte und Tonband nicht. Mit dem Fernsehen können Geräusche und Bilder ohne zeitliche Verschiebung vermittelt werden, ohne »Zeitgefälle«, wie es Günther Anders in der *Antiquiertheit des Menschen* formuliert. Denn Fernsehbilder, so Anders, »treten mit den von ihnen abgebildeten Ereignissen simultan und synchron auf; sie zeigen, nicht anders als das Teleskop, Gegenwärtiges.« Das vermochte die Reproduktion von Bildern (und später von Bildern und Tönen) auf Filmrollen nicht.

Die Menge an Informationen über Vorgänge in der Welt, die zur gleichen Zeit (oder nur wenig früher) stattfinden, nimmt in evolutionshistorisch einzigartiger Weise zu. Es ist durchaus die Frage, ob unser Wahrnehmungs- und Erkenntnisapparat, der sich während mehrerer Jahrhunderttausende auf einen zu Fuß zu durchmessenden Wirklichkeitsradius eingestellt hat, für die explosionsartig vermehrten Wirklichkeiten eingerichtet ist, die uns heute zugänglich sind. Neue

Wirklichkeiten waren erst nach langen Reisen – sozusagen ein Wahrnehmungsinterregnum zwischen zwei Wirklichkeiten – zu erreichen und zu erfahren. Jedenfalls tut sich ein immer größerer Graben auf zwischen der Menge der mittels Television zur Verfügung stehenden Wirklichkeiten und unserer tatsächlich erlebten Wirklichkeit. Der Abstand zwischen dem, was wir televisionär erfahren, und dem, was wir nicht televisionär erleben, wird größer. Erfahrung und Erlebnis sind fast vollständig entkoppelt. Das kann nicht ohne Wirkung bleiben für die nicht televisionäre Wirklichkeit: sowohl im Hinblick auf die Wirklichkeit wie auf das Erleben der Wirklichkeit. Die Inflation der televisionären Wirklichkeiten bringt eine Entwertung der nicht televisionären Wirklichkeit und deren Erleben mit sich. Während wir immer mehr erfahren, erleben wir immer weniger; während die televisionär gezeigten Wirklichkeiten immer spannender, unglaublicher, aufregender werden, wird die erlebte Wirklichkeit immer langweiliger, eintöniger, entnervender. Oft wird gegen das Wirklichkeitsfernsehen eingewendet, es berge die Gefahr, die Menschen wüßten die Wirklichkeit von der Fiktion nicht mehr zu unterscheiden. Sogleich ist man dann mit Untersuchungen bei der Hand, die beweisen, daß der Konsum von televisionär übermittelten Unfällen und Katastrophen bei tatsächlichen Unfällen und Katastrophen die Hilfsbereitschaft lähme. Natürlich beweisen andere Untersuchungen das Gegenteil – wie das bei Untersuchungen und Gutachten der Fall zu sein pflegt. Wahrscheinlich sind selbst die immer wieder gern zitierten Kinder nicht so dämlich, wie Medienwissenschaftler und Fernsehtheoretiker meinen: Tatsächliche Wirklichkeit und televisionär vermittelte Wirklichkeit werden nicht verwechselt.

Aber es gibt eine Verschiebung in der Bewertung der beiden Wirklichkeiten. Vieles deutet darauf hin, daß in dem Maße die televisionäre Wirklichkeit an Bedeutung gewinnt, wie die nicht televisionäre an Bedeutsamkeit verliert; daß die vermittelte Wirklichkeit wichtiger wird, weil sie abwechslungs- und erlebnisreicher ist als die unmittelbare. Die Sehnsucht nach dem Ereignis wird von der televisionären Wirklichkeit erfüllt, nicht von der erlebten. Längst hängen dem »kathodischen Glauben« mehr Menschen an als dem Glauben an die nicht televisionäre Wirklichkeit. Es ist billig, über die »Katastrophengeilheit« der Konsumenten von Wirklichkeitsfernsehen zu Gericht zu sitzen. Offenbar gibt es eine anthropologisch tief sitzende, jedenfalls weitverbreitete Lust am Ereignis, am Unerwarteten, am Katastrophischen, und wer an der Massenkarambolage auf der Gegenfahrbahn vorüberfährt, ohne zu gaffen, tut es wohl aus Vernunftgründen und nicht, weil er überhaupt keine schaurige Lust am Unglück, am Eintritt des Unerwarteten empfände.

Diese Sehnsucht nach und die Faszination an dem Ereignis befriedigt nichts so gut wie das Wirklichkeitsfernsehen. Vom »unsäglichen Glück, bei einem Unglück dabeizusein, ohne davon direkt betroffen zu werden«, hat RTL-Chef Helmut Thoma mit Blick auf den Erfolg des Wirklichkeitsfernsehens einmal gesprochen. Er hat damit eine tiefere Einsicht mitgeteilt, als er beabsichtigt haben mag. Denn das Ereignis, welches das Fernsehen vermittelt, ist für den Betrachter gleichsam kostenlos. Er kann gefährliche Situationen miterleben, ohne selbst in Gefahr zu geraten; er kann Unfällen beiwohnen, ohne eingreifen zu müssen. Kurz: Er genießt alle Rechte dessen, der etwas erlebt, ohne entsprechende Pflichten wahrnehmen zu müssen.

Günther Anders hat in diesem Zusammenhang von der »ontologischen Zweideutigkeit« des Fernsehens gesprochen: Die Ereignisse, die das Fernsehen übermittelt, seien »zugleich gegenwärtig und abwesend, zugleich wirklich und scheinbar, zugleich da und nicht da«. Diese ontologische Zweideutigkeit weiß das Wirklichkeitsfernsehen auszunutzen: Die televisionäre Wirklichkeit ist gleichsam wirklicher als die nicht televisionäre Wirklichkeit. Sie bietet alles, fällt aber nicht lästig und kann gegebenenfalls abgeschaltet werden.

Wenn real immer weniger erlebt wird, tritt das televisionäre Ereignis in die Lücke. Wenn Liebe, Ehe, Trennung, Unglück oder ein Gespräch ihre Einzigartigkeit verlieren, weil alles allem und jeder jedem immer ähnlicher wird, sind die Kennenlernshow, die Heiratsshow, die Scheidungsshow, die Unfallshow und die Talkshow das einzige Ereignis. Wirkliche Liebe entsteht bei *Herzblatt;* wie man wirklich heiratet, sieht man beim *Flitterabend;* eine wirkliche Trennung wird demnächst die Gameshow für Geschiedene mit dem Titel *Splitterabend* durchexerzieren; nur bei *Notruf* passiert wirklich etwas; und nur bei Talk im Turm um drei nach neun am Boulevard Bio findet wirklich ein Gespräch statt. So kommt es zu einer Verschiebung des Wirklichkeitsgehaltes der Wirklichkeit. Das Wirklichkeitsfernsehen zeigt die gute Wirklichkeit, die richtige Wirklichkeit. Die nicht televisionäre Wirklichkeit wird immer unwirklicher.

Das Wirklichkeitsfernsehen gehört zu den erfolgreichsten Sendungen, seitdem die kommerziellen Fernsehstationen angetreten sind. Zu den größten Verlierern gehören jene Filme, mit denen die Privatsender an Wochenenden, wenn die meisten Zuschauer zu erreichen sind, ihr Programm füllen: die Sexfilme. Es ist unwahrscheinlich, daß die Schulmädchen- und sonstigen Reports deshalb die Gunst des Publikums verfehlen, weil es die Filme schon zu Beginn der siebziger Jahre im Kino gesehen hat. Nein, die Sexfilme finden deshalb keine Zuschauer, weil sie keine Wirklichkeit bieten. Wie jeder weiß, tun »es« die schnaufenden Akteure nämlich nicht wirklich. Im Zeitalter des Wirklichkeitsfernsehens ist mit Vortäuschen nichts mehr zu gewinnen. Wer mit Sex Zuschauer gewinnen, durch hohe Einschaltquoten die Gebühren für die Werbesekunden in die Höhe treiben und damit einen guten Gewinn erzielen will, muß wirklich etwas bieten, muß etwas Wirkliches bieten: Pornographie.

Schon hob der Sturm der Entrüstung abermals an, weil die »Porno-Königin« Teresa Orlowski aus Hannover ihre ursprünglich für die Kinos der Branche produzierten Filme jetzt auch an die Fernsehkundschaft bringen will – per Satellit zu empfangen und per gebührenpflichtigem Decoder zu entschlüsseln. Wieder wird Abscheu, Entsetzen und Entschlossenheit zum Ausdruck gebracht. Natürlich gilt die Entrüstung nicht der Pornographie selbst: Diese wird als bedeutender Wirtschaftszweig wenn nicht geachtet, so doch geduldet, in jedem Fall aber von einem großen Kundenkreis konsumiert (zu dem auch so mancher Entrüster gehören dürfte). Es muß um das Zusammentreffen von Pornographie und Fernsehen gehen. Die Entrüster wenden ein, es könne nicht ausgeschlossen werden, daß Kinder und Jugendliche an den Decoder kommen und Pornographie vorzeitig konsumieren. Die verhinderte Anbieterin erwidert, Autos seien ja auch nicht verboten, nur weil nicht ausgeschlossen werden könne, daß Minderjährige sich die Schlüssel greifen. Die Pornographie wäre der Schlußstein in der Kette des Wirklichkeitsfernsehens. Pornographie stellt ein Ereignis wirklich dar, an dem viele Menschen offenbar ein großes Interesse haben. Für die Pornographie gilt in besonderem Maße, daß sie wirklicher ist als die Wirklichkeit: Was sie wirklich tun, tun die Akteure noch etwas wirklicher (und wohl auch länger andauernd), als wenn sie es wirklich täten. Pornographie paßt in den Trend des Wirklichkeitsfernsehens. Mit Pornographie kann man viel Geld verdienen. Es ist unwahrscheinlich, daß Pornographie nicht bald beim Reigen des Wirklichkeitsfernsehens mittanzt.

Der Bauchtanz findet nicht statt

Television zwischen Information und Show

Von Reinhard Knodt

Daß der Tanz etwas Geheimnisvolles sei, daß er voller Erotik, Sehnsucht und Leben stecke, daß er eine Kunst der Bewegung, des Blickes, des Aufeinanderzu sei, eine Kunst, die die Herkunft aller Bewegung veranschauliche und Leben fühlbar mache; all jenes also, was der Tanz symbolisieren könnte, wenn tatsächlich getanzt würde, scheint ausgelöscht bei der Televisionsankündigung, daß jetzt gleich die »Bauchtanzeuropameisterin von 1992« tanzen werde.

Es sei hier einmal die Frage erlaubt, ob eine Bauchtanzeuropameisterin überhaupt tanzen kann; ob sie in dem Sinne tanzt, der uns vorschwebt, wenn wir vom Tanz als einer besonderen Kunst reden; ob also das, was die Bauchtanzeuropameisterin vor der Kamera gleich tun wird, überhaupt tanzen ist, oder ob es sich bei dem angekündigten Geschehen nur um eine Art Vorführung jener Bewegungen handelt, die von ungefähr an einen Bauchtanz erinnern, um ein Designmonument des Bauchtanzes also, über das informiert wird, wie man über ein Denkmal informiert.

Man kann die Frage auch akademischer stellen, indem man zum Beispiel allgemein nach dem Verhältnis der Television als einem von Information und Unterhaltung geprägten Medium und »Kunst« fragt. Man könnte dann über die Auffassung streiten, ob im Zusammentreffen von technischem Medium und »Kunst« die Kunst wirklich erst im Technischen zum Sein komme, wie Peter Weibel meint.[1] In einem ironischen Sinne trifft dies natürlich zu. Der Bauchtanz kommt ohne seinen folkloristisch-sozialpädagogischen oder gewerblichen, sport- oder eurovisionsträchtigen Sinn überhaupt nicht ins Fernsehprogramm. Und so, *wie* er dann ins Fernsehen kommt, hat man sich nicht nur zu fragen, ob ein einziger Zuschauer hier einen Bauchtanz wahrnimmt, man hat auch zu fragen, welche Art von Mediengeschehen nötig wäre, sollte es gelingen, den Bauchtanz wirklich zu präsentieren.

Doch sehen wir uns die Sache genauer an: Nach der bewußten Ankündigung erscheint auf dem Bildschirm eine Bühne, orientalisch, blau leuchtend, Theaterrauch, herabhängende Streifen halbtransparenter Schleier. Zwischen den beiden Tänzen, aus denen die Vorführung besteht, wird die Interviewerin nach oben kommen und fragen, wie die Bauchtänzerin Europameisterin geworden sei. Die Europameisterin wird keine Bauchtänzerin mehr sein, sondern eine gut trainierte Erfolgssportlerin, eine Frau, die sich aus eigener Kraft emanzipiert hat, die ihrer Trainerin dankt und den Namen ihrer Schule laut und deutlich nennt. Ansonsten redet sie von der Arbeit, der Mühe und der Freude, die die Europameisterschaft ihr gebracht hat. Danach wird sich die Europameisterin wieder in die Bauchtänzerin verwandeln (vor laufender Kamera) und – tanzen.

Wirklich tanzen? Schon für eine simple Berichterstattung ergäben sich Pro-

[1] »Die Technik setzt erst das Werk ins Sein. Ohne Technik gibt es bei der technischen Kunst keine Ontologie. Ohne Kamera kein Foto. Die Technologie begründet also bei der Techno-Kunst die Ontologie und nicht umgekehrt.« In: Florian Rötzer (Hrsg.), *Digitaler Schein. Ästhetik der elektronischen Medien.* Frankfurt: Suhrkamp 1991. – Eine mangelnde Differenzierung dort, wo es um Allianzen geht, verschiebt das ontologische Moment von der Kunst auf die Technik. Statt dessen ginge es aber um ein Zusammendenken.

bleme. Zuerst muß es fast Arabien sein und dann fast das Klima eines Sportlerinterviews. Zuerst muß es erotisch sublim und festlich zugehen, dann muß es fast nüchtern sein, und schließlich, wenn der zweite Tanz angekündigt wird, müssen unsere bereits keimenden Zweifel an der ganzen Veranstaltung, das sportliche Gestänge, an dem ein orientalischer Tanz zu einer Form der Wettkampfeurovision wurde, wieder verschwinden, um einer erneuten Verzauberung Platz zu machen. Der Bauch der Bauchtänzerin – man denke an orientalische Wahrnehmungspräferenzen –, dieser Bauch, der eine Zeitlang wie ein störendes sinnliches Moment in der durch das Interview beschworenen Atmosphäre wirkte, muß nun wieder zurück zwischen die Schleier, den Theaternebel, Sehnsucht, Wollust, sublime Verlockung ...

Ich wage nicht zu beurteilen, ob es im betreffenden Fall geschafft wurde, dies alles zu vollbringen. Ein Könner hätte das Interview vielleicht nicht zwischen zwei Tänze gespannt, weil dadurch die Korrespondenz zwischen diesen zerstört und eine andere aufgebaut wurde – die zwischen Tanz und Reportage. Es gäbe aber auch gute Gegenargumente. Was den Tanz selber anbelangt, so hätten die Bilder mehr als meisterhaft sein müssen, um gegen die kleinliche Atmosphäre anzukommen, die das Arrangement aus arabischer Bühne und Interview schuf. Sie hätten aus einer Wahrnehmungsperspektive heraus »aufgenommen« werden müssen, die mit Europameisterschaft nichts und mit dem Geheimnis eines erotischen Tanzes alles hätte zu tun haben müssen. Solch eine Wahrnehmungsperspektive kann aber nur gewonnen werden, wenn die Regie den Bauchtanz als Erotik und deren Sublimierung vorführt und nicht als Mischung aus arabischem Design und Europameisterschaft.

Die Bauchtanzeuropameisterin kann also *nicht* tanzen. Sie kann es jedenfalls nicht als Europameisterin. Sie kann in der Situation, in die sie durch das technische Medium und seinen informationistischen Druck gerät, zwar zeigen, aus welchen Bewegungen ein Bauchtanz besteht, und dies kann auch abgefilmt werden, so daß das Ergebnis aussieht wie ein Softporno, doch ereignet sich dabei außer durch Design verpackte Informationsvermittlung (»diese Frau ist Europameisterin im Bauchtanz, und ihre Bewegungsweise sieht ungefähr so aus ...«) gar nichts.

Daß die Bauchtänzerin aber gerade als Europameisterin ins Abendprogramm kommt, ist nun eine Angelegenheit, die uns auf einen allgemeineren Zusammenhang bringt, den nämlich zwischen der Rationalisierung informationstechnischer Bildmedien und »Kunst«: Europameisterinnen passen fürs Fernsehen aus naheliegenden Gründen besser als Bauchtänzerinnen. Im Raum des Televisionsbetriebs, wie wir ihn kennen, kann es gar nicht um Bauchtanz gehen. Es geht hier bestenfalls um den Farbtupfer; die »Kunst« der Bauchtänzerin hängt im Televisionsrahmen wie ein Klimt im Schalterraum der Deutschen Bank – aus Gründen der Dekoration. So wird Bauchtanz zu Eurovision, das heißt zum Gegenstand einer Perspektive, die nach Informations- und Verbreitungsgesichtspunkten arbeitet, in Siegerkategorien denkt und vorgebliche Spitzenleistungen unter Designgesichtspunkten featuret. Der Rang, das sportive Ereignis, das Dabeisein, die informationelle Nähe zum Ereignishaften ist der eigentliche Eros der Television.

Daß die informationelle Nähe gewissermaßen das Herz der Television ist, wird manchmal durch eine andere These relativiert. Man sagt, das Fernsehen sei ein Bildmedium, also ein Medium der Augen. Warum nun aber nicht, so fragt man sich, allabendlich stundenlang Bauchtanz, schöne Landschaften, Theater, Ballet, Zirkus, also wirkliche *Augen- und Sinnenspektakel*? Warum »sieht« statt dessen die ganze Nation stundenlang Polizeikrimis, Nachrichtenvorlesern und den ewiggleichen Bildern irgendwelcher Herren zu, die aus irgendwelchen Türen kommen oder in irgendwelche Autos steigen?

Die Antwort ist so banal wie vielleicht unerwartet. Die Augen- und Sinnenspektakel wirken nicht im vorgeblichen Augenmedium. Betrachten wir eine Landschaft. Landschaften sind Räume, die atmosphärisch erfüllt wahrgenommen beziehungsweise entworfen werden – keine Landschaftsbilder mit Musikbegleitung, auch wenn so etwas manchmal treuherzig zum »Nachdenken und Entspannen« angeboten wird. Ebenso das Theater: Theater ist ein Raumkunstwerk, das ohne die Atmosphäre nicht lebt, welche aus der Zweiteilung von Bühne und Zuschauerraum entsteht; Ballett braucht Raum, Tanz ist ein Kunstwerk körperlicher Korrespondenz im Raum, ein Geschehen aus Ferne und Nähe, aus Paarung und Scheiden, aus Blick und Verweigerung. Das Atmosphärische ist wichtig, die ausagierte und die gebannte Sinnlichkeit, die Blikke, die Menschen, die die Blicke werfen. *Das Fernsehen ist entgegen allen Theoretikeransichten überhaupt kein Augen- und Sinnenmedium. Es ist ein Nachrichten- und Unterhaltungsmedium.* Dieses Selbstverständnis prägt es bis in die Wahrnehmung von »Kunst«, ja es ist seine »Kunst«, aus schier allem und jedem eine Mischung aus Information und Familienunterhaltung zu machen. Um ein Filmkunstwerk zu schaffen, dessen Inhalt das Geschehen eines Bauchtanzes ist, müßte man geradezu vermeiden, eine Bauchtänzerin wie eine sich bewegende Puppe abzufilmen, sie zu interviewen und anschließend wieder tanzen zu lassen. Jemand, der dies tut, macht sie zur Gehilfin eines Informationsvorganges, der so peinlich im Vordergrund steht, daß man sich zuletzt fragt, wozu dieses Fleisch dort vorn sich eigentlich bewegt ...

Im Angeschlossensein an die Information, in unserem Wunsch nach Informiertheit und Unterhaltung und in der ständigen Ausweitung des informationellen Einzugsgebietes (Eurovision ...) per Satellit und Kanalvielfalt zeigt sich ein Dilemma der Mediengesellschaft, ein Dilemma, das man die *Konversion der ästhetischen Wahrheit* nennen könnte. Es ist ein generelles Dilemma der technischen Lebenswelt und ihrer auf Zwecke hin zugespitzten Umgebungen und Gegenstände, und es besteht darin, daß der Gegenstand für den ästhetischen Menschen, der Gegenstand sinnlicher Selbstgewißheit sich gewissermaßen auflöst und uns statt dessen als Konsumenten seines speziellen Informationssinnes herausfordert. Unsere Wahrnehmungstätigkeit erhält – ob in den Nachrichtenmedien, im Verkehrs- oder im Transportsystem sowie in den sonstigen hundertfältigen Umgebungen und Dingen unseres rationalisierten Alltags und seiner Verweisungszusammenhänge – statt eines Sinnenerlebnisses immer schon die sachlich konkreten Ausführungsbestimmungen eines vorher festgelegten Sinnes, einer Institution, eines Systems, eines Handlungsablaufs oder eines Gerätes, das seinen Sinn mitbringt, das für einen ganz bestimmten Zweck taugt und für keinen anderen. Die Television ist unter solchen Verhältnissen ein Mittel zum Zweck des synthetischen Dabeiseins. Der Bauchtanz ist unter solchen Bedingungen eine synthetische Form des Dabeiseins im vorgeblichen Genuß sinnlicher Bilder unter Reportagebedingungen. Verglichen mit den meisten Kulturreportagen war jener Bericht über den Bauchtanz vielleicht sogar eine anerkennenswerte Leistung, denn hier wurde ja wenigstens der Bruch zwischen ästhetischem Anspruch und der brutalen Reportagegesinnung des Mediums deutlich.

Entscheidend ist nun, was aus unserer Wahrnehmungsfähigkeit unter solchen Bedingungen wird: Tanz ist Information, Blut ist Information, Krieg und Frieden ist Information, die deutsche Einheit ist eine Straßenparty, an der wir von fünf Stellen aus gleichzeitig teilnehmen können. Gegenwart wird in solch einem Erlebnisraum nicht mehr als mögliche Fülle, als Wirken oder Realität begriffen, vielmehr ist sie technisch mediale Präsenz, ein zeitloses Alles- und Immer-Sein, angesichts dessen das Subjekt zur bloßen Geistesgegenwart verkommt, indem es sich der technischen Form einer

Gegenwart ohne Gewärtigkeit ausgesetzt sieht.

Gegenwart ohne Gewärtigkeit ist das banale Zugleich; das Zugleich - von Vorgang und Information, von Bild und Abbild, von Gegenstand und Informationssinn, von Information A und Information B. In dieses Zugleich geraten wir, wann immer wir uns in größeren informationellen Zusammenhängen bewegen - und dies ist schon Alltag. Was wir dabei an realer Gegenwart und Mit-Sein verlieren, das verlieren wir nicht etwa durch schlechte Benutzung der Medien, wie es einige Sozialpädagogen gern sähen, wir verlieren es vielmehr notgedrungen durch das Klima, das sich durch die technische Gewärtigkeit von Welt ausbreitet, durch die geheime Ontologie eines informationstechnischen Monismus, der da lautet: Es gibt keine Zeit. Geschichte, Kunst, Landschaftsschönheit, ein Ballet, ein Kunstfilm, ein Bauchtanzgeschehen, dies alles ist nichts, oder es ist »Information«. Die Situation, in die wir durch diese implizite Botschaft geraten, ist zuletzt die Unlust an der Information selber: Wozu sich wirklich mit etwas befassen, wenn es zwischen Hongkong und Berlin doch sowieso permanent greifbar ist? Man kann in einer Welt, die sich in diese Art von informationeller Greifbarkeit auflöst, kein »richtiges« Bedienen der Medien nach irgendwelchen hehren Werten verlangen oder pädagogisch durchsetzen. Man muß vielmehr verstehen lernen, was Leben in der Situation des medialen Zugriffs und deren Verfügung über die durch sie gebannten Realitäten bedeutet; und: was es ermöglicht.

Der informierte Mensch - das ist seine *Situation* und keine Schuld - fühlt sich als Teilnehmer an einem Geschehen, das er einschalten kann, das Wissenschaftsgeschehen, das politische Geschehen, das Kunstgeschehen, das Weltgeschehen ... Dabei wird ihm einerseits schier mit Händen greifbar, was frühere Generationen nur gewußt haben - die Präsenz einer Weltzivilisation als Geschehen mit unbekanntem Ausgang. Andererseits wird seine Fähigkeit, real, also situativ dabeizusein, herabgemindert. Die Atmosphäre, die Stimmung, die Dichte einer Situation, ihre mögliche Fülle zu spüren - einen Moment der Kühle, der Verwirrung, der Würde eines Menschen, eines Bauwerkes, eines Raumes wahrzunehmen und schöpferisch ins Mit-Sein mit anderen einzubeziehen, ist im Raum der Medien suspendiert oder als Zusatzinformation mit bloß technischem Korrektur-Sinn nebenhergeliefert. Der Realität, die wir als permanent Informierte mit uns herumtragen, entspricht kein *ästhetisches Pendant,* während die uns wirklich zugängliche Realität *keine realen Handlungsmöglichkeiten,* wohl aber den diffusen Eindruck eines wie auch immer gearteten Dabeiseins birgt.

Es geht also nicht darum, daß uns die modernen Medien vielleicht schlecht oder falsch informieren, daß sie uns einem Bombardement aussetzen, dem sich keiner entziehen könnte usw. Die Vielfalt ist nicht abzulehnen, und nichts dürfte interessanter und hoffnungsreicher sein als die Situation des modernen Menschen in der technisch geprägten und medial vernetzten Welt. Es geht hier vielmehr darum, daß der Zusammenhang von Wahrnehmung und Handeln im Raum der Medien sich verändert, daß hier einer Realität, die der Informierte entwirft, kein Pendant mehr entspricht, was uns immer ausschließlicher dazu verurteilt, dort zu handeln, wo wir gar nicht dabei sind, während wir nur noch dort dabei sind, wo wir leider meist nicht mehr handeln können.

Das Fernsehen ist Informationsmedium und Unterhaltungsmedium. Als letzteres findet es zu sich selbst in der Show. Die Show, ob Talkshow oder Schlagerparade, ob mit dem Star oder dem Mann von der Straße, ist das eigentlich große Kunstwerk der Television, ihr eigenstes und somit auch das, was uns am besten Auskunft über das Medium gibt. Die Show ist das Stellvertreter-Fest, das Fest, das man nicht feiern muß, das man vielmehr feiern lassen kann, an dessen Pracht und Glanz man Anteil hat, indem man sich zurücklehnt oder das Telefon bedient. Es ist erstaunlich, doch die Television hat es vermocht, Demokratie und Festlichkeit, rationalisierte Ja-Nein-Stimmen-Verwaltung und dionysische Freuden miteinander zu verbinden. Der TET-abfragbare Fernsehgast, seine Anteilnahme an jener synthetischen Atmosphäre ästhetico-populistischen Dabeiseins ist der Zielpunkt und tiefere Sinn der meisten Shows, ob sie nun von Moderatoren oder Sportreportern, Politikern oder Nachrichtensprechern geleitet werden. Ja, auch von Nachrichtensprechern, denn Shows sind jene Veranstaltungen, in denen das synthetische Dabeisein des Mediums eben gerade *nicht* mehr durch *Information,* sondern durch eine Art telegenes Mysterium erzeugt wird, und dieser Sachverhalt führt nun eben zur Kunst.

Die Show erzeugt eine Form des Dabeiseins, die dem Dabeisein der Information überlegen ist. Zur Kritik des Informationismus hieß es schon in den siebziger Jahren – und George Steiner wiederholte es unlängst –, daß er die Fähigkeit zur realen Gegenwart mindere. Um das Hirn zu informieren, trennt man es am besten vom Menschen ab, schaltet es mit einem bestimmten »Channel« zusammen und füllt es mit der »Message«, so wie es in etwa Marshall McLuhan gesagt hat. Weitergedacht heißt das, daß die Show – nicht nur des Fernsehens, sondern die Show unserer gesamten urbanen Existenz, deren Spiegel und Begleitmusik das Fernsehen ja nur ist –, daß diese Show der allgemeine Ersatz für *das Dabeisein schlechthin* ist – und damit weitaus mehr als jenes zeitweilige Dabeisein der Information. Die Show ist der Spiegel jener Erlösung in gemeinsamer Festesfreude, die Dionysos im antiken Mythos seine bunte Schar verkünden ließ. Geben wir es zu! Nicht mehr die Information wollen wir in der Television. Es ist wohl eher eine Art Flanieren im Weltgeschehen, eine Form des ganz legeren Dabeiseins, das uns ja zuletzt eben sogar von den Moderatoren der Nachrichtensendungen vorgemacht wird. Ganz entspannt sitzen sie im Supermarkt der Meinungen ... Nicht möglichst gut informiert sein wollen wir, wir wollen *lustvoll dabeisein,* wir wollen uns freuen und schalten, von Kanal zu Kanal, so wie die Moderatoren, Talkshowmeister und Nachrichtensprecher es vormachen, von Peking nach Washington und von Kapstadt nach Neusündersbühl, um uns das zu mischen, was wir Weltgeschehen nennen. Es wird bekanntlich als große Leistung angesehen, wenn jemand, verschiedene Bücher nebeneinander lesend, einen Aufsatz verfaßt. Warum soll es in bestimmten Fällen nicht eine genauso große Kulturleistung sein, wenn wir uns das flanierende Vergnügen des Channelsurfing erlauben und uns unseren flüchtigen Weltbildcocktail für diesen Abend zusammenstellen?

Das Problem, um das es bei steigender Medienvernetzung geht, ist also bereits nicht mehr der Konflikt von Informationismus und Kunst, der Konflikt zwischen Bauchtanz und Informationsgesinnung. Es ist bereits ein neues: das *synthetische Dabeisein* auf seine sublime Spitze der Allgegenwärtigkeit getrieben, die Show, die Performance, das Stellvertreter-Fest, ob dieses nun als Tagesschau, öffentliches Häschen-hüpf oder als eurovisionell verarbeiteter Bauchtanz mit Interviewbegleitung zelebriert wird.

Das Was eines Bauchtanzes – gewissermaßen seine geheime Metaphysik – ist ein dynamisches Geschehen zwischen Tänzerin und den Zuschauern, dem Körper und den Blicken. Es ist unter anderem die Frage, ob der Körper, auf dem die Blicke ruhen, ihnen standhalten kann oder ob er sich in das Bild bewegten Fleisches auflöst. Es ist ein dramatisches Geschehen aus Bewegung, Erotik, Musik, Augenspiel, Anfeuerung, Verweigerung, Drastik und Sublimation, das bis zu jenem Punkt führt, an dem die Gier, mit der die Blicke auf der Frau ruhen, aufgelöst ist. Der Bauchtanz soll – jeder Orientale könnte uns das sagen – dazu führen, daß die Begierde in einen Zustand der gemeinsamen Freude, der Festlichkeit umschlägt und die Teilnehmer am Geschehen verbindet, wie im übrigen jedes Rausch- und Stimulationsmittel, das zu Festzwecken eingesetzt wird. Um einen Bauchtanz darzustellen, bräuchte man in erster Linie ein Wissen darum, was ein Fest ist und nicht was der erste Platz in einer Europameisterschaft ist. Und hier wären wir also beim Springpunkt. Diese beiden Arten der Festlichkeit – die Festlichkeit, auf die ein Bauchtanz hinauswill und das permanente Fest, dessen Zeuge und Teil die Show der eurovisionell vernetzten Bildmedien präsentiert –, sie könnten nicht weiter voneinander entfernt sein! Es käme darauf an, diese Lücke zu erkennen und zu einem wirklichen Brückenschlag herauszufordern, denn bisher findet der Bauchtanz nicht statt.

Mediales Falschgeld

Politiker und Intendanten als Volkserzieher

Von Willi Winkler

Das Fernsehen ist, als altes wie als neues Medium, ein bewährter Anlaß zur Sorge. Als sich Anfang des Jahres 1993 gar zu viele Stimmen erhoben, die einfach nicht mehr mitansehen wollten, wie drastisch RTL und SAT 1 im sogenannten Reality-TV von Feuerwehr- und Polizeieinsätzen berichteten (mit meist belanglosen Aufnahmen), erhoben sich selbst im klassischen Feuilleton die Brauen in bedrohliche Höhe. Von Zensur, die ja lt. Grundgesetz nicht stattfinden darf, wollte man nicht reden, gleichwohl versuchte beispielsweise die CSU im Aufsichtsgremium der Bayerischen Landeszentrale für neue Medien einen Antrag einzubringen, nach dem die Programminhalte der Privatsender zu überprüfen und die Ausstrahlung von Sendungen mit »brutaler Gewalt« ganz zu verbieten seien.

In der *FAZ* (17. April 1993) wünschte sich der Leitartikler Georg Paul Hefty von den »politisch Verantwortlichen« angesichts der »auf St.-Pauli-Niveau« hinabsteuernden Verhältnisse immerhin »Maßstäbe«. Auch Hefty sorgte sich, und zwar originellerweise um das deutsche Ansehen in der Welt, das mit samstäglichen Sexfilmen der Privatsender dramatisch zu sinken droht: »In der vierzig Quadratmeter großen Plattenbauwohnung in Kaliningrad, wo in einem Wohnzimmer, das mit einer Preßspanplatte geteilt ist, zwei Familien und nebenan die Großeltern wohnen, kommt das Geräkel anders an« (anders als in »Luxuseuropa«).

Nun hat es sich ja schon etwas länger herumgesprochen, daß das Fernsehen den Konsumenten daran hindert, sich dem guten Buch, der Familie oder einer anderen Form der Selbstvervollkommnung zu widmen. Das Fernsehen, sei es als altes oder als neues Medium, zerstört die Konzentration, macht reizbar und senkt die eine oder andere Schwelle. Neil Postman, Marie Winn, Jerry Mander haben sich mit großem Erfolg über das Fernsehen als Verführer der Jugend, als Zerstörer wenn nicht von Lebenskraft, so doch von Lebensqualität erregt und neuerlich bestätigt, was man schon immer ahnte: daß das Fernsehen als unkontrollierbares Medium einen verheerenden Einfluß auf junge, unschuldige Gemüter ausübt.

Zu diesen scharfen Kritikern des Fernsehens gesellt sich, für den erhabenen Anlaß hären gewandet, als weiterer Sorge-Träger und Fürsorger ausgerechnet

Dieter Stolte, der Intendant des Zweiten Deutschen Fernsehens. Nebenher, so ist dem Klappentext seiner Propagandaschrift *Fernsehen am Wendepunkt* zu entnehmen, wirkt Dieter Stolte als Professor an der Hochschule für Musik und darstellende Kunst in Hamburg. Mit überraschend schlechtem Gewissen, vielleicht weil er von Haus aus eher Theologe ist, jedenfalls schwer einem christlichen oder mindestens bei Hans Jonas fundierten Verantwortungsprinzip verpflichtet, bewegt sich der Intendant »im Spannungsfeld zwischen den Forderungen einzelner gesellschaftlicher Gruppen und dem gesamtgesellschaftlichen Programmauftrag der Rundfunkanstalt«.[1]

Um sich mit dem Fernsehen auseinandersetzen zu können, hat Stolte natürlich ein Buch schreiben müssen, mußte er vom neuen ins alte Medium zurück, vielleicht auch nur, weil er, wie der Fachausdruck lautet, »naß auf Papier« ist. Stoltes Kollege Helmut Thoma, der Chef des erfolgreichsten Privatsenders RTL und selber promovierter Kirchenrechtler, verhält sich da systemkonformer, auch moderner, denn er verteidigt das Fernsehen, sein neues Medium, in demselben und ohne schlechtes Gewissen: er geht gleich in die Talkshow.

Stolte verhält sich aber nicht bloß altmodisch, sondern begeht sogar offenen Parteienverrat: Er rechnet es sich, dem Fernsehen (dem alten wie dem neuen) und der modernen Welt hoch an, daß sich trotz Einführung des dualen Systems (öffentlich-rechtliche Anstalten ARD und ZDF plus Kabel- und Satellitensender) die tägliche Sehdauer des Durchschnittserwachsenen nur von 147 Minuten (1985) auf 160 Minuten (1991) erhöht hat, die der Kinder zwischen sechs und dreizehn Jahren »im gleichen Zeitraum sogar lediglich um 1 Minute von 92 Minuten auf 93 Minuten«. Damit lägen wir außerdem in der »Fernsehnutzung« weit hinter unseren europäischen Nachbarn und den Amerikanern sowieso zurück. So verächtlich hat noch kein Chef die Belange seiner Firma vernachlässigt wie Stolte hier die des Fernsehens.

In Erwiderung auf ein Referat von Werner Kaltefleiter mit dem Titel *Ein Gut wie Brot und Seife* behandelt *Fernsehen am Wendepunkt* laut Stolte »verschiedene Perspektiven bzw. Aspekte der Kernthese, Fernsehen sei kein Gut wie Brot und Seife«. Die Beweisführung gelingt Stolte nur nicht, muß er doch nach viel statistischem Aufwand auf Seite 168 zugeben, daß das »Fernsehen auch immer Grundzüge einer Ware« trägt. Als Abendländer kann er sich natürlich nicht dazu verstehen, das Fernsehen als Gebrauchsgegenstand, als etwas Nützliches zu begreifen, auch wenn ihm außer dem Hinweis auf den Bildungsauftrag der öffentlichrechtlichen Anstalten wenig einfällt, was sein Fernsehen zur schützenswürdigen Bildungsanstalt erhöbe.

Dafür häuft er noch einmal die bekannten Schlichtformeln über das Fernsehen an, etwa daß es »uns Informationen über größte Entfernungen hinweg in Sekundenschnelle ins Haus« liefere und uns damit ermögliche, »im Fernsehsessel am Weltgeschehen« teilzunehmen. Faselant wie ein Politiker predigt Stolte quer durch die »Fernsehlandschaft«, grast »Problemfelder des Fernsehens« ab, das, und darauf wäre man ohne seine Nachhilfe vermutlich nicht gekommen, »eines der wirkungsmächtigsten Medien überhaupt« ist.

Bei seinem Problemfelderabschreiten kommt Stolte auch auf die Sprache. Und hier hat das Fernsehen, zumindest in seiner traditionellen Form, in seinem Bildungsauftrag kläglich versagt; so schlecht nämlich wie Stolte würde kein fernsehsüchtiges Kind formulieren. Am besten ist er noch als Dadaist: »Eines der zentralsten, wenn nicht das zentrale

1 Dieter Stolte, *Fernsehen am Wendepunkt. Meinungsforum oder Supermarkt?* München: Bertelsmann 1992.

Merkmal der Fernsehkultur ist, daß Fernsehen ein Massenmedium ist.« Sonntagspredigerhaft sorgt sich Stolte um den politischen, den sozialen, den kulturellen Bildungsauftrag im allgemeinen und die »Verantwortung des Fernsehens für unsere Sprachkultur« im besonderen. »Eine Sprache«, mahnt Stolte, »die nicht mehr die Gedanken klar und unverstellt zum Ausdruck bringt, sondern nur noch aus einer Aneinanderreihung von Phrasen, dem Falschgeld der Kommunikation, besteht, wirkt verhängnisvoll bis in die letzten Fasern unserer gesellschaftlichen Ordnung.« Im nächsten Satz entdeckt er »Fallstricke« im »Politikerjargon«, die es »offenzulegen« gelte, wenn die beteiligten Journalisten nicht »dem Politikverdruß in unserer Gesellschaft Vorschub« leisten wollten.

Stolte exzelliert aber nicht nur als Sprachkritiker, er vernachlässigt nicht nur die Interessen seiner Firma, er möchte auch nichts von wirtschaftlichen Zusammenhängen hören, sondern sein Fernsehen, das traditionelle, gleich in den klassischen Formenkanon überführen. Das öffentlich-rechtliche »Vollprogramm« (also Information, Bildung, Unterhaltung) der alten Medien ist längst überholt vom Angebot der neuen. Und so verteidigt Stolte sein Fernsehen gegen die neuesten Medien und die alten Vorwürfe, die längst nicht mehr erhoben werden, daß das Fernsehen kulturlos sei und nur verdumme. Dabei sammeln selbst die katholischen Landfrauen ihre Unterschriften nicht mehr gegen Rosa von Praunheims harmlose Exzesse, und kein Fernsehdirektor würde sich heute noch bei einem *Scheibenwischer* ausblenden.

Um das traditionelle Recht der öffentlich-rechtlichen Anstalten auf Gebührenerhebung zu verteidigen, wandelt sich Stolte vom Fernseh- über den Kultur- zum Gesellschaftskritiker. Zweimal gleich öffnet er das Kontorbuch und weist die Zuschauer darauf hin, daß die (gebührenfreien) Privaten eben doch nicht umsonst seien: Entstünden doch jedem Haushalt erhebliche Mehrkosten, weil die reichlichen Werbeeinblendungen die Kaufleidenschaft anstacheln. »Man sollte sich darüber im klaren sein: Kein Wirtschaftsunternehmen würde jährlich viele Millionen DM für Werbespots investieren, wenn es damit nicht seinen Umsatz erhöhen könnte.« Die »Welt der Werbung« ist wie in den alten Zeiten mindestens des Teufels: »Greift dann nicht die Dialektik der Aufklärung, die Aufklärung in Verklärung und Gegenaufklärung umschlagen läßt und somit den Zuschauer in eine neue, von der Werbung gesteuerte Unmündigkeit führt?« Das ist Gesellschaftskritik, wie sie sonst jener »linksliberalen Publizistik« vorbehalten ist, die dem christdemokratischen Medien- und Ordnungspolitiker Christian Schwarz-Schilling zeit seines Wirkens das Leben sauer gemacht hat.

Wie bei Stolte dürften auch die meisten Kapitel in Schwarz-Schillings Buch *Grenzenlose Kommunikation* auf Reden und Pflichtbeiträge zurückgehen.[2] Auch den ehemaligen Minister drängt es zum Grundsätzlichen, auch er ist ein Kreuzzügler – ein sehr viel weiter fortgeschrittener allerdings. Christian Schwarz-Schilling geht selbst der karge Charme der Stilblüte ab, die sich Stolte da und dort zwischen »KaSat-Haushalten«, dem »Tausendkontaktpreis« und dem hochauflösenden Digitalbild leistet – Schwarz-Schilling kultiviert den sprachlichen Minimalismus und die reine Macht.

Doch nicht einmal er muß auf jeden bildungsbürgerlichen Reiz verzichten, hatte er doch einst die Rolle des Schurken im klassischen Drama inne. Im Herbst 1982 wurde Schwarz-Schilling in der neuen Regierung Kohl Postminister. Seine Frau betrieb damals eine Firma für Batterien, und fast jede Woche gab es Geschichten um diese Firma im *Spiegel* zu lesen, weil sich anders die Verkabelungspolitik des Ministers nicht angreifen ließ. Schwarz-Schilling war so erfolgreich wie kein anderer Minister dieser Regierung; er hat seinen Auftrag, die Post zu zerschlagen und das Monopol der öffentlich-rechtlichen Rundfunkanstalten auszuhebeln, glänzend erfüllt. Sein Rücktritt im Dezember 1992 hätte nicht theatralischer ausfallen können, vielleicht weil er inszeniert war nach den Regeln der alten Medien.[3]

In seinem anspruchslosen Denken und Schreiben könnte sich Schwarz-Schilling womöglich mit der Formulierung Stoltes anfreunden, Kommunikation gehöre »zu den elementaren Vollzügen menschlicher Existenz«. Aber bei aller Grundsätzlichkeit treibt ihn kein theologisch-metaphysisches Anliegen, sein Existentialismus ist schlicht Politik. Es wäre verfehlt, dem Postminister, einem promovierten Sinologen, der Klavier spielt (sein Vater war Komponist), die inhaltslosen Sätze vorzuhalten, aus denen *Grenzenlose Kommunikation* besteht (tatsächlich ist eine trostlosere Lektüre als dieser offenbar selbstgeschriebene Rechenschaftsbericht kaum vorstellbar).

---

2 Christian Schwarz-Schilling, *Grenzenlose Kommunikation. Bilanz und Perspektiven der Medienpolitik.* Frankfurt: Institut für Medienentwicklung und Kommunikation 1993.

3 Eine hübsche Pointe dieses dröhnenden Abgangs besteht in der indirekten Zuständigkeit des Telekommunikationsministers für die Berichterstattung über den jugoslawischen Bürgerkrieg. Das Unglück Bosniens vermag die übrige Welt und darunter auch den Minister nur deshalb derart zu bewegen, weil täglich in aller Drastik vom Kriegsschauplatz berichtet wird. Selbst in seinem Buch gibt es noch einen kleinen Reflex davon: »Da fast jeden Tag irgendwo eine Hungerkatastrophe, Krieg, Mord und andere Grausamkeiten geschehen, könnte ein Mensch, der sich dies alles zu Herzen nimmt, praktisch nie mehr lachen. Wird hier«, fragt sich Schwarz-Schilling, fragt der Tragöde von der Bühne herab in den Zuschauerraum, »wird hier nicht das menschliche Bewußtsein überfordert?« Natürlich weiß der ehemalige Minister keine Antwort darauf, er stellt, wie es so treffend heißt, die Frage in den politischen Raum.

Schwarz-Schilling spricht und schreibt taktisch, als »Politiker«, als »verantwortlicher Politiker« und als, Gipfel seiner Trias der Werte, »strukturverantwortlicher Politiker«. Er singt dabei, wieder klassisch, ein Heldenlied; *Grenzenlose Kommunikation* ist ein Triumphgesang.

Wo Stolte sich und sein von ihm geleitetes Medium bildungsbürgerlich verteidigt und deshalb die privaten Formen mit dem hartnäckig wiederholten Argument angreift, Fernsehen sei kein Wirtschaftsgut wie Brot und Seife, geht Schwarz-Schilling die Freiheit über alles. Freiheit ermöglicht Kommunikation, Freiheit verlangt Verkabelung, Freiheit ist das Gegenteil von Sozialismus und jener »linksliberalen Publizistik«, die ihm so übel mitgespielt hat. Den Menschen die Freiheit zu bringen, war seine Lebensaufgabe, die Verkabelung ist sein Lebenswerk geworden. In einem Interview mit dem Magazin der *Süddeutschen Zeitung* (26. Februar 1993) behauptet Schwarz-Schilling, er habe als Jugendlicher, von der Gestapo gezwungen, ein selbstgebasteltes Radio zerstören müssen, worauf er sich geschworen habe, sich »in einem freien Land für viele Sender« einzusetzen, »die jeder empfangen kann«.

Damit ist er auch durchgekommen. Erstaunlicherweise scheint er aber bei aller Liebe für freiheitliche Neuerungen nicht das geringste vom Fernsehen zu verstehen. Er kann gar nicht begreifen, warum man bei den »ungeliebten Kirch- und Springer-Verlagen« an eine politisch wirksame Monopolmacht denkt, wo die doch ein dezidiert unpolitisches Programm ausstrahlen. Fernsehkonzentration ist für ihn kein Thema, aber gleich zweimal beklagt er Pressekonzentration, und am schlimmsten findet er sowieso, daß sich trotz der Verkabelung Sendungen wie *Spiegel TV* und *Stern TV* durchsetzen konnten.

Es ging bei der Verkabelung, das sagt Schwarz-Schilling in schöner Offenheit, um einen Kulturkampf, den seine Regierung gewonnen hat. Ein Stamokap-Schulungskurs könnte die Machtinteressen der Kohl-Regierung nicht deutlicher formulieren. Der Einfluß der verhaßten politischen Magazine, die von der erwähnten »linksliberalen Publizistik« auch noch unterstützt wurden, ließ sich in den vergangenen zehn Jahren endlich zurückdrängen, damit auch die für seine Begriffe einseitige Berichterstattung. Die Verkabelung war ein voller Erfolg: »Heute wird um den Zuschauer geworben, wobei eine gewisse Entpolitisierung unvermeidlich ist, und das ist gut so.« Entpolitisierung bedeutet natürlich auch, daß nicht mehr herabsetzend über ihn berichtet wird – »eine heilsame Wende!«

Als Folge dieser Wende verlieren Zeitungen und Zeitschriften Anzeigen, weil der Werbeetat von den Druck- in die elektronischen Medien verlagert wird, was den Vorzug hat, daß »der mündige Medienbürger nunmehr Zeitschriften, die früher wegen der Fülle von Anzeigenseiten kaum mehr lesbar waren, wieder besser lesen« kann. In dem Interview mit dem *SZ-Magazin* wurde Schwarz-Schilling auch gefragt, ob er sich die privaten Programme, deren Geburtshelfer er ja gewesen sei, überhaupt ansehe: »Nein«, erwiderte er, »da wird schon ein ziemlich furchtbarer Schund gezeigt.« Soweit überrascht er einen noch nicht, wohl aber mit dem nächsten Satz: »Aber das war ja auch ganz klar. Zuerst muß mal Geld verdient werden, und das geht anscheinend am besten mit den seichten Programmen. Ich habe jedoch die Hoffnung, wenn die Finanzen stimmen, wird auch die Qualität besser werden.« In seinem Buch ist verdruckster vom »Anschauen mancher Programminhalte, in denen Gewalt und geschmacklose Sex-Orgien gar nicht enden wollen«, die Rede, und dann folgt die Mahnung: »Man soll das Publikum nicht unterschätzen! Auch mit anspruchsvollen Sendungen läßt sich unter bestimmten Voraussetzungen gutes Geld verdienen.«

Seltsam weltfremd auch des ehemaligen Ministers Ansichten über Dokumentationssendungen. Fernsehporträts von Politikern lehnt er als »handwerkliche Manipulationen« ab, weil sie alte und neue Aufnahmen kombinieren und das ganze auch noch vom Moderator entsprechend kommentiert werde. »Solche mutwilligen Verfälschungen sollten strafrechtlich verfolgt werden.« Man mag Schwarz-Schilling zugute halten, daß ihn die strukturpolitische Verantwortung um unsere Freiheit derart in Anspruch nahm, daß ihm keine Zeit mehr blieb, sich über die Kunst- oder wenigstens die Medienentwicklung in diesem Jahrhundert zu informieren. Aber offenbar hatte er nicht einmal Gelegenheit, ausführlicher fernzusehen – jedenfalls fehlt ihm jeder Begriff von Montage, eine der schlichtesten technischen Möglichkeiten in jenen Medien, die er grenzenlos propagiert hat.

Christian Schwarz-Schilling und Dieter Stolte sind zwei Machthaber der neuen Medien, die es ins alte Medium Buch gedrängt hat. Die Verschriftlichungssucht hat aber noch kein Ende: Dieter Stolte droht bereits in seiner Einleitung mit einer weiteren »Studie«, die den Arbeitstitel »Philosophie des Fernsehens« trägt. Soll noch einer sagen, das Fernsehen, »eines der wirkungsmächtigsten Medien überhaupt«, rege nicht zum Denken an.

Georg Franck, geb. 1946, Architekt und Volkswirt. 1992 ist erschienen *Raumökonomie, Stadtentwicklung und Umweltpolitik.* Der Beitrag basiert auf einem Kapitel des Buches *Ökonomie der Aufmerksamkeit,* das im Frühjahr 1994 bei Hanser in München erscheinen wird.

Thomas H. Macho, geb. 1952, Professor für Kulturgeschichte an der Humboldt-Universität Berlin. 1987 ist erschienen *Todesmetaphern.*

Martin Seel, geb. 1954, Professor für Philosophie an der Universität Hamburg. 1991 ist erschienen *Eine Ästhetik der Natur.*

Jochen Hörisch, geb. 1951, Professor für Neuere Germanistik und Qualitative Medienanalyse an der Universität Mannheim. 1992 sind erschienen *Brot und Wein* und *Die andere Goethezeit.*

Werner Köster, geb. 1960, Germanist, ist Stipendiat des Siegener Graduiertenkollegs.

Ulf Erdmann Ziegler, geb. 1959, Kritiker, lebt in Berlin.

Jörg Lau, geb. 1964, ist Redakteur für Literatur und Geisteswissenschaften bei der Berliner *Tageszeitung.*

Lutz Hachmeister, geb. 1959, Direktor des Adolf-Grimme-Instituts, gibt das *Jahrbuch Fernsehen* heraus.

Michael Rutschky, geb. 1943, Autor. 1991 sind erschienen *Traumnachrichten* und *Mit Dr. Siebert in Amerika.* Der Beitrag wurde im Juni auf der Cologne Conference 1993 des Medienforums Nordrhein-Westfalen vorgetragen.

Manfred Schneider, geb. 1944, Professor für Neuere Deutsche Literatur an der Universität Essen. 1992 ist erschienen *Liebe und Betrug.*

Cord Barkhausen, geb. 1949, ist freier Autor. Der Beitrag basiert auf einem Rundfunk-Feature.

Niels Werber, geb. 1965, Lehrbeauftragter für Neuere deutsche Literaturwissenschaft an der Universität Bochum, Mitherausgeber der Zeitschrift *Symptome.* 1992 ist erschienen *Literatur als System.*

Frank Lucht, geb. 1961, Lehrbeauftragter für Philosophie und Kunsttheorie an der Akademie der Bildenden Künste, München.

Norbert Bolz, geb. 1953, Professor für Kommunikationstheorie an der Universität Essen. 1993 ist erschienen *Am Ende der Gutenberg-Galaxis.*

Thomas Hölscher, geb. 1944, Lehrbeauftragter am Kunsthistorischen Institut der Universität München. 1993 ist erschienen *The State of the Art* (Mitautor).

Matthias Rüb, geb. 1962, Redakteur bei der *Frankfurter Allgemeinen Zeitung.* 1992 ist erschienen *Bilder aus Ungarn.*

Reinhard Knodt, geb. 1951, Schriftsteller. 1987 sind erschienen der Essay *Friedrich Nietzsche* und der Roman *Das Haus.*

Willi Winkler, geb. 1957, Journalist und Übersetzer.

Der Merkur erscheint monatlich.
Die Zeitschrift kann durch jede Buchhandlung, die Zeitungsstelle des Postamtes oder unmittelbar vom Verlag bezogen werden. Preis des Einzelheftes DM 17/ öS 147, des Doppelheftes DM 22/öS 191, im Abonnement jährlich DM 170/ öS 1479, für Studenten und Akademiker im Vorbereitungsdienst gegen Vorlage der Studienbescheinigung im Abonnement jährlich DM 135/öS 1174, jeweils zuzüglich Versandspesen.
Das Abonnement verlängert sich automatisch, wenn die Kündigung nicht bis zum 1.12. erfolgt. Zuschriften, die den Vertrieb und die Anzeigen betreffen, an den Verlag erbeten. Für unverlangte und ohne Rückporto eingesandte Manuskripte kann keine Gewähr übernommen werden.

J. G. Cotta'sche Buchhandlung Nachfolger GmbH, Postfach 106016, 70049 Stuttgart, Telefon (0711) 6672-0.
Verantwortlich für den Anzeigenteil: Rainer Just. Anzeigenverwaltung: Horst Flinspach, Telefon (0711) 6672-533. Zur Zeit ist die Anzeigen-Preisliste Nr. 13 vom 1.1. 1993 gültig.

Texterfassung: Redaktion Merkur, München. Druck und Einband: Ludwig Auer, Donauwörth.

Ein Teil dieser Ausgabe enthält eine Beilage der edition diskord, Tübingen; die Gesamtausgabe enthält eine Verlegerbeilage des Verlags Klett-Cotta, Stuttgart. Wir bitten unsere Leser um freundliche Beachtung.

Redaktionsschluß: 25.8.1993

ISSN 0026-0096 NC N NCA

Im nächsten Heft:

Claus Koch
Arbeitslosigkeit, Menschenrechte, Staatsbürgerschaft

Werner Weidenfeld
Zwischen Einwanderungsdruck und Zuwanderungsbedarf. Zusammenleben in der multikulturellen Gesellschaft

Reinhard Merkel
Der Streit um Leben und Tod. Anmerkungen zur Euthanasiedebatte

JETZT VOLLSTÄNDIG

Lexikon der Ägyptologie

Herausgegeben von Wolfgang Helck und Wolfhart Westendorf

Begründet von Wolfgang Helck und Eberhard Otto

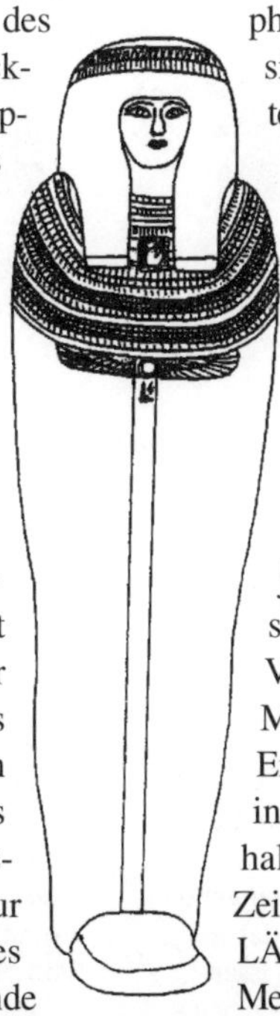

Mit Band VII, der Nachträge, Karten, Korrekturen und vor allem die Indizes enthält, liegt das LÄ, dessen 1. Lieferung 1972 erschien, nun vollständig vor. Weitere Nachträge werden nicht erscheinen. Das LÄ stellt Kultur und Geschichte des pharaonischen Ägypten auf breiter Basis dar. Nicht berücksichtigt sind das hellenistische und christliche Ägypten sowie das „Nachleben" der ägyptischen Kultur. Das LÄ ist für den Ägyptologen ein Hilfsmittel zur Orientierung und Anregung zu weiterer Forschung und für den Nichtägyptologen ein ebenso zuverlässiges wie umfangreiches Nachschlagewerk. Die Stichwörter (Artikel) sind alphabetisch geordnet. An den 7 Bänden des Lexikons haben 277 Wissenschaftler – meist aus dem engeren Fachgebiet, aber auch aus Nachbardisziplinen – mitgearbeitet und insgesamt 3233 Artikel beigesteuert, die jeweils mit den Initialen der Verfasser gekennzeichnet sind. Ihr Inhalt gibt demnach die Auffassung der Verfasser wieder. Nach dem Überlieferungsstand des Materials und den gegenwärtigen wissenschaftlichen Erkenntnissen läßt sich eine communis opinio keineswegs in allen Fragen erzielen. Die Ägyptologie erlaubt deshalb durchaus unterschiedliche Auffassungen, die zur Zeit noch unvereinbar erscheinen. Der Benutzer des LÄ muß also damit rechnen, auf einander widersprechende Meinungen und Auffassungen von den gleichen Gegenständen und Begriffen zu stoßen. Innerhalb der Ägyptologie sind Deutsch, Englisch und Französisch die gebräuchlichsten Sprachen. Die Artikel des LÄ sind deshalb in einer dieser Sprachen verfaßt, überwiegend aber in Deutsch. Beiträge in französischer Sprache sind selten. Das Lexikon der Ägyptologie hat einen roten Leineneinband. Die einzelnen Bände (Format 19,5 × 28 cm) haben folgende Ladenpreise: I–III je DM 458,–; IV und V je DM 568,–; VI DM 628,– und VII DM 1428,–.

HARRASSOWITZ VERLAG · WIESBADEN

Jean-François Lyotard
Die Analytik des Erhabenen – Kant-Lektionen
Kritik der Urteilskraft 23-29
Aus dem Französischen von Christine Pries
ca. 320 Seiten, Franz. Broschur
ca. DM 48,–
3-7705-2885-9
Reihe: Bild und Text

Das Erhabene steht auf der ›ästhetischen Tagesordnung‹. Nicht vielleicht so sehr als das Schreckhaft Numinose, das Edle oder das Prächtige, das Kant in ihm sah, nicht Meer, Wüste und Sternenhimmel auf der einen (mathematischen) oder Sturm und Gewitter auf der anderen (dynamischen) Seite, auch nicht als Adornos Matterhorn oder als Napoleons sublime Lächerlichkeit, sondern eher schon als ein Negatives, das in das Schöne eingreift, eine dunkle Botschaft, die das nachkantsche Denken und namentlich die Romantik zugleich vernommen und erstickt haben. Lyotard versucht in einer sehr genauen und wortwörtlichen Lektüre des verschlungenen und schwierigen Kantschen Textes über die Analytik des Erhabenen dieses Motiv wiederaufzufinden und zu einer neuen Geltung zu bringen: ein gewaltsamer Widerstreit zwischen den Denkvermögen; das Erhabene als das Gefühl, das diesen Widerstreit signalisiert. So eröffnet die Analytik den Weg zu einer kritischen Ästhetik, die von keiner Ästhetik des Geschmacks oder des Hedonismus vereinnahmt werden kann.

Aus dem Inhalt

Die ästhetische Reflexion

Vergleich des Erhabenen mit dem Geschmack

Kategoriale Untersuchung des Erhabenen

Das Erhabene als mathematische Synthese

Das Erhabene als dynamische Synthese

Wilhelm Fink Verlag
München

Norbert Bolz/Friedrich A. Kittler
Christoph Tholen, Hrsg.
Computer als Medium
ca. 300 Seiten, Kart. ca. DM 68,–
3-7705-2870-0
Reihe: Literatur- und Medienanalysen 4

Die Medienevolution zeigt eine klar erkennbare Sequenz von den Techniken des Speicherns zu denen der Übertragung und – seit der Erfindung des Computers – zu Techniken des Rechnens. Doch heute ist der Computer nicht nur der universale Rechenknecht, sondern auch das organisierende Zentrum neuer Kommunikationsverhältnisse. So zeichnet sich eine neue Etappe der Medienevolution ab: die der kommunikativen Darstellung.

Bisherige Ansätze einer Theorie und Geschichte der neuen Medien blieben noch der Vorstellung verhaftet, es handle sich um Instrumente des Menschen. Die digitale Welt der Rechner läßt uns hier umdenken: der Computer ist kein Werkzeug, sondern Medium im Wortsinne.
Die in diesem Band versammelten Beiträge analysieren die posthistorische Welt des Digitalen mit historischer Tiefenschärfe – vor allem enthüllen sie die Entwicklung des Computers als ein Stück Militärgeschichte. Dabei wird deutlich: Medien sind Waffen und Waffen sind Medien. Unverächtliche Abfallprodukte dieser Entwicklung sind die phantastischen Techniken kommunikativer Darstellungen, die man Hypertext und Cyberspace nennt.

Weitere Bände der Reihe:

1. Friedrich A. Kittler/
Georg Christoph Tholen, Hrsg.
Arsenale der Seele
Literatur- und Medienanalyse seit 1870
234 Seiten, Kart., DM 74,–
3-7705-2575-2

2. Jochen Hörisch/
Michael Wetzel, Hrsg.
Armaturen der Sinne
Literarische und technische Medien 1870 bis 1920
312 Seiten, Kart., DM 68,–
3-7705-2657-0

3. Martin Stingelin/
Wolfgang Scherer, Hrsg.
HardWar / SoftWar
312 Seiten mit 29 Abb., Kart., DM 68,–; 3-7705-2716-X

Wilhelm Fink Verlag
München

Die Aktualität des Ästhetischen
Herausgegeben von Wolfgang Welsch
In Zusammenarbeit mit
Ivo Frenzel, Bernd Kauffmann, Bernd-Olaf Küppers, Roland Simon-Schäfer und Thomas Ziehe (Stiftung Niedersachsen)
ca. 432 Seiten mit zahlreichen Abbildungen, Franz. Broschur
ca. DM 48,–
3-7705-2896-4

Ästhetik ist heute nicht mehr nur in der Sphäre der Kunst beheimatet, sondern bestimmt ebenso die Lebenswelt und die Politik, die Kommunikation und die Medien, das Design und die Werbung, die Wissenschaft und die Erkenntnistheorie. Das Ästhetische ist überall präsent, es ist zu einem Schlüsselphänomen unserer Kultur geworden.
Diese Aktualität des Ästhetischen hat zunächst vordergründige Aspekte: Bei den Individuen nimmt das Styling zu; Stadt und Land werden einem gestalterischen Facelifting unterzogen; die Politik wird immer kosmetischer, soziale Kommunikation zielt zunehmend auf Amusement; mediale Kommunikation präsentiert Wirklichkeit als ästhetisches Konstrukt. – Welche Gewinne und Verluste bringt diese alltägliche Ästhetisierung mit sich? Vermag sie soziale Unterschiede aufzuheben oder schafft sie neue Klassen? Wirkt sie sich auf die Kunst befreiend oder hemmend aus? Wieviel Anästhetik produziert die neue Ästhetisierung?

Die Aktualität des Ästhetischen hat gleichwohl eine tiefergehende Seite. Ästhetik ist nicht nur an der Oberfläche, sondern ebenso in den Basisstrukturen dominant geworden: Unsere Produktionsweisen und unser Verständnis von Wirklichkeit sowie unsere Erkenntnisformen weisen zunehmend ästhetische Züge auf. – Auch hier stellen sich kritische Fragen: Werden die ehedem außerästhetischen Bereiche, indem sie in den Sog der Ästhetisierung geraten, verfälscht? Wie verändert der Einfluß der Mikroelektronik und der Neuen Medien unsere Produktions- und Reflexionsformen? Vollziehen Wissenschaft und Philosophie heute einen ‚aestetic turn'? Wird das Ästhetische nicht nur universal, sondern gar grundlegend?
Diese Fragen werden im Blick auf die aktuelle Weite des Ästhetischen – von Lebenswelt und Politik über die Medien und das Design bis hin zu den Wissenschaften, der Kunst und der philosophischen Ästhetik – kontrovers diskutiert. Nicht, daß die Aktualität des Ästhetischen rundum gutzuheißen sei, sondern daß man, ohne sie zu thematisieren, nichts Zutreffendes über unsere Gegenwart werde sagen können, ist die gemeinsame Überzeugung der Autoren.

Wilhelm Fink Verlag
München

Sarah Kofman
Die Kindheit der Kunst
Eine Interpretation der
Freudschen Ästhetik
Aus dem Französischen von
Heinz Jatho
264 Seiten, Franz. Broschur
ca. DM 58,–
3-7705-2860-3
Reihe: Bild und Text

Sarah Kofman liefert erstmals eine Interpretation der Freudschen Ästhetik, die auf einer genauen Lektüre der Gesamtheit des Freudschen Textkorpus beruht.
Die Lektüre, der die Freudschen Texte unterzogen werden, ist eine „doppelte", eine „symptomale": der Freudsche Text wird als Kompromiß erkannt, der als solcher mehr und anderes aussagt, als es seine Wörtlichkeit erkennen läßt. Seinem Bekunden nach vertritt Freud die traditionelle, theologische und narzißtische Ideologie vom Künstler als Schöpfer und „Vater" seines Werks. Aber die Psychoanalyse kann, will sie nicht ihren eigenen Anspruch dementieren, vor dem Künstler und seinem Werk nicht haltmachen: wie alle kulturellen Phänomene ist die Kunst eine psychische Produktion, genauer eine Reaktionsbildung auf den Ödipuskomplex. So gesehen wird aus dem Künstler als Liebling der Götter der Neurotiker, das autonome Schöpfertum erweist sich als Allmachtsphantasie. Das Werk ist wie das neurotische Symptom ein Kompromiß zwischen den Kräften des Eros und des Todestriebs. Das Verhältnis zwischen Künstler und Werk kehrt sich um: der Künstler ist nicht mehr der „Vater" seines Werks, sondern dieses ist es, das seinen „Vater" erzeugt.
Sarah Kofmans Buch ist geeignet, sowohl die Grenzen, als auch die Möglichkeiten einer Anwendung der Psychoanalyse auf ästhetische Phänomene klar hervortreten zu lassen.

„Das Verdienst dieses Buchs ist ein doppeltes: es erneuert unsere Freud-Lektüre von Grund auf und es liefert zugleich erstmalig eine Theorie, der sich ein Schriftsteller nahezu uneingeschränkt anschließen kann."

Bernard Pingaud, *Le Monde*

Wilhelm Fink Verlag
München

Praktische Anleitungen, Alltagsgegenstände anders zu gebrauchen

Die im vorliegenden Band versammelten Essays zeigen anschaulich und faszinierend, wie aus der scharfsinnigen Beobachtung von Allerweltsdingen, einem Topf, einem Schachbrett, Sektflaschen oder Bauernsuppen überraschende Philosophie erwächst. Flussers phänomenologische Studien sind eine Schule der Wahrnehmung und Sinnlichkeit ohne sicheren Boden, als freies, faszinierendes Spiel.

Mit einem Nachwort von Florian Rötzer. 152 Seiten. Französische Broschur. DM 34,–

Der Krieg im Wohnzimmer: wie aus Gewalt Genuß entsteht!

Aus dem Französischen von Bernd Wilczek. 160 Seiten. Französische Broschur. DM 34,–

Der Golfkrieg war das brutale Experiment für einen Krieg der Zukunft, in dem politische Konfliktbewältigung eliminiert ist und die Kriegsführung einer gigantischen Elektronik überantwortet wird. »Paul Virilio, der wie wenige zeitgenössische Autoren philosophische und politische Prägnanz mit humanen Engagement und einem frappierendem Wissen vereint, gibt in *Krieg und Fernsehen* wesentlich neue Impulse, zum Zusammenhang von Geschwindigkeit, Krieg und Kommunikation.« SÜDDEUTSCHE ZEITUNG